KiWi

1554

DAS BUCH Bitte tief durchatmen: Es ist Montagmorgen, kurz nach acht. Gleich kommen zwanzig schreiende, jubelnde, traurige, aufgeregte Kinder in den Kindergarten gestürmt, die vom Wochenende erzählen, spielen, lernen und toben wollen. Und am liebsten alles gleichzeitig. Willkommen in der chaotischen, kunterbunten Welt von Dominic Deville!
Der diplomierte Pädagoge und gescheiterte Punkrocker erzählt in seinem Buch, wie es wirklich in den Kindergärten zugeht. Er klärt darüber auf, dass es genau vier typische Charaktere von Kindern gibt, die einem immer wieder begegnen, dass ein Geburtstagsfest im Kindergarten vom Ablauf her komplexer als eine Papstwahl und aufwendiger als die Durchführung einer royalen Hochzeit sein kann, und warum sich Punkrocksongs ausgezeichnet als Kinderlieder eignen. Er berichtet von missglückten Muttertagsgeschenken und katastrophalen Nikolausbesuchen. In »Pogo im Kindergarten« erzählt Dominic Deville selbstironisch und saukomisch davon, wie es ist, inmitten einer Horde Fünfjähriger seinen Mann zu stehen. Und dabei grandios zu scheitern.

DER AUTOR Dominic Deville, geboren 1975, ist diplomierter Kindergärtner und ungelernter Punkrocker. Seine Band »Failed Teachers« hat den Ruf, die schlechteste, aber immerhin gefährlichste Punkrocktruppe der Schweiz zu sein. Er arbeitete als Plakatkleber, Hausierer, Crossgolftrainer, Zauberkünstler, professioneller Schneeräumer, Radiomoderator, Theaterautor, Spieleerfinder, Schauspieler, Stadtführer, Hundezüchter und Eventmanager. In den vergangenen Jahren ist er mit seinen Bühnenprogrammen »Kinderschreck« und »Bühnenschreck« unterwegs und moderiert mit »Deville Late Night« seine eigene Show im Schweizer Fernsehen. Deville lebt mit seiner Freundin und zwei überaus artigen Kindern in Zürich. Dies ist sein erstes und letztes Buch.

POGO IM KINDERGARTEN

AUS DEM ALLTAG EINES FURCHTLOSEN PÄDAGOGEN

DOMINIC DEVILLE

KIEPENHEUER & WITSCH

MIX
Papier aus verantwortungsvollen Quellen
FSC® C083411
FSC
www.fsc.org

1. Auflage 2018

Umschlaggestaltung: Barbara Thoben, Köln
Umschlagmotiv: © Mali Lazell
Gesetzt aus der Calluna, Amatic und Headline One
Satz: Wilhelm Vornehm, München
Druck und Bindung: CPI books GmbH, Leck
ISBN 978-3-462-05052-3

INHALT

LEKTIONSVORBEREITUNG

LEKTIONSEINSTIEG

LEKTIONSHAUPTTEIL

FÜR AURELIA, KEVIN, OSIM, LISELOTTE
SOWIE MEINEN INNEREN SCHWEINEHUND

»Avis à la population!
Au pays de l'empereur tomato-ketchup
Les enfants sont rois et ils font la loi
Tournicoti, tournicoton …
C'est l'année-zéro de la rébellion
L'heure de la révolte a enfin sonnée …
L'état d'l'enfant-roi est partout proclamé!«

»L'EMPEREUR TOMATO-KETCHUP«, BÉRURIER NOIR

LEKTIONSVORBEREITUNG

In welcher sich die Kindergartenlehrperson grundsätzliche Gedanken zur angestrebten Unterrichtssequenz macht, die Voraussetzungen abklärt, Lernziele festlegt und diese mit den Risiken für die eigene psychische und physische Gesundheit abwägt.

Von einem, der auszog, ein Buch zu schreiben

oder

Vorwort

Ich werfe die Hände in die Luft und blicke mich hilfesuchend um. »Ach, ich weiß es doch auch nicht.« Vor einer Minute habe ich eine gute Freundin an der Ampel vor dem Supermarkt getroffen und sogleich hat sie begonnen, mich über mein geplantes Buch auszufragen. Ein Buch, in dem ich über meine Abenteuer als Kindergärtner oder Kindergartenlehrperson, wie es korrekt heißt, berichten soll. Oder darf. Nein, berichten muss – wie sich mein Verleger ausdrückt.

»Ich bin vom Schreibtisch geflüchtet. Keine Ahnung, was ich schreiben soll«, klage ich ihr mein Leid.

Die Freundin nickt verständnisvoll, denn sie ist Autorin. Eine *richtige* Autorin. Und erfolgreich dazu.

Und wenn man nur ein bisschen was vom Schreiben und Büchermarkt versteht, weiß man, dass das Substantiv »Autor« mit dem Adjektiv »erfolgreich« gekoppelt etwa so häufig vorkommt wie »Zirkuselefanten« und »glücklich«. Oder »Fünfjährige« und »stillsitzend«. Um gleich einmal zum Thema zu kommen.

Die Autorin nickt verständnisvoll. Sie kennt den autistischen Prozess des einsamen Schreibens in der ungeheizten

Klause. Das gnadenlose Blinken des Cursors auf dem Weiß des Monitors.

»Was soll es denn mal werden, wenn es groß ist?«, fragt sie zurück und blickt mich prüfend an.

»Ich weiß nur, was es nicht werden soll«, antworte ich trotzig. »Kein weiteres berührendes und erheiterndes Werk eines Lehrers oder Zivis, einer Erzieherin oder Schulpsychologin, wie es sie schon kiloweise in den Ramschkisten der Bahnhofsbuchhandlungen gibt. Kein Schmunzelhasefeelgoodzeugs. Nichts was das pädagogische Herz erwärmt und nach dessen Lektüre man wieder beschwingt den Klassenraum oder Kindergarten betritt, um da weiterzumachen, wo man wutschnaubend aufgehört hat. Kein Buch, das das Klischee der naiv-herzigen Kinderschar aufrechtzuerhalten versucht und die Eltern bestätigt. Und sicher kein Machwerk, das die bitteren Früchte der Didaktik zu einer süßen Götterspeise verklärt, an denen sich der Erzieher, die Kindergärtnerin oder Frau Lehrerin laben kann, sobald die Schulglocke schellt und die Kleinen den Klassenraum verlassen. So wird das Buch nicht werden! Das schwöre ich bei Rudolf Steiner und den Brüdern Grimm!«

»Moment, Moment«, unterbricht mich die Freundin. »Du tust gerade so, als hättest du den härtesten Beruf der Welt erlernt. Dominic, du bist Kindergärtner und nicht Akkordschlachter. Es muss doch wunderbar sein, wenn du morgens dieses dankbare Strahlen in den Kinderaugen ...«

»Stopp!«, rufe ich und in meinen Gedanken schlage ich gegen einen riesigen Triangel, dessen Schwingungen ihren letzten Satz pulverisieren. »Kinder sind nicht dankbar. Kinder sind egoistische und egozentrische Wesen. Und meine Aufgabe als Kindergartenlehrperson ist es, diese Kinder sanft aus der Umklammerung der fürsorglichen Eltern zu lösen und in eine funktionierende Gemeinschaft, die Klasse, einzufügen. Eine Gemeinschaft, die wiederum aus zwanzig egoistischen und egozentrischen Wesen besteht! Ein brutales Stück Arbeit! Da gibt es kein dankbares Strahlen, sondern höchstens ein unheimliches Lauern in den Augen der Kinder zu entdecken.«

Ich habe mich in Rage geredet, raufe mir die Haare und schwinge den leeren Einkaufskorb wie eine steinzeitliche Keule über dem Kopf. Passanten recken bereits den Hals, was meiner Gesprächspartnerin sichtlich unangenehm ist. Trotzdem fahre ich leidenschaftlich fort, während von irgendwoher eine Fanfare zu einem Crescendo ansetzt. »Mein Buch soll mit genau diesen Vorurteilen aufräumen. Es wird knallharte Fakten aus dem reichen Erfahrungsschatz gelebter und durchlittener Pädagogik liefern. Nicht einfach Lesebuch, sondern Nachschlagewerk soll es sein! Nicht nur Geschichten, welche den Geruch von Turnhallenböden atmen, sondern auch Tipps und Tricks, um im täglichen Klassenkampf zu bestehen. Abgeschmeckt mit einer tüchtigen Prise Punkrock und abgerundet durch maßlose Übertreibungen infolge verdrängter Erinnerungen.« Ich springe energisch, noch immer wild den Einkaufskorb schwingend, auf die Motorhaube eines Autos, das an dem Lichtsignal wartet. Das erboste Hupen seines Besitzers geht jedoch im Jubel der Umstehenden gnadenlos unter, als ich zum finalen Teil meiner Brandrede ansetze.

»Mein Buch wird die Schnittmenge aus Heinrich Pestalozzi und Malcom McLaren darstellen![1] Es wird ein glühen-

---

1 Für Leserinnen und Leser, denen die hier genannten Persönlichkeiten der Pädagogen- bzw. Punkszene nichts sagen und die auch bei später vorkommenden popkulturellen oder erziehungswis-

des Manifest der pädagogischen Wahrheit werden! Ein Werk, über das man an Elternabenden nur hinter vorgehaltener Hand sprechen und das man in Lehrerzimmern verstohlen unter dem Tisch weiterreichen wird! Das und nicht weniger soll mein Buch einst sein!« Ein weiterer klirrender Schlag auf den riesigen, wenn auch nur eingebildeten Triangel setzt den Schlusspunkt meines Plädoyers.

Im Gegensatz zum fluchenden Autobesitzer scheint die Autorin zufrieden zu sein und nickt mir aufmunternd zu. »Na also, schreib doch das genau so in dein Vorwort und beginn dann das erste Kapitel mit: ›Unbarmherzig rückt der Minutenzeiger nach vorn.‹«

Ich sehe sie verständnislos an. »Unbarmherzig? Minutenzeiger?«

Sie zwinkert mir verschwörerisch zu. »Glaub mir, Dominic. Nach diesem Anfang wird kein Leser dein Buch zur Seite legen können.«

»Aber ich muss ein Buch über den Kindergarten schreiben und keinen Thriller.«

Sie legt mir ihre Hand auf die Schulter und senkt die Stimme. »Warum versuchst du nicht beides zusammenzubringen?«

Ich möchte zuerst widersprechen, doch dann trifft mich die Erleuchtung wie der Blitz. Ohne ein Wort des Abschieds drehe ich mich auf dem Absatz um und eile nach Hause.

Zurück an den Schreibtisch.

---

senschaftlichen Namen oder Fachbegriffen nur Bahnhof verstehen, hat der Autor am Ende dieses Buches ein Glossar verfasst.

MENSCHEN, MONSTER UND MONTAGE ODER PROLOG

UNBARMHERZIG RÜCKT DER MINUTENZEIGER NACH VORN. KLICK. NOCH VIER MINUTEN. Aber ich kann SIE bereits hören. Draußen vor dem Haus. SIE warten. SIE lauern. SIE sind hungrig. Gieren nach Aufmerksamkeit, Unterhaltung und Zuneigung. Angespannt sitze ich an meinem Arbeitstisch. Vor mir ein Kreis aus kleinen Holzstühlen. Im Halbdunkel erscheint er mir wie das Skelett eines urzeitlichen Viechs. Ich vermeide es, Licht zu machen. SIE könnten mich zu früh bemerken. Müdigkeit überkommt mich. Jetzt ja nicht einschlafen! Nicht einknicken! Das hätte fatale Folgen. SIE spüren das. SIE können das riechen. Verzerrte Schatten huschen über die Zimmerdecke. Ich habe zwar die Vorhänge zugezogen, aber ich weiß, dass SIE da draußen sind. Aber was noch viel schlimmer ist: SIE wissen, dass ich hier drinnen bin. Und SIE wissen genau, dass ich SIE irgendwann hereinlassen werde, hereinlassen muss. Aber noch ist es nicht so weit. Noch bin ich Herr der Lage. Ich sauge die letzten Augenblicke der Ruhe förmlich auf. Wie ein Soldat vor der Attacke im Schützengraben. Mein Blick wandert zur tickenden Uhr an der Wand. Klick! Genau in diesem Moment schnellt der Minutenzeiger weiter nach vorne. Erschrocken zucke ich zusammen. Der Holzstuhl, auf dem ich sitze, schrammt quietschend über den Parkettboden. Lieber Gott, bitte mach, dass SIE das nicht gehört haben!

Meine Hoffnungen werden zerschlagen, als ich ein schauerliches Geräusch höre, welches das Ticken der Uhr und mein schweres Atmen übertönt. Feingliedrige, nach allem, was nicht niet- und nagelfest ist, greifende Hände, schmutzig und klebrig, klopfen jetzt gegen die Fenster und die dünnen Wände. Panik steigt in mir hoch! Das Spiel ist aus! SIE wissen, dass ich hier bin. SIE wollen rein! Durch die Vorhänge kann ich ihre Schemen sehen. Gehetzt reiße ich den Blick von dem schauerlichen Schattentheater los und sehe zur Uhr, deren Zeiger gnadenlos weiterwandern. Klick. Noch eine Minute. Ich lasse alle Vorsicht fahren und springe auf. Polternd kippt der Holzstuhl um. Meine Nackenhaare stellen sich auf, als sich zu dem Scharren und Rufen vor dem Fenster noch ein wahnsinniges, grässliches Kichern mischt. Es gibt kein Zurück mehr. Es ist Zeit, sich zu wappnen, die Waffen zu laden und scharf zu machen.

In wilder Hast stolpere ich durch den Raum und suche meine Ausrüstung zusammen. Einen Triangel. Eine Blockflöte. Eine angebrochene Schachtel Kleister sowie ein paar Bögen farbiges Zeichenpapier. Damit halte ich SIE eine Weile in Schach, komme vielleicht zwei, drei Lektionen über die Runden – aber was dann? Was dann? Mir muss es gelingen, noch ein bisschen Zeit herauszuschinden. Ein paar Minuten nur. Zum Glück ist die Haupttüre noch verschlossen! Ich halte kurz inne. Angstschweiß tritt mir aus den Poren. Ist sie das wirklich? Vor meinem inneren Auge sehe ich mich kurz nach Sonnenaufgang den Haupteingang aufschließen und dann schnurstracks zur Kaffeemaschine eilen. Der Schlüssel blieb zwar im Türschloss stecken – aber umgedreht habe ich ihn nicht! Verdammt! Ich möchte mich niederwerfen, um meine Götter, Piaget und Jello Biafra, um Hilfe anzuflehen – aber dann lässt die Schulglocke ihren tiefen Dreiklang ertönen. Augenblicklich verstummt das Kichern vor dem Fenster, nur um sich nach Sekunden in ein Kreischen und Brüllen zu verwandeln. Geduckt huschen die Gestalten auseinander. Umrunden das Gebäude und überqueren den kleinen Spielplatz, Richtung Haupteingang. Jetzt zählt jede Sekunde!

Ich stürze aus dem Zimmer, hetze durch die nach Hausschuhen und vor sich hin modernden Turnbeuteln müffelnde Garderobe. Dabei rutsche ich auf ein paar am Vortag zum Trocknen ausgelegten Klecksbildern aus und stürze krachend ins Farbenregal, welches nach vorn kippt und mich unter sich begräbt. Unter Aufwendung meiner letzten Kraftreserven schaffe ich es, mich aus dem Durcheinander von gebeizten Regalbrettern, Farbtöpfen, angesammelten Klopapierrollen, einem Sack voller Korkzapfen und ausgetrockneten Pinseln zu befreien, und komme schwankend auf die Beine. Rote, blaue und grüne Plakatfarbe rinnt mir über das Gesicht und lässt mich orientierungslos und fluchend durch die Garderobe taumeln, die Hände ausgestreckt nach dem rettenden Schlüssel im Türschloss tastend. Doch ich bin zu langsam und SIE, die Kinder, schneller. Ihre kleinen Gesichter verzerren sich zu Fratzen, als sie sich gegen die gläserne Eingangstüre pressen und diese schließlich mit vereinter Kraft aufstoßen. Eine Welle aus Schreien, Rufen, Jubel und unbändiger, alles aufsaugender Energie schlägt über mir zusammen, reißt mich mit sich in den jetzt ins Licht der aufgehenden Sonne getauchten Stuhlkreis zurück. Es ist vorbei – irr lachend gebe ich all meinen Widerstand auf, um mein hartes Tagewerk zu beginnen. Einmal mehr muss ich erkennen, dass es montags kein Entkommen gibt.

Mein Name ist Dominic Deville.

Und ich bin Kindergärtner.

Willkommen in meiner Welt.

LEKTIONSEINSTIEG

In welchem die Kindergartenlehrperson die Gruppe durch eine ansprechende Rahmenhandlung auf der emotionalen Ebene anspricht und gleichzeitig die eigenen emotionalen Verbindungen zur rationalen, erwachsenen Wirklichkeit kappt.

KEVIN, AURELIA, OSIM UND LISELOTTE ODER KINDER IM KINDERGARTEN

Es ist schwierig für mich abzuschätzen, wie viele Leserinnen und Leser dieses Werkes, das, nebenbei erwähnt, schon mal als nichts weniger als das »Krieg und Frieden« der Vorschulpädagogik bezeichnet wurde, eine solide und fundierte didaktische oder pädagogische Ausbildung durchlaufen haben. Also Lehrer, Erzieherinnen oder Berufsmilitärs. Für diese wird das folgende Kapitel keine neue Erkenntnis bringen, sie wohl aber während des Lesens wild mit dem Kopf nicken und flüstern lassen: »Genau. So. Ist. Es!«

Alle anderen seien hier gewarnt: Die Wahrheit und nichts als die Wahrheit wird einem in den folgenden Zeilen schwarz auf weiß entgegenspringen. Ungeschönt und bitter. Gerade wer eigene Kinder hat, wird sein pädagogisches Weltbild in den Grundfesten erschüttert sehen. Wer keine eigenen Kinder hat oder sogar über kein pädagogisches Weltbild verfügt, dem sei an dieser Stelle übrigens gratuliert: Politisch und gesellschaftlich gesehen darf er sich ohne Zweifel auf der Gewinnerseite wissen. Zumindest solange er oder sie nicht in ein paar Jahren im Pflegeheim dahinsiechen und darauf warten muss, dass ihm die Kinder von heute den Hintern abwischen.

Aber fangen wir von vorne an. Bereits in den ersten Tagen

einer jeden pädagogischen Ausbildung wird den Studenten Folgendes eingetrichtert:

»Egal wie lange man schon als Pädagoge tätig ist, egal wie viele Klassen bereits im Laufe der Jahre und Jahrzehnte an einem vorbeidefiliert sind. Man darf nie vergessen: Jedes Kind ist einzigartig. Jedes Kind ist besonders und speziell. Jedes Kind hat seine eigenen Stärken, Schwächen und Charakterzüge. Jedes Kind ist ein für sich alleinstehendes Individuum, losgelöst vom Rest der Gesellschaft und ganz eigen in seiner Art und Weise.«

Gerade Eltern werden sich in diesem Satz bestätigt fühlen, einander zunicken und ausrufen: »Richtig. Genau so sehen wir unser Kind: speziell, eigen und ganz besonders.« Gegen diese Sicht gibt es nichts auszusetzen. Schließlich sind es Eltern, die so denken. Und Eltern sind von Natur aus dazu gezwungen, genau so zu empfinden. Zum Glück. Was mich aber erschreckt, ist, dass es Lehrpersonen gibt, die diese Aussage mit ihrem eigenen Blut unterschreiben würden. Sie alle müssen jetzt stark sein, denn ich werde dem meine auf viele Jahre Berufserfahrung gestützte Erkenntnis entgegenstellen, mit erhobener Faust und einem Glühen in den Augen, wie es nur die Verkünder der Wahrheit in sich tragen:

DAS IST BULLSHIT!

Ich weiß. Diese Worte sind hart und tun weh. Aber sie sind ungemein befreiend. Gerade so als würde man die Platte »Kollaps« der Einstürzenden Neubauten bei voller Lautstärke durchhören. Denn die Wahrheit lautet: Das einzigartige Kind ist eine pädagogische Lüge!

Jetzt ist es raus!

Sacken lassen, durchatmen und weiterlesen.

Doch es gibt auch gute Nachrichten. Nach entbehrungsreichen Jahren des Studiums und nach langer Zeit der genauen Beobachtungen im Kindergarten ist es mir gelungen, diese Aussage zu präzisieren: Es gibt genau vier Grundcharaktere, vier Archetypen des gängigen Kindergartenkindes. Und keinen einzigen mehr.

Ja, ich behaupte, dass ich jedes Kind, welches nach den Sommerferien als Neuankömmling meinen Kindergarten betritt, nach nur einem Vormittag einem dieser vier Grundtypen zuordnen kann. Ohne Wenn und Aber. Die meisten Leserinnen und Leser werden jetzt ungläubig den Kopf schütteln, »Lüge!« und »Scharlatan!« rufen. Ich aber sage, »Haltet ein! Und ihr werdet erkennen, dass ich recht habe.«

Wer sich auf meine Theorie einlässt, wird seine Schüler besser verstehen. Seine eigenen Kinder. Seinen Lebenspartner oder sogar seinen Vorgesetzten.

Denn mit dem Alter verändern sich diese Archetypen nicht, eher im Gegenteil. Also Vorhang auf für das Bestiarium des Kindergartens.

Name: Osim, der
Häufigkeit: mittel
Pädagogischer Anspruch: schwierig
Durchschnittliche Anzahl Elterngespräche: 2

Dieser Charaktertyp ist zwar physisch im Kindergarten anwesend, aber trotzdem nicht fassbar. Wenn er angesprochen wird, schaut er einen nur mit großen Augen an, stumm und ohne sichtbare Regung. Egal ob man ihn fragt, ob er es bevorzuge, am Puzzletisch oder doch lieber in der Bücherecke zu verweilen, ob es darum geht zu erfahren, ob das Schwesterchen bereits geboren und Papa zu Hause wieder erwünscht sei, oder schlichtweg, um zu wissen, ob man den didaktischen Auftrag zu Osims Zufriedenheit erfülle. Von Osim kommt nichts. Gar nichts. Nada. Jegliche Information muss man diesem Charakter aus der Nase ziehen oder von den Augen ablesen, aber Osim ist kein Fall für den Schulpsychologen. Er hat weder ein Trauma erlitten, noch leidet er an Mutismus. Osim geht es gut. Er empfindet direkte Kommunikation einfach nicht als notwendig und ist in seinen bisherigen fünf Lebensjahren gut damit durchgekommen. Er ist wie eine spiegelglatte Wasseroberfläche, auf der Anfragen wie ein flacher Kieselstein hinweghüpfen, um irgendwo dann doch noch ins Bewusstsein abzusinken.

Bisweilen schwingt eine gute Portion Trotz in diesem Verhalten mit. Osim schweigt zwar, aber seine Augen scheinen zu sagen: »Ja, ja, erklär du mir mal die Welt.« Ich gebe zu: Das nagt am Pädagogenherz, denn ein wichtiger Grundsatz des Kindergartens lautet nicht umsonst: »Nur was dem Kind Eindruck macht, bringt es zum Ausdruck.« Und wenn es darum geht, den Kindern Inhalte, Geschichten und Haltungen zu vermitteln, gehe ich mit meiner Performance an meine Grenzen. Da mute ich mir einiges zu, schone mich auch körperlich nicht. Ich springe auf und ab, verrenke meinen Körper zur Hexe, zum Hund oder zu einem Baum und krieche auf dem Boden umher, um meine Klasse[2] zu motivieren und zu be-

---

2 In der Schweiz, in der die meisten Geschichten in diesem Buch spielen, ist der Kindergarten obligatorisch und gehört zum Schulsystem. Um als Kindergartenlehrperson eine Klasse unterrichten zu können, musste der Autor drei Jahre das »Kindergärtnerin-

geistern. Und sobald ein Osim das Klassenzimmer betritt, lege ich gezwungenermaßen noch eine Schippe drauf. Dann gilt es, alles und mehr zu geben, um Osim zu einer Reaktion zu bewegen. Ich lasse augenblicklich alles stehen und liegen: Die Schulleiterin sucht das Gespräch mit mir und kommt unangemeldet in den Kindergarten? Kann warten! Mehrere Kinder haben eine Packung Streichhölzer gefunden und machen sich daran, damit zu experimentieren? Egal! Vor dem Fenster zieht eine ausgebüxte Giraffenherde vorbei? Wen interessiert es? Osim ist im Haus und nun gilt es, ihn mit Begeisterung anzustecken, mit Freude und Energie zu infizieren! Also auf!

»Oooooosim! Herrlich, du bist da! Du hast ja keine Ahnung, was wir heute im Kindergarten alles machen werden. Du kannst mir glauben: Als ich heute Morgen hier ankam, habe ich noch laut zu mir gesagt: Was könnte Osim gefallen? Und weißt du was? Ich habe keine Ahnung, aber wir werden es hier und jetzt herausfinden! Also schlag ein, mein Freund! Gib mir Fünf! Zeig mir dein Siegerlächeln und sag dem guten, alten Herrn Deville, was er heute für dich aus dem Hut zaubern darf, um dich zu erfreuen! Ich bin bereit! Die Kinder sind bereit! Und wir wollen wissen: Osim, bist du es auch?« In meiner Imagination geht jetzt ein Glitterregen über uns beiden nieder, worauf Osim die Arme hochreißt und, von seiner Lethargie erlöst, ein »Herr Deville, heute lassen wir es richtig krachen!« jubiliert. Doch Osim sagt gar nichts. Stattdessen zuckt er nur desinteressiert mit den Schultern. Aber

---

nen-Seminar« (sic!) besuchen und mit Diplom abschließen. Seit einigen Jahren wird sogar ein Studium an der Hochschule für Pädagogik verlangt.

ich gebe noch nicht auf, tänzle um ihn herum, vollführe Bocksprünge, um auf das reichhaltige Spiel und Lernangebot an diesem heutigen, ganz besonderen Kindergartentag hinzuweisen, und ziehe alle Register der Eurythmie – nur um Osim aus der Reserve zu locken. Meistens jedoch umsonst. Nur ein einziges Mal, ich hatte in meiner Verzweiflung einen Stepptanz vor ihm aufgeführt, reagierte Osim mit einer sichtbaren, regelrechten Gefühlsexplosion: Er reckte das Kinn vor und ließ ein leises Zungenschnalzen hören. Ich wusste diese Geste nur als Hohn zu deuten und redete mich vor dem Dreikäsehoch in Rage, drohte mit drakonischen Strafen wie dem Leeren des Komposteimers oder Ausmisten des Schulhamsters, lockte mit Süßwerk und verlor dabei zusehends an Würde und didaktischer Glaubwürdigkeit.

Am Rande des Nervenzusammenbruchs angelangt, suchte ich schließlich eines Tages das klassische Zwischen-Tür-und-Angel-Gespräch mit Osims Mutter. Ich äußerte fein ausformulierte Vermutungen, ließ sie an meinen sonstigen Beobachtungen zu ihrem Sprössling teilhaben und hoffte auf Klärung, was diesen speziellen Wesenszug ihres Sohnes anging. Mutter Osim hörte mir geduldig zu. Als ich meinen Bericht beendet hatte, kam prompt ihre Reaktion: Trotzig schob sie das Kinn nach vorn und schnalzte laut mit der Zunge. Bevor ich mich in eine fleischgewordene Version von Munchs »Der Schrei« verwandeln konnte, legte mir Mutter Osim beruhigend eine Hand auf die Schulter und erklärte mir lächelnd, dass in ihrem Kulturkreis dieses Schnalzen als Zustimmung zu deuten sei. Ein »Ich habe verstanden« oder »Alles klar!«. In Osims Fall war es seinem hysterischen Erzieher gegenüber wohl zu verstehen als »Jetzt chill mal, Alter, ich hab's ja kapiert, bleib locker!«.

Es lässt sich also festhalten, dass man weniger darüber nachdenken sollte, was der Pädagoge für Osim tun könnte, sondern dass man sich öfter fragen müsste, was Osim für den Pädagogen tun kann. Oder anders gefragt: Ist Osim nicht zu beneiden in seiner stoischen Art? Und was kann ich als mich in ständigen Selbstzweifeln und Optimierungswahn suhlender Bessermachenwoller von einem Kind wie Osim lernen? Vielleicht dies: Einfach die Klappe halten. Dafür dem Leben öfter mal nur trotzig das Kinn entgegenschieben. Und dann laut mit der Zunge schnalzen.

Name: Aurelia, die
Häufigkeit: hoch
Pädagogischer Anspruch: leicht
Durchschnittliche Anzahl Elterngespräche: 1

Aurelia gehört zu jener Sorte Kind, welche jeden sofort und vollkommen in Anspruch nimmt. Auf charmante Art und Weise zwar, dafür aber ohne Rücksicht. Weder auf die Befindlichkeit des Kindergärtners an einem grauen Montagmorgen noch auf dessen Interesse an Aurelias Erlebnissen zu diesem frühen Zeitpunkt. Allein der Weg von ihrer Haustür bis zum Kindergarten hält Überraschungen, Einsichten und Abenteuer in so mannigfaltiger Art und Weise bereit, dass sich die Biografie eines Iggy Pop wie eine kurze Randnotiz auf einem Post-it-Zettel liest. Sobald sich diese Aufnahme- und Merkfähigkeit mit einem ausgeprägten Mitteilungsbedürfnis paart und in einer solchen nervös-freudigen Vortragsweise an den Mann respektive die Frau gebracht wird, bekommt der Begriff »Informationsüberfluss« eine ganz neue Bedeutung. Meine Arbeitsweise im Kindergarten besteht daraus, aus dem situativen Ansatz zu schöpfen. Das heißt, dass ich im Vorfeld wenig vorbereite. Ich achte darauf, was die Kinder aus ihrem Erleben außerhalb des Klassenraumes mit in den Unterricht bringen. Das greife ich auf, drehe es durch den pädagogischen Fleischwolf und bringe es didaktisch wertvoll in die gesamte Gruppe ein. Wenn Aurelia es nun jedoch schafft, in einer einzigen Erzählung philosophische Überlegungen zur Farbe des Zebrastreifens, einen vermuteten Schatz im Stadtpark, ein aufschlussreiches Gespräch mit einer Krähe, die Frage nach dem genauen Beziehungsstatus sowie einen kritischen Kommentar zum anscheinend als unpassend frisiert empfundenen Haupthaar des Zuhörenden zu vereinen, stößt man mit diesem Ansatz an seine Grenzen. Dazu kommt, dass Aurelia die Eigenart hat, mir Dinge zu erzählen, die ich als nicht ganz so wichtig einordne wie sie. Ach was: Dinge, die ich einfach nicht wissen möchte! Denn Aussagen wie »Papa steht gern am Fenster, um anderen Frauen beim Duschen zuzusehen« oder »Immer wenn die Tante die Türe zum Schlafzimmer zumacht, wissen wir, dass sie jetzt gleich Papa auskitzelt. Das kann man gut hören!« zählen noch zu den harmloseren Zusatzinformationen, die man als Erzieher zu hören bekommt. Was soll ich zu Themen dieser Art bitte mit der Gruppe weiter erarbeiten? Gerade deswegen ermahne ich die Eltern meiner Schützlinge beim ersten Treffen: Bitte überlegen Sie sich gut, was Ihr Kind alles zu Hause mitbekommt. Ganz besonders von elterlichen Intimitäten. Von elterlichen Intimitäten mit Tanten und Onkeln ganz zu schweigen. Bedenken Sie dies, denn früher oder später erfahre ich von Ihrem Kind alles!

Die klassische »Aurelia« hat noch eine andere Angewohnheit, die man besser im Hinterkopf behält, wenn man mit ihr zu tun hat: Aurelia versteht es brillant, aus Erzählungen, Anweisungen oder Unterrichtslektionen ganz bestimmte Details herauszufiltern, von allen Seiten zu betrachten und der gesamten Gruppe dann zur Diskussion vorzulegen. Natürlich handelt es sich dabei um Einzelheiten, die nichts, aber auch gar nichts mit dem restlichen Inhalt zu tun und bislang niemanden interessiert haben, am wenigsten den Kindergärtner selbst – zumindest so lange, bis es Aurelia geschafft hat, die Aufmerksamkeit der ganzen Kindergruppe weg vom eigentlichen Thema auf dieses eine verdammte Detail zu lenken.

Ich kann mich lebhaft an einen Ausflug mit der Kindergruppe erinnern: Das Ziel war ein nahe gelegener Skulpturengarten, den ein von fantastischen Visionen geleiteter Aussteiger in einem Waldstück angelegt hatte. Wenn schon, denn schon, dachte ich und engagierte die Kuratorin als Führerin für teures Geld dazu. Die Dame geleitete uns durch den Wald an den aus Beton gegossenen Fieberträumen vorbei und erzählte kompetent von den entbehrungsreichen, arbeitsintensiven Jahren, in welchen der Künstler sein gesamtes Hab und Gut dazu verwendet hatte, um gigantische Schlangen, bunte Elefanten und glotzende, meterhohe Eulen in die Landschaft zu bauen. Und während ich staunend und mit offenem Mund dem ausgestreckten Zeigefinger der Fachfrau nach oben folgte, in Richtung einer riesigen zoologischen Unbestimmtheit aus Gips und Beton, kniete hinter uns der gesamte Kindergarten auf dem Waldboden, die Nasen im Dreck. Aurelia hatte kurzerhand die Führung übernommen und referierte fundiert über eine von ihr soeben entdeckte Schnecke.

Während sich also um uns die Errungenschaften der zügellosen Fantasie und Schaffenskraft eines leidenschaftlichen Künstlers, der dem gutbürgerlichen Lebensentwurf erfolgreich zu trotzen vermochte, in den Himmel schraubten und zum Staunen und Innehalten aufforderten, wurde ein einfaches Weichtier von den Kindern als interessanter aufgefasst – welch Hohn der Kunst gegenüber! Auch unsere Führerin wusste das plötzliche Desinteresse der Gruppe keinesfalls zu schätzen. Da ich solcherlei Erlebnisse schon zur Genüge hatte, versuchte ich die Situation mit ein paar interessierten Rückfragen zu Werk und Leben des Künstlers zu retten. Aber es war umsonst. Aurelia hatte die Schnecke unterdessen auf ein Blatt gesetzt und sich mit den restlichen Kindern aufgemacht, um abseits des Pfades etwas zu suchen. Ein Schneckenhotel? Ein Fundbüro für Waldtiere? Ich weiß es nicht. Jedenfalls war das Thema Skulpturenpark zu diesem Zeitpunkt erledigt. Und ich hatte meine Lektion gelernt: Was gilt ein kunterbunter Elefant gegen eine einfache Schnecke? Nichts. Und: Kindern Kunst vermitteln zu wollen ist wie Eulen nach Athen zu tragen. Meterhohe Eulen. Eulen aus Beton.

Name: Kevin, der
Häufigkeit: hoch
Pädagogischer Anspruch: sehr schwierig
Durchschnittliche Anzahl Elterngespräche: 8

Bevor wir zu einem weiteren Charaktertypus kommen, ist es vielleicht an der Zeit, etwas zu den von mir verwendeten Namen zu bemerken: Natürlich entspricht nicht jedes Kind mit dem Namen »Osim« oder »Aurelia« den weiter oben beschriebenen Verhaltensmustern. So sind mir durchaus schon endlos plappernde Monikas oder Simons begegnet. Ebenso musste ich auch schon einen Thomas oder eine Anna zum Mitsingen oder auch nur Sprechen animieren. Ich möchte niemandem zu nahe treten, der entweder einen der erwähnten Namen trägt oder sein Kind entsprechend getauft hat, wirklich nicht. Namen sind Schall und Rauch. Es ist immer noch der Mensch, der einen Namen prägt, und nicht umgekehrt.[3]

Wissenschaftler haben übrigens festgestellt, dass ein Zusammenhang zwischen dem Bildungsgrad der Eltern und dem Namen ihres Kindes besteht. Je exotischer und ausgefallener der Name des Kindes, desto schlechter die Ausbildung seiner Erzeuger. Oder um es ganz brutal auf eine Formel herunterzubrechen: Je mehr Savanna-Chayenne, desto mehr Arbeitsagentur. Das mag verallgemeinert sein und gemein, aber wenn ich im Sommer durchs Freibad laufe, sehe ich neben schlecht gestochenen Tribal-Tattoos selten Namen wie Lea oder Johannes prangen. Da steht meist »Paris-Leandra«, »Baron-Jason« oder wie dem »Herrn der Ringe« entsprungen klingende Ruflaute. Kein Wunder, tätowiert man sich solche speziellen Namen auf den Oberarm: Bei mehreren Kindern kann man schon mal ins Stottern kommen – ein Blick auf den Bizeps ist da eine willkommene Gedankenstütze.

Und damit zu »Kevin«, dem dritten Archetypen, Kevin ist ein Name, der schon länger landauf, landab als Synonym für kontrollierte Ritalinabgabe und verzweifelte Pädagogen steht. So habe ich länger über eine andere und dennoch passende Namensgebung nachgedacht, um nicht unnötig Klischees zu befeuern. Jedoch habe ich bei meinen Vorträgen gerade bei der Beschreibung dieses Charaktertyps unglaublichen Zuspruch bekommen. Offenbar habe ich unzähligen Lehrpersonen, Eltern und, ja, auch manchen bereits dem Kindergarten

---

3 Der Autor würde sein Kind trotzdem nie Aurelia oder Osim taufen – sicher ist sicher.

entwachsenen Kevins aus dem Herzen gesprochen. Deshalb bleiben wir bei dem Namen. Bemühen wir doch für einmal den Vergleich zu den Stilprägern des Punkrocks, den Sex Pistols: Was der in Leder und Nieten gekleidete Bassist Sid Vicious für die Sittenwächter war, ist Kevin für die Pädagogik: ein Schreckgespenst. Auf die Frage, warum ihr Job Stress verursacht, beschreiben anscheinend zahllose Lehrer und Erzieherinnen die klassischen Verhaltensmuster eines Kevins und die daraus resultierenden Auswirkungen auf die eigene Psyche. Sieht man eine Aurelia als Flipperkugel, die in den Raum hineingeschossen wird, mal da, mal dort anstößt, reißt ein Kevin ungefragt die Kindergruppe mit, weiß er bis ins Detail geplante und didaktisch ausgewogene Unterrichtspläne innerhalb von Minuten zu versenken.

Diese Energie, dieses Vibrieren in der Luft nimmt die feinfühlige Kindergartenlehrperson bereits wahr, wenn sich ein Kevin dem Schulgelände nähert. Pädagogen sind dann Tieren gleich, die ein bevorstehendes Erdbeben oder einen Vulkanausbruch bereits Stunden vorher zu registrieren vermögen. Zum Glück! Denn nun heißt es, Vorkehrungen zu treffen, um diese 120 Zentimeter große Naturgewalt zu bewältigen. Wobei es natürlich die Aufgabe der Lehrperson ist, sie in die richtigen Bahnen zu lenken, um die freigesetzte Energie möglichst sinnbringend einzusetzen. Eine schwierige Angelegenheit, wenn man zwei oder drei Exemplare vom Schlage Kevin zu unterrichten hat. Schon manch standhafter Kindergärtner, der sich diesem unbändigen Tornado mit nichts anderem als einem einfachen Mandala bewaffnet entgegenstellte, fand sich kurz darauf von Heulkrämpfen geschüttelt in der Raucherecke des Pausenhofs wieder, wo der Hausmeister ihm tröstend die Schulter tätschelte.

Das Verheerende an Kevin ist, dass er es versteht, andere Kinder, besonders vom Typ Aurelia, in seinen Bann zu ziehen und mit seiner überbordenden Energie, seinen wilden Spielen, seiner lauten Sprechweise und ausladender Gestik anzustecken. Die Kinder sehen sehr schnell, an wen sie sich wenden können, um in ihrem Sinn unterhalten zu werden, denn Kevin steht für Lärm, Chaos und Pogo. In einer Band wie den Sex Pistols kann ein solcher Charakter gewinnbringend sein, im Kindergarten jedoch wird er zur Zerreißprobe für das fein gesponnene Beziehungsgeflecht zwischen Gruppe und Erzieher. Oder besser gesagt: zur Zerreißprobe für das Nervengewand des Letztgenannten.

Das musste ich bitterlich erfahren, als Kevin mir eine Karriere im Kino versaute. So meldete sich eines Tages ein Filmemacher bei mir. Er hatte vor, eine kurze Szene in meinem Kindergarten zu drehen, die er für einen Kinofilm verwenden wollte. Erfreut sagte ich zu. Uneigennützig wie ich bin, sah ich darin eine große Chance, meinen schönen Beruf einer breiten Öffentlichkeit näherzubringen, eine Lanze zu brechen für die sinnstiftende Arbeit einer Lehrperson. So traf ich mich also mit dem aufstrebenden Jungregisseur und entwarf mit ihm eine Vorzeigelektion. Das Einverständnis der Eltern und Schulleitung wurde eingeholt, kistenweise Beleuchtungsmaterial herangekarrt, meine Wenigkeit verkabelt und die fröhliche und erwartungsvolle Kinderschar in der Szenerie platziert.

Ich hatte an alles gedacht, nur nicht an Kevin. Zwar hatte ich seine Anwesenheit einberechnet und ihn daher weit vorne in meinem physischen Wirkungsradius positioniert. Aber Dreharbeiten sind nun mal kein Kindergeburtstag. Ich stellte schnell fest, dass sich dunkle Stellwände, brennende

Scheinwerfer und umherwuselnde Kameraleute nicht gerade beruhigend auf Kevins Naturell auswirkten. Bereits nach wenigen Minuten, ich versuchte vor der Kamera gemeinsam mit den Kindern eine fantasievolle Geschichte zu entwickeln, bereitete sich Unruhe in den ersten Reihen aus, deren Epizentrum bei Kevin zu verordnen war. Zunächst tat dieser seine Unzufriedenheit mit der gegenwärtigen Gesamtsituation kund, indem er seinem Holzstühlchen ein rhythmisches Quietschen entlockte, das die neben ihm sitzenden Kinder dankbar aufnahmen. Schließlich brach der ebenfalls anwesende Tonmann genervt den Take ab. Ich ermahnte die Gruppe zu mehr Disziplin, was nur zu einem beunruhigenden Kichern bei den Kindern führte. Ich ahnte, dass mir in kürzester Zeit die Zügel aus der Hand gerissen würden, wenn wir diese Sache nicht schnell über die Bühne bringen konnten. Konzentriert machte ich mich also daran, mit der Lektion fortzufahren. Gerade formulierte ich eine Szene der Geschichte, die ich besonders spannend fand, als Kevin seiner Meinung über das Dargebrachte mit einem hörbaren Einatmen und klangvollen Luft-durch-die-Lippen-wieder-entweichen-Lassen Ausdruck verlieh. Das furzende Geräusch und mein entsetzter Gesichtsausdruck brachten den sonst stillen Osim wiederum zum Lachen. Ich wusste nicht, ob ich mich maßlos ärgern oder freuen sollte, dass Osim seinem Wesenszug just in diesem Moment eine neue Facette beigefügt hatte.

Für die Kinder, die zusammengepfercht im Dunkeln ausharren mussten, war es jedenfalls der Startschuss zur Rebellion. In unterschiedlichsten Tonhöhen und Ausprägungen wurden prustend und spuckend furzende Klänge produziert. Erste Stühle kippten um. Ein Scheinwerfer erlosch, da jemand über ein Kabel gestolpert war. Einzelne Kinder nutzten die Gunst der Stunde und wanderten Richtung Wasserhahn ab, um ihren Durst zu löschen. Während ich versuchte, Ordnung in das Chaos zu bringen, und dabei entschuldigend zum Regisseur blickte, zupfte Aurelia an meinem Mikrofonkabel, um mich darauf hinzuweisen, dass gerade die Pausenglocke geklingelt hatte. Inmitten dieses auseinanderdriftenden Filmsets stand ein sichtlich erfreuter Kevin, der sich darin versuchte, eine der Kameras mit Bauklötzen zu treffen. Ich versuchte nach kurzer Absprache mit dem Regisseur noch zu retten, was zu retten war, ließ aber, als der Großteil der Klasse »Langweilig! Langweilig!« skandierte, jegliche Leinwandträume platzen und brach die Aufnahmen ab. Nachmittags drehten wir die Szene noch mal ohne Kinder. Aber das war ähnlich spannend wie die Sex Pistols ohne Sid Vicious und schaffte es daher nicht einmal als Bonusmaterial auf die DVD des fertigen Films.

Wie mag es sich erst mit einem solch brodelnden Vulkan unter ein und demselben Dach leben? Wer könnte gerade diese Frage besser beantworten als Kevins Eltern? Konfrontiert mit dem Verhalten ihres Sprösslings, teilen sich diese in zwei Gruppen, die Hoffenden und die Wissenden. Erstere haben zu Hause die Helmpflicht eingeführt sowie alle Möbel fest am Boden verschraubt. Sie vertreten stoisch ein Mantra, das durch den Film »La Haine« bekannt wurde: »Dies ist die Geschichte von einem Mann, der aus dem 50. Stock von 'nem Hochhaus fällt. Während er fällt, wiederholt er, um sich zu beruhigen, immer wieder: ›Bis hierher lief's noch ganz gut, bis hierher lief's noch ganz gut, bis hierher lief's noch ganz gut …‹ Aber wichtig ist nicht der Fall, sondern die Landung!« Sie hoffen, dass sich alles in Wohlgefallen auflösen wird.

»Außerdem«, lassen diese Eltern einen dann wissen, »war der Onkel von Kevin genauso, als er zur Schule ging. Und der hat gut die Kurve gekriegt. Wirklich. Der hat es sogar geschafft, nach seiner Zeit im Gefängnis ein eigenes Business aufzuziehen. Der macht jetzt in Wertstoffen. Sammelt Pfandflaschen im Park. Nein, nein, Herr Deville. Wir legen all unsere Hoffnung in Kevin.« Und mit diesen Worten tätschelt Papa-Kevin Mama-Kevin den Handrücken, und sie bestätigt seine Aussage mit einem Lächeln, nicht unähnlich dem von Jack Nicholson in »Shining«.

Die Wissenden hingegen sehen Kevins Verhalten als eine Art Problem, welches nach einer rationalen und fundierten Lösung strebt. Meistens glauben sie, eine solche bereits gefunden zu haben, und sind selten dazu bereit, von ihr abzulassen. So hat mir eine Mutter ernsthaft und vollmundig erklärt, dass sie Kevins Art und Weise mit Yogaübungen bei Vollmond begegne, da die Problematik in seinem Tierkreiszeichen zu finden sei. Auch mein Hinweis, dass es meines Wissens das Tierkreiszeichen »Wildsau« nicht gebe und ihre Theorie daher etwas weit hergeholt erscheine, konnte die gute Frau nicht umstimmen. Was soll mir da anderes übrig bleiben, als mich zu erheben, die Arme auszubreiten und meinen pädagogischen Segen über diese Menschen zu sprechen? Natürlich heißt Kinder erziehen auch, deren Eltern zu erziehen, aber irgendwo hört es bei mir auf. Schließlich bin ich Profi und muss meine Ressourcen schonen.

Ich habe meinen Frieden mit den Kevins dieser Welt gemacht und einen Umgang mit ihnen gefunden. Eigentlich möchte ich meine tägliche Dosis Kevin nicht mehr missen. Denn Kevin ist mein Kick in den Tag. Der Tritt in den Hintern meines inneren Schweinehundes. Ich stürze mich ihm entgegen, lasse mich von ihm zu Boden werfen und in den Schwitzkasten nehmen, während die anderen Kinder uns anfeuern. Anschließend kann man meistens normal mit ihm arbeiten – und ich bin hellwach. Eine klare Win-win-Situation. Und falls Kevin wieder einmal die ganze Klasse mitreißt und dafür sorgt, dass ein geregelter Betrieb nicht mehr möglich ist: einfach mal machen lassen. Sich gezielt dem Katastrophengebiet entziehen, Kaffee trinken und ein paar Minuten abwarten. So eine Klasse Fünfjähriger liebt es zwar, die rohe Anarchie während der Unterrichtszeiten auszurufen, aber inzwischen weiß ich, dass dieses Chaos meist nur wenige Minuten anhält, bevor wieder der Ruf nach etwas Struktur im Klassenverband laut wird. Das ist bei uns Erwachsenen ja nicht anders – zu beobachten an Polterabenden, Firmenfesten oder Punkkonzerten. Hätte ich über dieses Wissen bereits zu Zeiten des oben geschilderten Filmprojekts verfügt, wäre ich einfach aufgestanden und hätte samt Crew den Raum verlassen, während die Kameras weiterfilmten. Was hätte das für ein Remake von »Lord of the Flies« gegeben!

Name: Liselotte, die
Häufigkeit: selten
Pädagogischer Anspruch: mittel
Durchschnittliche Anzahl Elterngespräche: 1

Müsste ich Liselotte äußerlich beschreiben, hätte sie höchstwahrscheinlich zu einem Pferdeschwanz zusammengebundene helle Haare, Sommersprossen und einen durchdringenden, leicht tadelnden Blick. Damit weiß sie Kinder und Erzieher so zu taxieren, dass diese ständig das Gefühl haben, gerade etwas falsch gemacht zu haben oder noch schlimmer, im Begriff sind, gleich etwas falsch zu machen. Ihre Arme hat sie meist abwartend vor der Brust verschränkt, sodass man nicht sofort sieht, dass Liselotte über extralange Zeigefinger verfügt, mit welchen sie vorzüglich wedeln kann. Denn Liselotte kritisiert und berichtigt sehr gern und oft. Nicht immer zu Unrecht. Sie hat eine sehr schnelle Auffassungsgabe und kann sich überdurchschnittlich exakt und differenziert ausdrücken. Kein Wunder: Nach meinen Beobachtungen ist mindestens ein Elternteil im Schulwesen als Lehrperson tätig.

Nun mag der Laie einwenden, dass ein oder zwei Kinder vom Schlage einer Liselotte für jede Gruppe doch ein wahres Geschenk sein müssen, wenn man ihre Eigenschaften mit denen eines Kevins oder einer Aurelia vergleicht. Handelt es sich doch anscheinend um ein selbstständig agierendes, vernünftiges Kind, welches es dem Kindergärtner gestattet, die Zügel etwas lockerer zu halten. Tatsächlich weiten sich meine Augen nicht vor Schrecken, sobald Liselotte den Raum betritt. Jedoch stellt sich bei mir ein leichtes bis stärkeres Gefühl der Anspannung ein. Ich glaube, dass sich dann meine Synapsen unbewusst auf einen zu gewinnenden Wettbewerb einstellen. Und nicht nur das – Körper und Geist bereiten sich auf Konfrontation vor. Und genau das ist es, was eine Liselotte sucht. Aber nicht etwa wie Kevin, der die Konfrontation zur eigenen Entladung der angestauten Energie sucht. Liselottes Interesse geht in eine andere Richtung. Liselotte will meinen Job. Denn den kann sie eigentlich besser als ich. Glaubt sie. Und weiter: Liselotte glaubt zu wissen, dass ihre Zeit bald kommen wird. In wenigen Tagen, maximal wenigen Wochen, werden die Polizei, der Mann mit dem Besen auf dem Pausenhof, der Nikolaus oder wer immer entschieden hat, dass ich Kindergärtner sein darf, die Wahrheit erkennen: Es war ein großer Fehler, Herrn Deville das Kommando über diesen Kindergarten zu geben. Wobei – dass es den Nikolaus nicht gibt, hat sie natürlich längst kapiert. Die anderen Kinder und Herr Deville werden noch Augen machen, wenn sie im nächsten Dezember darüber aufklären wird, dass es sich beim Nikolaus einfach nur um den verkleideten Osterhasen handelt, dem im Winter langweilig ist. Aber bis dahin wird sie sowieso an der Spitze sein und diesen Laden schmeißen.

Aber erst einmal kommt sie jeden Morgen pünktlich in den Kindergarten und gibt mir die Hand, während sie hinter dem Rücken die Finger kreuzt. Sie setzt sich einfach in den Stuhlkreis und beobachtet. Von Tag eins an. Sie merkt sich, wo ich das Zeichenpapier herhole und in welchem Schrank die Plakatfarben aufbewahrt werden. Zu welcher Gelegenheit welches Lied angestimmt wird und welches Kind an welchem Tag früher abgeholt, die Psychomotorik besuchen muss oder aus welchen organisatorischen Gründen immer etwas später eintrifft. Das gibt ihr Gelegenheiten, mich zu korrigieren, da ich es nie schaffe, mir alles zu merken. Oder schlimmer noch: Sie bestätigt mich in meinem Tun. Gratuliert mir, dass ich daran gedacht habe, Osim rechtzeitig in die Logopädie zu schicken oder zu erwähnen, dass morgen bitte alle Kinder ja nicht die Turnbeutel vergessen möchten. Sie versteht es, mich vor der Klasse bloßzustellen. Mit einem klaren Ziel vor Augen: meine Autorität zu untergraben! Zum Beispiel berichtigt sie mich gern allmorgendlich wegen ihres Namens. Liselotte lässt sich nämlich Lotte rufen. Nicht Lise, nicht Lollo, sondern Lotte. Der Lehrer-Elternteil dieser Liselotte-Kinder sucht sich nämlich immer einen auf den ersten Blick gewöhnlichen Namen aus, den man dann unglaublich cool verkürzen kann. Über den Mut, das Kind gleich so zu taufen, wie er es eigentlich gern rufen möchte, verfügt er dann aber nicht. Aus Rücksicht dem Kind gegenüber natürlich. Es soll dann nämlich einmal selbst entscheiden dürfen, wie es genannt werden wird. Einfach falls es dann mal Bankdirektorin oder Kommunalpolitikerin werden möchte und nicht Künstlerin oder Lichttherapeutin. Denn wer möchte schon mit einer Lotte Millionenkredite besprechen oder irgendwo in Bayern Wahlkampf betreiben.

Liselotte unterbricht gern das morgendliche Begrüßungslied, in welchem ich singend alle Kinder beim Namen rufe, indem sie ihren überlangen Zeigefinger reckt und ruft: »Ich heiße Lotte, Herr Deville! Lotte! Wie Lotto! Mama sagt immer, ich bin ein Hauptgewinn!« Ich komme dann ins Stocken, werde rot vor Scham und Zorn, huste und muss einen Schluck Wasser trinken, bevor ich fortfahre. Die anderen Kinder im Kreis finden das wiederum zum Kichern und verlangen plötzlich, dass sie ebenfalls bei ihrem Kose-, Zweit- oder sogar Drittnamen gerufen werden. Die Kinder, welche über keine weiteren Namen verfügen, denken sich dann einfach irgendeinen aus und bestehen darauf, fortan so gerufen zu werden. Kinder mit ausländischen Namen haben es noch einfacher, indem sie einfach behaupten, ich spreche ihn falsch aus, um mich anschließend auszulachen bei meinen armseligen Versuchen, korrekt Zischlaute oder Zungenschnalzen nachzuahmen. Ein Elend – und eine Zwickmühle. Denn spreche ich Liselotte einmal wirklich mit Lotte an, blinzelt sie mir verschwörerisch zu oder – schlimmer noch – lobt mich laut. So oder so ordne ich mich in der Hierarchie Lotte, ich meine natürlich: Liselotte, unter. Und dass ein Leitwolf, der einem jüngeren Wolf demütig die Kehle anbietet und sich vor ihm auf den Rücken rollt, von der Meute verstoßen wird, sollte hinlänglich bekannt sein. Falls die Meute sich nicht einfach auf ihn stürzt und kurzen Prozess macht mit dem alten Fellknäuel. Also Augen auf, wenn eine Liselotte der Klasse ihre Aufwartung macht. Zuerst mag man sich als Erzieher über ein solch selbstständiges Individuum freuen, welches anscheinend im frühen Alter bereits vom Kelch der Vernunft gekostet hat. Aber schneller als man denkt, ist man ihrer perfiden Taktik auf den Leim gegangen und hat sich aus unerfindlichen Gründen plötzlich selbst ausgeschlossen, steht zitternd im Schneegestöber vor dem Kindergarten und sieht hinter den hell erleuchteten Fenstern Lotte mit dem Schlüsselbund winken. Natürlich lächelnd.

Aber wir wollen jetzt Liselotte nicht als Teufel an die Wand malen. Eine Liselotte macht dies ja nicht aus Bösartigkeit, sondern weil sie mit vielem unterfordert ist. Oder zumindest glaubt, unterfordert zu sein. Und hier liegt die Lösung zu einem Umgang mit diesem Charakter. Eine Liselotte ist den anderen Kindern oftmals einen Schritt voraus, oftmals aber in die falsche Richtung. Beim gedanklichen Voranpreschen unterlaufen ihr immer wieder Flüchtigkeitsfehler. Gerade in Bezug auf die Tätigkeiten und Person des Erziehers. Man muss nur gut hinhören.

In meinem ersten Jahr als Kindergärtner hatte ich eine klassische Liselotte bei mir in der Gruppe. Soeben aus der Ausbildung mit Diplom entlassen, erfreute ich mich an dem aufgeweckten Mädchen, welches aufmerksam meiner Show folgte und dabei lächelte. Hinter dem Lächeln übersah ich jedoch Liselottes Lauern. Schon ein paar Wochen nach Ende der Sommerferien wurde ich Opfer eines perfiden Putschversuches. Ich hatte gerade die Kinderschar zusammengerufen, um den richtigen Umgang mit Plastilin, landläufig »Knete« genannt, zu besprechen. Gute Knete ist nämlich teuer. Und sie wird im Kindergarten so richtig hart rangenommen.

Meinen schlimmsten Feinden wünsche ich es nicht, als Klumpen quietschbunten Plastilins in einem Kindergarten wiedergeboren zu werden. Gnadenlos und unerbittlich prügeln klebrige Kinderklauen auf das Material ein. Knallend wird es über Tischkanten geschlagen, lang gezogen und wieder eingestampft, nur um mit Gabeln, Stäbchen und spitzen Zeigefingern gepiesackt zu werden. Als motivierter Jungerzieher habe ich mir anfangs Rezepte zusammengesucht, mit denen ich Knete selbst herstellen konnte. Aber das Unterfangen habe ich schnell aufgegeben: Nie wieder will ich zusehen, wie das liebevoll aus Mehl, Salz und Lebensmittelfarbe hergestellte Plastilin in der alles zermalmenden, verschlingenden Hydra namens Kindergarten auf Nimmerwiedersehen verschwindet. Seither wird teure Qualitätsknete angeschafft. Die mit dem Gütesiegel. Auch wenn dafür die Renovierung des Spielplatzes wieder auf nächstes Jahr verschoben werden muss. Mit so einer Qualitätsknete hat man was fürs Leben – wenn die Regeln zum Umgang damit befolgt werden.

Ich verkündete also vor der Klasse und der lauernden Liselotte die heiligen fünf Knetgebote.

1 Du sollst verschiedenfarbige Kneteklumpen nicht derart zusammenpressen, dass sie dein Nächster nicht mehr zu trennen vermag.

2 Die Knete ist nicht dein Eigentum, sondern gehört Herrn Deville.

3 Du sollst darauf achten, dass die Knete nicht zu Boden fällt, wo sie an der Sohle deiner Hausschuhe verenden wird.

4 Du sollst die Knete nicht nach draußen mitnehmen. Auch nicht, um die Vögel oder Babys der benachbarten Kinderkrippe damit zu füttern.

5 Obwohl Knete bunt und weich ist und gut riecht, sollst du es versuchen, sie wenigstens dieses Jahr mal nicht in den Mund zu nehmen.

Nachdem ich mir nach jedem Gebot durch ein Kopfnicken der Kinder hatte versichern lassen, dass sie jedem einzelnen Gebot Folge leisten würden, wies ich darauf hin, dass diese Edelknete sauteuer gewesen sei und ich aus diesem Grund nicht jeden Monat neue anschaffen könne. Diese eine Bemerkung ließ Liselotte aufhorchen. Darin sah sie ihre Chance, mich vom Thron zu stoßen, mir die Herrschaft zu entreißen. Ich wollte gerade damit beginnen, die Knete nun zu gleichen Teilen an die Kinder auszugeben, als Liselotte plötzlich von ihrem Stuhl aufsprang. Die Arme trotzig vor der Brust verschränkt, verkündete sie ihren teuflischen Plan, um mich aus dem Klassenzimmer zu verbannen. Und obwohl es bereits viele, viele Jahre her ist, kann ich mich noch genau an ihren Wortlaut, ihre Argumentation und die daraus resultierende Schlussforderung erinnern: »Hört alle mal zu«, begann sie ihre aufrührerische Rede. »Ich habe eine supertolle Idee.« Liselotte sah mich dabei direkt an. Nicht um meine Reaktion auf das Gesagte im Auge zu behalten und so eventuell den weiteren Verlauf ihrer Darbietung anzupassen. Oh nein, dazu war sie sich ihrer Sache viel zu sicher. Vermutlich dachte sie, dass ich dankbar sein würde. Dankbar dafür, dass mich endlich jemand entlarvt hatte und ich somit nicht länger gezwungen war, Tag für Tag so zu tun, als hätte ich in diesen Räumen das Sagen. Also fuhr sie fort: »Kommt, wir machen jetzt die ganze Knete kaputt. Wir stapeln verschiedene Farben aufeinander und fahren mit dem Roller drüber. Dann klebt jeder seine Knete unter den eigenen Stuhl und unter die Tischplatten und vergisst sie dann dort, bis sie vertrocknet ist. Kevin, du musst deine Knete aufessen. Jetzt gleich, okay?«

Ich war kurz davor, dem Spuk ein Ende zu setzen, indem ich mich zu voller Größe aufrichtete und meinen bewährten »Bis hier und nicht weiter«-Blick aufsetzte, um damit zuerst Kevin, dann die im Kreis versammelten Kinder und schließlich meine Mini-Jeanne-d'Arc auf ihre jeweiligen Plätze zu verweisen. Aber etwas hielt mich zurück: Ich wollte wissen, welchen Plan Liselotte verfolgte. Dafür würde ich einen Aufstand der Knöpfe, Anarchie im Kindergarten und ein daraus resultierendes Leben in der Gosse riskieren. Also machte ich ein gespielt entsetztes Gesicht und erwartete das Unerwartete. Triumphierend über mein anscheinend nicht vorhandenes Aufbegehren, stemmte Liselotte nun die Arme in die Hüften. Es fehlte nur noch, dass sie sich auf ihren Stuhl stellte, das Gesicht mit blauer Kriegsbemalung beschmierte, um die Faust Richtung Deckenleuchte zu recken. Freedom! Stattdessen erreichte die Brandrede ihren Höhepunkt. »Denn wenn wir das machen, hat Herr Deville bald keine Knete mehr. Und das heißt«, ihr langer Zeigefinger schnellte wie ein Stellmesser nach oben, »er muss neue Knete kaufen. Herr Deville hat aber kein Geld. Was muss er also tun, um Geld zu bekommen, na?« Sie reckte ihren Oberkörper weit nach vorn und blickte gespielt fragend in die Runde. Außer Osim, der abwesend den Klumpen Knete auf seinem Schoß betrachtete, starrten alle Kinder sie erwartungsvoll an. Dann riss sie die Arme siegesgewiss in die Höhe und setzte zum rhetorischen Dolchstoß gegen mich an. »Ist doch klar! Herr Deville muss dann arbeiten gehen, und wir haben frei!«

Nun ist es ja durchaus so, dass mir ein strahlendes Kinderlachen oder die Dankesworte einer über ihren Sprössling gerade noch verzweifelten Mutter manchmal Lohn genug sein könnten. Aber leider lässt sich mein Vermieter auf einen Tauschhandel wie lustig erzählte Kindergartenerlebnisse gegen Miete nicht ein. Und an der Kasse des Supermarktes sind bunte Bastelarbeiten von Kindergartenkindern ebenfalls noch keine akzeptierte Währungsform. Daher, so erklärte ich geduldig der gerade noch rebellierenden Klassengemeinschaft, würde ich bereits jetzt schon ein bescheidenes Handgeld bekommen. Nur dafür dass ich auf Kinder achtgäbe und ab und an mit ihnen Plastilin zerdrückte. Mit anderen Worten: Dies hier sei meine Arbeit.

Während mich die Kinder ungläubig ansahen, nahm ihre aufrührerische Anführerin meine Richtigstellung der Tatsachen mit verschränkten Armen und trotzigem Blick hin. Doch ihre verfinsterte Miene währte nicht lange. Liselotte wusste, wann eine Schlacht verloren war. Aber sie wusste auch, dass ihre nächste Chance kommen würde. Vielleicht schon morgen.

Und Lotte lächelte.

LEKTIONSHAUPTTEIL

In welchem die Kindergartenlehrperson spielerisch sowie ganzheitlich die geplanten Lernziele vermittelt und sich dabei eingestehen muss, dass es eine gute Idee gewesen wäre, vor Unterrichtsbeginn die dritte Tasse Kaffee doch noch zu trinken.

VERLORENE KINDER UND SCHWARZE MÄNNER ODER PANIK IM KINDERGARTEN

»WAS IST DIR LIEBER? AUF DEM OFFENEN MEER VERLOREN ZU GEHEN? DICH IM NEBEL, IN EINEM DUNKLEN WALD ODER DER WÜSTE ZU VERLAUFEN? ODER DOCH IN EINER MENSCHENMENGE DEINE ELTERN AUS DEN AUGEN ZU VERLIEREN?« Diese Frage stammt nicht etwa aus dem berüchtigten Persönlichkeitstest von Scientology, bei dem herausgefunden werden soll, ob man drogen- oder sexsüchtig wird. Diese und andere skurrile, lustige und oftmals schaurige Fragen stellt der Autor John Burningham in seinem Bilderbuch »Was ist dir lieber?«.

Ich besitze dieses großartige Kinderbuch seit meiner Kindheit und setze es gern und oft bei meiner Arbeit ein. Die Kinder lieben den interaktiven Ansatz. Das Sich-klar-entscheiden-Müssen, ohne Wenn und Aber. Bei der oben genannten Frage geht jeweils ein Raunen durch die Kindergruppe. Kleine Hände werden ratlos über dem Kopf zusammengeschlagen, es wird sich eifrig beraten, entschieden und schließlich die gefällte Entscheidung wieder bereut. Es ist aber auch eine harte Frage für ein Kindergemüt: Nebel, Wüste, Meer, Menschenmenge? Ganz allein? Eine der Urängste des Kindes. Das Sichverirren in der großen weiten Welt. Das Verlorengehen, Vergessen- oder Verlassenwerden.

Umgekehrt wäre es interessant, dieses Buch für angehende Kindergärtner und Erzieherinnen aufzubereiten. Dann jedoch müsste die Frage lauten: »Was ist dir lieber? Ein dir anvertrautes Kind im Schwimmbad, im Einkaufszentrum, auf dem Waldspaziergang oder beim Zoobesuch zu verlieren?« Dazu die passenden Illustrationen einer aufgewühlten Lehrerin, eines schwitzenden Erziehers mit wirren Haaren, die Stimme bereits rau vom stundenlangen Rufen an den Gestaden eines Sees, zwischen dunklen Tannenbäumen oder neben dem Löwengehege. Daneben mit flottem Strich gezeichnet die anderen Kinder der Gruppe, die sich ängstlich um das pädagogische Wrack scharen und fragen: »Werden wir Kevin je wiederfinden? Und wird seine Mama nicht böse sein, wenn wir ihn nicht zurückbringen?« Des Erzieherischen kundige Leserinnen und Leser werden beim Überfliegen dieser letzten Zeilen bereits schweißnasse Hände bekommen, alle anderen stellen sich bitte einen Piloten vor, der zur Notlandung eines vollbesetzten Jumbojets mit brennendem Triebwerk ansetzt. Oder einen Bombenspezialisten, der gleich den roten oder blauen Draht durchknipsen muss, bevor die halbe Stadt pulverisiert wird. Sollten diese beiden Experten gleichzeitig noch unter Dauerbeschuss eines Scharfschützen stehen und das Krabbeln einer entlaufenen Vogelspinne auf der Schulter spüren, während sie ihre Heldentat ausführen, hat der Laie ungefähr eine Ahnung davon, auf welchem Stresslevel sich ein Erzieher befindet, der soeben die Kindergruppe durchgezählt hat und erkennen muss, dass einer der Knirpse verloren gegangen ist.

Zuerst versucht man natürlich Ruhe zu bewahren – wird schon nicht vom Erdboden verschluckt sein, unser Kevin. Der Schlawiner hat sich sicher wieder beim Durchzählen hinter Osim versteckt. Haha. So einer ist das nämlich. Also lässt man die Kinder selbst nochmals zählen. Im bereits leicht aufkommenden Stress hat man jedoch vergessen, dass bei den meisten Kindern das Zahlenverständnis kaum bis zehn reicht. Daher muss man selbst nochmals ran: Eins, zwei, drei, vier, fünf … Der Schweiß beginnt zu fließen, man bekommt bereits ein flaues Gefühl im Magen, und in ein paar Minuten fährt der Bus … siebzehn, achtzehn, neunzehn … Verdammt! Kevin fehlt tatsächlich! Adam Riese irrt bekanntlich nie. Ruckartig reißt man den Kopf von links nach rechts und wieder zurück, um die gesamte Umgebung in den Blick zu nehmen. Die Nackenwirbel knacken. »Huhuu! Huhuu!« Die Kinder beginnen zu kichern und imitieren den Ruf einer Eule. Auch wenn Humor in solch einer verfahrenen Situation entschärfend wirken kann, hier ist er fehl am Platz! Ein harsches »Ruhe jetzt!« bringt die Meute zum Schweigen und die umstehenden Leute zum Glotzen: Wieder einer dieser überforderten Erzieher! Typisch Mann! Eben doch nicht so nah am Kind dran wie eine Frau. Ein »Das gilt auch für euch! Ruhe jetzt!« in Richtung der Passanten lässt diese kopfschüttelnd den soeben angekommenen Linienbus besteigen. Exakt jenen Bus, den man unbedingt erreichen wollte. Jedoch mit der ganzen Klasse im Schlepptau. Kurz, ganz kurz nur überlegt man, ob man trotzdem zusteigen soll. Es wäre so einfach. Warum sich einen Kopf machen? Die Punkband U. S. Bombs hat unzählige Male ihren desolaten Sänger Duane Peters zurückgelassen, wenn der es wieder einmal mit dem Feiern übertrieben hatte. Die Konzerte ohne ihn seien sogar besser gewesen, heißt es. Der Unterschied zwischen den U. S. Bombs und einem Kindergarten ist jedoch offensichtlich: Duane Peters' Mutter wartete nicht am nächsten Auftrittsort und verlangte ihren Sohn zu sehen. Und genau der Gedanke an die zu Hause wartenden Eltern ist es, der Adrenalin in den

Blutkreislauf des bedauernswerten Erziehers pumpt. Elektrischen Entladungen gleich werden Signale an seine Leber gesendet, mit dem Befehl, vermehrt Glukose herauszurücken. Energie muss her! Der ganze Körper wird nun in Alarmbereitschaft versetzt, der Blutzuckerspiegel steigt. Das Herz beginnt zu rasen. Bronchien und Pupillen weiten sich. Das vegetative Nervensystem übernimmt die Kontrolle. Jetzt kann der Erzieher spüren, wie das flaue Gefühl aus der Magengegend in die Kehle aufsteigt, dort die Mundhöhle austrocknet und sich schließlich zu einem nervösen Kribbeln unter dem Scheitel zusammenzieht. Alle Sinne sind geschärft und nur auf die Lösung der einen und einzigen, in diesem Augenblick zentralen Frage fokussiert: »Kriegen wir noch ein Eis?« Aurelia zieht ungeduldig am Rucksack des am Rande des Wahnsinns taumelnden Kindergärtners. Den aber beschäftigt natürlich nur Folgendes: »Wo zur Hölle steckt Kevin?«

Aufgrund meiner exakten Beschreibung der psychischen wie physischen Vorgänge, die im Inneren der Lehrperson während eines solchen drastischen Vorfalls wüten, kann man sich denken, dass ich selbst bereits derartige dramatische Erfahrungen machen musste. Genauso ist es. Und das nicht nur einmal. Bevor ich mich aber daranmache, diese Ereignisse zu schildern, möchte ich darauf hinweisen, dass diese brenzligen Situationen stets gut ausgingen. Bisher sind alle meine verlorenen Kinder wieder wohlbehalten aufgetaucht, haben oftmals gar nicht richtig bemerkt, dass sie vermisst wurden, und steckten diese Erlebnisse eigentlich ganz gut weg. Ähnlich wie der Sänger der U. S. Bombs, der es fast immer wieder irgendwie schaffte, seine Band einzuholen, und am selben Abend ins Mikrofon bellte, als wäre nichts gewesen. Bei mir selbst jedoch hat jedes vermisste Kind, das sich in meiner Obhut befand, ein kleines Trauma ausgelöst. Daher möchte ich Folgendes noch einmal schriftlich festhalten:

Die nun folgenden Texte beruhen auf wahren Ereignissen. Alle hier beschriebenen Handlungen und Dialoge haben sich genau so abgespielt. Gegendarstellungen und Beanstandungen nimmt der Autor gern entgegen. Er wird aber so oder so nicht von seiner Meinung über den Verlauf dieser Geschichte abweichen. Sein Erinnerungsvermögen mag ihn hin und wieder im Stich lassen, die hier geschilderten Erlebnisse haben ihn jedoch in einer solchen Art und Weise bewegt, schockiert und geprägt, dass sie sich unwiderruflich in sein Gedächtnis eingebrannt haben.

Noch nach über zwanzig Jahren schreckt der Autor dieser Zeilen des Nachts aus dem Schlaf hoch, verfolgt von den damaligen Geschehnissen, die ihn in seinen Träumen heimsuchen. Mit dem Niederschreiben der traumatischen Geschichten versucht er nun, endlich die Geister von gestern zu bannen und mit der Vergangenheit seinen Frieden zu machen. Die Namen aller Beteiligten wurden geändert, um den Persönlichkeitsschutz zu gewährleisten. Eventuelle Ähnlichkeiten mit lebenden Personen sind jedoch beabsichtigt.

Hier ist sein Bericht.

Das spurlose Verschwinden des stillen Osim

Es war einer jener schwierigen Vormittage. Ich hatte morgens nur widerwillig das Haus verlassen. Zu sehr steckte mir noch der gesellige Vorabend mit ein paar Freunden in den Knochen. Aber im Kindergarten-Business ist es nun mal egal, wie es dir als Erzieher geht. Du kannst es dir nicht erlauben, für ein paar Stunden fünfe grade sein zu lassen und den Betrieb so ein wenig dahinplätschern zu lassen. Schlussendlich fällt alles auf dich zurück. Der Bäcker hingegen kann auch mal weniger schwungvoll die Hörnchen biegen, die Programmiererin eine halbe Stunde nur den Bildschirmschoner anstarren, der Polizist in der Asservatenkammer aufräumen. Sogar der Lehrer kann hin und wieder »Hefte raus!« proklamieren und einen Aufsatz schreiben lassen, um nach einem etwas härteren Vorabend wieder in die Spur zu kommen. Davon wird die Welt nicht untergehen.

Eine ganz andere Sache ist es, wenn man eine Bande Fünfjähriger in Zaum halten soll. Das Kindergartenkind kann es förmlich wittern, wenn du deine Aufsichtspflicht aus energiehaushaltstechnischen Gründen nicht konzentriert wahrnehmen kannst. Es merkt sofort, wenn die Zügel etwas durchhängen, und lässt diese Gelegenheit nicht ungenutzt. Ehe man es sich versieht, steht da die Bude kopf. Morgens mit einem unguten Flimmern hinter dem Stirnlappen erwachen und deswegen einfach mal blaumachen? Nicht als Kindergärtner! Dazu müsstest du ja bei allen Eltern durchklingeln und erklären, warum es Herr Deville angeblich nicht schafft, seinen vom Vorabend geschundenen Körper und seinen ausgelaugten Geist in die heiligen Hallen der Pädagogik zu schleppen. Davon abgesehen wirst du nie, nie alle Eltern an diesem Morgen telefonisch erreichen. Das heißt, du musst immer noch eine Person irgendwo auftreiben, die jene Kinder auffängt und informiert, deren Eltern deine Kunde morgens nicht erreicht hat. Ein unglaublicher Aufwand – da ist es wesentlich einfacher, sich zusammenzureißen, einen Kaffee mehr runterzustürzen, um sich todesmutig und verwegen in den Alltag zu werfen. Also Zähne zusammenbeißen, auf die Türe und rein mit der Truppe – wie an diesem Morgen.

Mit brummendem Schädel ertrug ich bereits in der Garderobe stoisch die gesammelten und gequasselten Erlebnisse von Aurelia, hielt Kevin davon ab, an Liselotte seine neuesten Wrestling-Moves auszuprobieren, und schaffte es irgendwie, Osim, der anscheinend an diesem Tag ebenfalls nicht ganz auf der Höhe war, in den Stuhlkreis zu bugsieren. Dort saßen sie nun, gespannt darauf wartend, was sich der Vorsitzende der Abteilung Spiel, Spaß und Unterhaltung wohl für diesen Morgen so alles ausgedacht hatte. Außer ein paar kooperative Kreisspiele hatte ich jedoch nicht viel in der Hinterhand. Da von den Kindern kaum Input kam, was man pädagogisch Wertvolles tun konnte, verzichtete ich auf eine Hauptlektion und verlängerte stattdessen die Freispielphase auf großzügige zwei Stunden. Ich selbst verzog mich hinter meinen Schreibtisch, um mir zu einzelnen Kindern einige Notizen zu machen. Es war Frühling. Die obligaten Elterngespräche standen an und mir fiel wieder einmal auf, dass ich mir im vergangenen Jahr viel zu wenige Gedanken zu den einzelnen Kindern gemacht hatte. Erstaunlicherweise vergingen die Morgenstunden im Flug. Die eine Hälfte der Kinder errichtete im Sandkasten hinter dem Haus eine Großbaustelle, welche in seiner Geschäftigkeit dem Pyramidenbau im alten Ägypten zur Ehre gereicht hätte. Die andere Hälfte organisierte sich in Kleingruppen an den Tischen, um zu malen, sich beim Puzzeln zu versuchen, oder verzog sich ins Lesezelt, das ich aus Leintüchern errichtet hatte. Dort lässt es sich ungestört in einem Bilderbuch schmökern.

Anfangs noch argwöhnisch, dem Frieden nicht so recht trauend, blickte ich auf die murmelnde, da und dort kichernde

Schar. Ich erwartete jederzeit Ausschreitungen. Einen Aufstand auf der Baustelle, eine schwere Krise am Puzzletisch. Es blieb jedoch ruhig. Genau so mochte ich meinen Kindergarten. Jetzt hätte gern die Türe aufgehen und die Schulleiterin, der Bildungsdirektor oder meinetwegen Pestalozzi persönlich eintreten können. Ich hätte mich lächelnd von meinem Platz erhoben, mit einer Hand ausladend auf die friedlichen und konzentriert werkelnden Kinder gedeutet, um gleichzeitig mit der anderen dem hohen Besuche zu salutieren. Das war Kindergarten, wie er im Lehrbuch steht. So sollte es immer sein. Innerlich beglückwünschte ich mich selbst. Zwar betrat keine renommierte Persönlichkeit der didaktischen Szene meinen Kindergarten, um auf mein Wunderwerk zu schauen, dafür aber verabschiedete sich mein Kater im Laufe des Morgens durch die Hintertüre. Ich war zufrieden. Noch ahnte ich nicht, dass ich nur eine Stunde später mit wehendem Haupthaar durch das Dorf hetzen würde, meinen Beruf verteufelnd. Doch noch saß ich an meinem Tisch und nahm erfreut zur Kenntnis, dass es bereits an der Zeit war, die Kinderchen nochmals in den Kreis zu rufen, um den gemeinsamen Abschluss des Morgens zu begehen. Nach einem erstaunlich konfliktfreien Räumen der Baustelle in der Sandgrube, ein paar Liedern und dem obligatorischen, kollektiven Händeschütteln in der Garderobe entließ ich die Gruppe wieder zurück in die unwirtliche Welt der Erwachsenen. Ich selbst zog mich in die Räumlichkeiten des Kindergartens zurück, um mit einem »Das habe ich mir jetzt verdient!« auf den Lippen ein wenig die Beine hochzulegen.

Zwanzig Minuten später riss mich das Klingeln des Telefons aus meiner Mittagsruhe. Am anderen Ende der Leitung meldete sich eine hörbar aufgeregte Mama Osim. Ihr Sohn sei nicht nach Hause zurückgekehrt und sie mache sich langsam Sorgen. Wäre es in diesem Fall um Aurelia gegangen, hätte ich mich sofort entspannt und ihre Mutter beruhigen können. Die Wegstrecke zwischen Kindergarten und Haustüre kann an manchen Tagen anscheinend mehr an Abenteuern, Erlebnissen und Anekdoten bieten als die gesamte Bandgeschichte der Dead Boys – wenn man Aurelias wilden Erzählungen Glauben schenken darf. Ein zu Hause wartender Teller mit langsam kalt werdenden Spaghetti vermag da einfach nicht mitzuhalten. Da kann es schon einmal länger dauern, bis Aurelia die 300 Meter vom Kindergarten bis zu ihrer Haustüre zurückgelegt hat.

Bei Osim hingegen sah die Sache ganz anders aus. Zwar hatte er einen wesentlich längeren Heimweg als Aurelia, marschierte diesen aber in der Regel, ohne nach rechts oder links zu blicken, oder sich von irgendwas zu Wasser, zu Lande oder in der Luft ablenken zu lassen, ab. Dementsprechend musste ich der besorgten Mutter recht geben: Da stimmte etwas nicht. Ich spürte, wie die Müdigkeit schlagartig von mir abfiel und sich Unruhe breitmachte – obwohl Osim wahrscheinlich nur kurz zum Sandkasten zurückgekehrt war, um nochmals nach Saurierskeletten oder einer untergegangenen Kultur zu graben. Ich versuchte meine Gesprächspartnerin am Telefon zu beruhigen, machte ein paar Scherze in Bezug auf Kinder, Zeit und Warten auf Godot und versprach, mich der Sache sofort anzunehmen. Mit einem Kopfschütteln legte ich den Hörer auf und eilte in meinen Pantoffeln nach draußen, um die Suche zu beginnen. Meine ersten Vermutungen bestätigten sich jedoch leider nicht – beim Sandkasten war keine Spur von Osim. Ich weitete meine Suche auf den angrenzenden Schulhof aus, eilte schnellen Schrittes zwischen den Gebäuden hin und her, während ich immer wieder fluchend über meine Pantoffeln stolperte. Auch der Hausmeister und vereinzelte Grundschüler, welche die Mittagspause auf dem Pausenhof verbrachten, konnten mir nicht weiterhelfen. Niemand hatte in der letzten halben Stunde einen Jungen mit Kindergartentasche gesehen. Ich schüttelte ein aufkommendes, sehr unangenehmes Gefühl mit der Überzeugung ab, dass Osim gewiss unterdessen am heimischen Mittagstisch angekommen sei. Eilig stolperte ich in den Kindergarten zurück, um mich dessen telefonisch zu vergewissern.

»Nein. Er ist noch nicht bei uns angekommen.« Osims Mutter war den Tränen nahe. »Er ist jetzt bereits eine Stunde zu spät. Herr Deville, was sollen wir tun?«

Ich überlegte angestrengt.

»Klingeln Sie bitte einmal die Klassenliste durch. Vielleicht wurde er von einem anderen Kind zum Essen eingeladen.«

»Zum Essen eingeladen? Osim? Das glaube ich kaum.«

Ich konnte Mama Osim anhören, dass sie an meinem Vorschlag zweifelte. Also erklärte ich ihr, dass das typische Kindergartenkind in dieser Beziehung ganz unverkrampft und autonom von der elterlichen Weisung handelt. Da werden ad hoc und im Anflug von augenblicklicher Sympathie fast schon jedem und allem gegenüber, was nicht bei drei auf den Bäumen ist, Einladungen ausgesprochen. Nicht nur zum Essen, sondern zum Spielen, zum Geburtstag, zum Weihnachtsfest, zur Urlaubsfahrt an die Adria. Egal ob Klassenkamerad, Lehrperson oder die vor dem Dorfladen angebundene Promenadenmischung. Alle dürfen und müssen mit und werden darum eingeladen. Natürlich ohne die eigenen Eltern vorher darüber unterrichtet zu haben.

»Nun gut, wenn Sie meinen.« Osims Mutter schien nur mäßig überzeugt.

»Nur Mut! Ich selbst werde sofort den gesamten Schulweg absuchen. Ich bin sicher, wir finden ihn«, versuchte ich sie und mich zu beruhigen – er konnte ja nicht vom Erdboden verschluckt sein, unser Osim.

Nachdem sie mir aber noch eröffnet hatte, dass sich der Fünfjährige bereits morgens nicht gut fühlte, sie ihn aber in Hoffnung darauf, dass Herr Deville ihn schon wieder hochpäppeln werde, trotzdem in den Kindergarten geschickt habe, stieg wieder dieses wohlbekannte flaue Gefühl aus der Magengegend auf, das unangenehm unter der Kopfhaut prickelt. Mal davon abgesehen, dass ich es hasse, wenn Eltern ihre kranken Kinder aus welchen Gründen auch immer in den Kindergarten schicken, war ein auf dem Heimweg verschwundener Osim eine Sache. Ein verschwundener und anscheinend kranker, fiebriger Osim jedoch eine ganz andere!

Ich trieb die sich noch am Telefon bei mir entschuldigende Mutter zur Eile an, lieh mir das klapprige Rad des Hausmeisters und startete meine erweiterte Suchaktion. Für mich war klar, dass irgendjemand irgendwo Osim im Dorf gesehen haben musste, nachdem dieser den Kindergarten verlassen hatte. So machte ich auf dem Weg da und dort halt, blickte in Hinterhöfe, über Gartenzäune und sprach die wenigen Leute an, die ich auf der Straße antraf. Doch Osim blieb verschwunden. Von Minute zu Minute stieg meine innere Unruhe, während immer absurdere Szenarien in meinem Kopf aufploppten: Könnte es sein, dass Osim auf dem Nachhauseweg ohnmächtig geworden, hingefallen und die Böschung hinab in den Dorfbach gekullert war? Wohl eher nicht. Trotzdem ertappte ich mich dabei, dass ich, wann immer möglich, einen Blick in das traurige Rinnsal warf, das nicht einmal einer jungen Katze gefährlich werden konnte. Oder sollte sich Osim im Fieberwahn, von meinen Geschichten und Märchen befeuert, in den Wald aufgemacht haben, um die sieben Zwerge, das Knusperhäuschen oder Rapunzels Turm zu suchen? Auch das hielt ich für unwahrscheinlich. Osims stoisches, in sich ruhendes Wesen machte ihn nicht gerade anfällig für Fantastereien jeglicher Art und Weise. Während die anderen Kinder bei solcherlei Erzählungen aufgeregt im Dreieck sprangen, nur um endlich zu erfahren, ob der junge Prinz nun den Teufel gefunden hat oder umgekehrt, perlten solcherlei übertragene Emotionen an Osim ab.

Nein, der Grund für Osims Verschwinden lag woanders. Das rostige Rad quietschte, die Stirn glänzte vor Schweiß und in mir begann der Worst-Case-Detektor anzuschlagen. Diese gemeine, jegliche Rationalität verdrängende Stimme, auf die zu hören man sich normalerweise abgewöhnt hat, wenn man eine Horde Fünfjähriger unterrichtet. Täte man das nicht, käme man vor lauter Sorge nicht mehr zum Arbeiten. Jetzt aber, während ich so zwischen den Häusern umherflitzte, den Magen flau vor Gram und Hunger, den Hals halb steif vom Recken und Sichumsehen, witterte die überängstliche Stimme in mir ihre Chance. Als dazu noch das Reihenhaus, in dem Osims Familie wohnte, in Sichtweite kam, begann sie mit unheilvoller Stimme ungehemmt das auszusprechen, was man ohne Zweifel zu den Urängsten eines jeden Vaters, einer Mutter oder Erziehers zählen darf: Der schwarze Mann hat zugeschlagen. Der gesichtslose Unhold. Der Wolf im Schafspelz. Hat man es nicht immer wieder gelesen, vernommen und befürchtet? Hat man nicht gewarnt und beschworen? Und jetzt ist es passiert. Ein Monster in Menschengestalt hat sich ins mittägliche Dorfleben eingeschlichen und Osim, ohne Spuren oder Zeugen zu hinterlassen, in ein Auto, eine Höhle, ein Ufo gezerrt. Auf Nimmerwiedersehen.

Mit solch düsteren Gedanken im Kopf klingelte ich schließlich bei der Familie des Vermissten. Ich hoffte im sich öffnenden Türspalt als Erstes Osim zu entdecken, der auf meine sichtliche Erleichterung über sein Auftauchen nur mit der Schulter zucken würde. Stattdessen erschien das sorgenvolle Gesicht seiner Mutter. Sie hatte die gesamte Klassenliste abtelefoniert. Niemand wusste, wo Osim abgeblieben war. Aber alle versprachen, die Augen offen zu halten. Ich sprach der völlig verzweifelten Frau Mut zu, konnte aber meine eigene Sorge nicht verbergen. Ich riet ihr, im Haus zu warten, falls der verlorene Sohn zurückkehren sollte. Ich selbst wollte mich nochmals zurück in den Kindergarten begeben, um weitere Maßnahmen zu treffen. Dabei fragte ich mich, was diese genau beinhalten sollten. Wir alle kennen die bunten Plakate für eventuelle Notfälle, auf denen der von Panik getriebene Mensch sein weiteres Vorgehen einfach ablesen kann. Wenn es brennt, die Erde bebt oder im Falle eines drohenden Angriffs der Roten Armee. Aber was genau muss man tun, wenn ein fünfjähriger Junge verschwindet? Und wann? In welchem Zeitrahmen nach einem solchen Ereignis ist es noch gestattet, sarkastische Bemerkungen zur eigenen Beruhigung zu machen? Und ab wann ist es vonnöten, in Panik auszubrechen? Kann man bereits nach zwei Stunden mit Suchhunden ausgerüstete Einheiten anfordern oder wird man dann als hysterische Glucke angesehen, die dem Kind die gerade entdeckte Freiheit nicht zugestehen möchte? Diese und andere Fragen wirbelten in meinem Kopf umher, als ich mich wieder auf das Rad schwang, um eine Extrarunde zu drehen. Ich machte einen Abstecher zum kleinen Bahnhof des Dorfes. Vielleicht hatte Osim ja das Fernweh gepackt. Fünf Jahre in einem solchen Kaff können einem ganz schon zusetzen. Vor allem wenn es die ersten fünf sind. Aber auch hier kein Osim. Nachdem ich noch die alte Mühle am Dorfrand aufgesucht und dabei auf Spuren der kiffenden Dorfjugend, nicht jedoch von Osim gestoßen war, hielt ich es für das Beste, in den Kindergarten zurückzukehren, um die weiteren Schritte zu überdenken.

Dort angekommen, setzte ich mich verschwitzt und außer Atem hinter meinen Schreibtisch, nur um kurz darauf wieder aufzuspringen und unruhig auf und ab zu gehen. Inzwischen hatten meine Sorgen um Osim nagenden Selbstvorwürfen Platz gemacht. Hätte ich etwas tun können, um dieses Drama zu verhindern? Hätte ich während des Morgens bemerken müssen, dass Osim angeschlagen ist, um daraufhin seine Mutter anzurufen und sie zu bitten, ihn doch sofort abzuholen? Wäre es vielleicht nötig gewesen, die alte Leier vom bösen Onkel, der ahnungslose Kinder mit Bonbons ins Auto zu locken versucht, wieder einmal mit der Gruppe zu repetieren? Und wäre das alles vielleicht nicht passiert, hätte ich mich heute nach dem Aufstehen dazu aufgerafft, alle Eltern abzutelefonieren, um anständig blauzumachen, anstatt pflichtbewusst, mit verquollenen Augen und zittrigen Händen doch noch den Kindergarten aufzuschließen?

Ein eigenartiges Geräusch riss mich aus der mentalen Selbstkasteiung. Da war es wieder! Ich drehte mich auf dem Absatz um und lokalisierte den genauen Ort der merkwürdigen Geräusche. Da! Aus dem Lesezelt ertönte ein leises Husten. Gefolgt von einem lang gezogenen Gähnen. Mit drei großen Schritten war ich bei dem aus Betttüchern und

Wäscheklammern bestehenden Unterschlupf und ging in die Knie, um einen Blick hineinwerfen zu können. Inmitten von Kissen, Bilderbüchern und Stofftieren, jeglichen Zeitgefühls beraubt, saß Osim und rieb sich die verschlafenen Augen. Seine Wangen waren vom Fieber gerötet und er machte einen etwas verstörten Eindruck, aber ansonsten schien er in Ordnung zu sein. Weder der Schwarze Mann noch eine außerirdische Macht hatten ihn also verschleppt. Stattdessen hatte er sich anscheinend einem Tierchen gleich dem Radau während des Morgens entzogen, indem er es sich in dem provisorischen Zelt bequem machte, wo er dann vom Schlaf übermannt und schlichtweg vergessen wurde. Eine zentnerschwere Last fiel von meinen Schultern, mein Herz machte einen Satz und mich überkam das Bedürfnis, den verschlafenen Jungen an meine Brust zu drücken, ihn in die Seite zu knuffen und freudig auszurufen: »Da ist er ja wieder, der alte Rumtreiber! Kannst du dir vorstellen, wo wir dich überall gesucht haben?« Ich besann mich jedoch eines Besseren und fragte daher nur vorsichtig: »Na, Osim? Alles klar?« Als Antwort erhielt ich ein gleichgültiges Schulterzucken. Dann vergrub Osim sein heißes Gesicht wieder in den Kissen und schlief weiter. Er war noch ganz der Alte. Zum Glück.

Die verschollenen Sieben

Ich war jung, ausgebildet, eingebildet und brauchte das Geld. Daher trat ich meine erste Stelle als Kindergärtner motiviert und mit viel Elan an. Ich hatte die Gruppe nach den Winterferien von einer Kollegin übernommen, die sich eine Auszeit nehmen wollte, und sah darin ausgezeichnetes Rohmaterial, um meine pädagogische Vision Realität werden zu lassen. Denn für mich war es klar, dass ich gekommen war, um die Arbeitsweise im Kindergarten nichts weniger als zu revolutionieren. Ab mit alten Zöpfen! Weg mit dem ganzen Mief, der dieser Berufsgattung anhaftete! In meinem Kindergarten sollte nicht einfach gelernt, sondern ganzheitlich erfahren werden. Die Kinder sollten nicht mit Korken und Klopapierrollen basteln, sondern mit verschiedensten Materialien und Werkzeugen kreieren und erschaffen. Nicht nur spielen sollte man bei mir im Kindergarten dürfen, sondern ausrasten, sich selbst ausprobieren und Grenzen überschreiten. Keine Hierarchien. Kein ich, der Erzieher, hier oben und ihr die Kinder da unten. Der Betrieb sollte auf Kumpelbasis funktionieren. Abklatschen zur Begrüßung statt Händeschütteln. Anarchische Stimmungshits im Stuhlkreis plärren, statt Kinderlieder zu säuseln. Pogo im Kindergarten statt Ringelreigen.

Abends schrie ich mir in Punkbands die Lunge aus dem Leib und morgens trug ich stolz meine bunt gefärbte Sturmfrisur durch die Kleinstadt, in der ich arbeitete. In den ersten Wochen verzichtete ich noch darauf, mein geliebtes Sisters-of-Mercy-T-Shirt mit dem »Fuck me and marry me young«-Aufdruck zu tragen. Natürlich nicht aus Verlegenheit oder gar Angst, sondern aus einem subversiven Ansatz heraus, wie ich mir einzureden versuchte. Alles zu seiner Zeit. Nur nicht die Eltern, die Lehrerkollegen oder Hausmeister mit meiner Person und meinen Idealen überfordern. Um die Kinder machte ich mir da keine Sorgen. Nach den ersten Lebensjahren in Knechtschaft, bereits von klein an auf Normen und Umgangsformen getrimmt, von Verboten, erhobenen Zeigefingern und übertriebener Fürsorge eingeengt, warteten sie doch geradezu auf einen Erlöser wie mich – davon war ich überzeugt. Zwar prangte auf meiner Lederjacke der Schriftzug »Bad Religion« inklusive durchgestrichenem Kreuz, aber das Bibelzitat »Werdet wie die Kinder« hatte ich verinnerlicht.

Gerade selbst dem Kindsalter entwachsen, versuchte ich mich genau wieder dorthin zu flüchten, als es zum ersten Mal in meinem Leben ernst wurde. Die erste eigene Wohnung. Der erste richtige Job. Zum ersten Mal so richtig erwachsen. Da fiel es mir leicht, mich vom Spieltrieb der Kinder mitreißen zu lassen. Mit Begeisterung griff ich daher in den ersten Tagen Themen und Aktivitäten auf, die in erster Linie einmal mir gefielen. Es ist nie verkehrt, wenn der Erzieher von Dingen spricht, in denen er sich wohlfühlt, auskennt und daher motiviert zu Werke geht. Wenn aber das erste Thema im Kindergarten »Grenzenlos wild« lautet, muss er sich nicht wundern, wenn der Betrieb darunter etwas leidet. Unerfahren, aber neugierig auf das, was da kommen möge, wollte ich mir mit diesem Themenschwerpunkt möglichst viele Optionen offenhalten, aus dem Moment, dem situativen Ansatz heraus tätig sein.

Von Anfang an sollten die Tage als ein nicht enden wollender Kindergeburtstag wahrgenommen werden. Die von meiner Vorgängerin im vergangenen Halbjahr eingeführten Regeln und Gepflogenheiten, an die sich die Gruppe bereits gewöhnt hatte, warf ich in den ersten 48 Stunden über den Haufen. Fröhlich singend ging ich davon direkt zu einem eher antiautoritären Erziehungsstil über. Grenzen wurden von mir locker gesetzt. Ausprobieren war angesagt und ich ermutigte die Kinder sogar dazu. Maßregeln ließ sich schwer mit meinen Vorstellungen eines Punk-Kindergartens vereinbaren. Übertretungen vonseiten der Kinder wurden zuerst einmal mit Lob für den Mut zur Veränderung der herrschenden Zustände bedacht und dann ausgiebig diskutiert. Das sah dann so aus, dass vor allem ich sehr viel redete und meine Situation zu erklären versuchte, während die Knirpse ihre neue Freiheit in vollen Zügen genossen. Sie turnten auf ihren Holzstühlchen herum, bewarfen sich gegenseitig mit ihrer Brotzeit und sahen mich mit großen Augen an, wenn meine Reaktion darauf darin bestand, meinen Vortrag nochmals zu wiederholen.

Um es kurz zu machen: Mein Konzept des pädagogisch wertvoll gelebten Anarchismus scheiterte bereits am Freitag meiner ersten Unterrichtswoche auf spektakuläre Art und Weise. Zwar wollte ich es mir in meiner jugendlichen Euphorie nicht eingestehen: Aber diese erste Woche hatte doch ganz schön an meiner Energie gezehrt. Ich fühlte mich ausgelaugt. Nach dem Unterricht ließ ich mich in der Puppenecke auf eine der dort ausliegenden Matratzen fallen, wo ich sofort in einen komatösen Schlaf fiel. Denn das Kindergartenkind ist ein unermüdlich tuckernder Motor, ein nie erkaltender Atomreaktor, ein fleischgewordenes Perpetuum mobile. Es verfügt anscheinend über eine niemals versiegende Energiequelle, wenn es darum geht, seinen Wissensdurst, seine Neugier oder seinen Spieltrieb zu befriedigen. Wenn es todmüde ist und ihm jeder Erwachsene mitteilt, dass da wirklich gar nichts mehr geht und es wohl mal Zeit wäre, einen Gang herunterzuschalten, schaltet es einfach zwei Gänge hoch.

Kleinen Vampiren gleich wissen die Kinder an die gerade verfügbare erwachsene Person anzudocken. Und wie die schöne Mina in Bram Strokers Dracula dem Fürsten der Finsternis Nacht für Nacht ihre Kehle darbot, im Tausch gegen Rausch und ewige Jugend, lässt dies der oder die Auserwählte mit sich geschehen. Man fühlt sich gebraucht, gemocht, Wellen der Zuneigung schlagen über einem zusammen, wenn man das erste Mal erfahren darf, wie Kinder einen zu feiern vermögen. Wie sie dir zeigen, wie großartig, aufregend und toll sie dich und die Sachen finden, die du mit ihnen unternimmst. Und sie meinen es ernst. Dahinter sind kein Kalkül und keine Berechnung. Pure Sympathie und Begeisterung schlagen dir und deiner Person entgegen, Minute für Minute. Und dann noch mal. Und noch mal. Und ein weiteres Mal. Und angesteckt von dieser Euphorie will man immer mehr zurückgeben, den Kindern bestätigen, dass sie richtigliegen mit ihrer Einschätzung, was dich und deine Arbeit mit ihnen betrifft. Erst wer genug Erfahrung gesammelt hat, dem gelingt es rechtzeitig aufzustehen, die kleinen Blutsauger von sich zu schütteln, sie mit Triangel, Glockenspiel oder anderen akustischen Signalen in den Stuhlkreis zu bannen und zu sagen: »Bis hier und nicht weiter!« Denn erst wenn, ich zitiere hier frei, weil unglaublich passend aus »Die Heinzelmännchen« von August Kopisch, das Lachen und Schwärmen, das Klappern und Lärmen, das Hüpfen und Rucken, das Kratzen und Zupfen, Rennen und Traben, Schnattern und Klackern, das Fallen mit Schallen, das Schreien und Vermaledeien, dieses Weiße Rauschen, welches jeden Kindergarten zur Unterrichtszeit ausfüllt, verstummt ist, erst wenn sich die Türen hinter dem letzten Kind zur Mittagszeit geschlossen haben und sein glockenhelles Lachen verhallt ist, erst dann merkt man, was einem die Kinder im Gegenzug dafür genommen haben. Ohne dass man es während des wilden Ritts durch die Morgenstunden wirklich verstanden hätte. Ebendiese Energie, die sie so dringend brauchen, um auch den Rest des Tages immer am Limit laufen zu können. Bis sie irgendwann einmal einfach einschlafen. Im besten Fall zu

Hause. Im schlechtesten im Lesezelt des Kindergartens. Aber vor gut zwanzig Jahren, damals in den ersten Tagen meines Kindergartenlehrerdaseins, als ich auf einer Matratze lag und nicht wusste, wie mir geschehen war, hatte ich noch keine Ahnung vor diesen fiesen Nebenwirkungen, die mit der Zuneigung einer Klasse stets einhergehen. Ich war einfach nur fertig, wollte mir aber nicht eingestehen, dass dies eventuell an meinem Erziehungsstil lag.

Auch an jenem Freitag ließ ich es »grenzenlos wild« und somit themengerecht zugehen. Im konkreten Fall hieß das, dass ich an diesem Morgen die Kinder ihr Freispielgebiet ausweiten ließ. Warum die Spielfreude der Kinder räumlich limitieren und eingrenzen? Und so verteilte sich die Gruppe nicht nur in den Garten, sondern auch in den Materialraum und sogar auf die Toiletten, wo ausgiebig getestet wurde, wie oft man die Toilettenspülung betätigen kann, bis das Klo überläuft, oder wie man sich mithilfe des Toilettenpapiers als Mördermumie verkleidet. Die Kinder fanden den unbegrenzten Spielraum cool und ich meinen toleranten und progressiven Erziehungsstil. Mir kam es außerdem gerade recht, dass nicht die ganze Bande, ich hatte vierundzwanzig Kinder in der Gruppe, in einem Raum zusammenhockte und sich so der Geräuschpegel in einem zumutbaren Bereich bewegte. Schließlich war bald Wochenende. So verging der Morgen, und nach einem schnellen Blick auf die Wanduhr stellte ich befriedigt fest, dass es bereits langsam Zeit wurde, die Kinder für eine kurze Schlussrunde zu versammeln.

Aus einem Ghettoblaster ließ ich die hüpfenden Offbeats von »Too much too young« der Skacombo The Specials erschallen. Das Zeichen für die Kinder, alles stehen und liegen zu lassen, um sich im Stuhlkreis einzufinden. Über das

Aufräumen sah ich an jenem Tag großzügig hinweg. Den Stress wollte ich mir ersparen und lieber in aller Ruhe, wenn die Kinder ins Wochenende entschwunden waren, selbst die Initiative ergreifen. Natürlich nachdem ich ein kurzes Schläfchen in der Puppenecke gemacht hätte.

Jetzt aber hatte ich vor, mit den Kindern kurz die erste Zeit mit mir Revue passieren zu lassen, zurückzuschauen auf eine großartige, tolle und spannende Woche, die ich, der Erlöser, ihnen durch mein unkonventionelles Wesen ermöglicht hatte. Ich wunderte mich nicht, als ich feststellen musste, dass noch viele der Stühlchen unbesetzt waren. Den Kindern hatten die paar Tage mit mir bereits genügt, um zu erkennen, dass man bei Herrn Deville nicht sofort zu parieren brauchte. Man konnte sich mehrere Male bitten lassen, ohne gleich mit Konsequenzen rechnen zu müssen. Einige Schützlinge hatten dies bereits verinnerlicht und ich ahnte, nur ein bisschen enttäuscht, dass ich da wohl irgendwann einmal notgedrungen doch die Schraube etwas würde anziehen müssen. Irgendwann. Aber nicht heute. »Friday I'm in love« sang Robert Smith zu dieser Zeit, und dieses Motto sollte gelten.

Ich bat Liselotte, eine Runde ums Haus zu drehen, um die fehlenden Kinder zusammenzutrommeln. Liselotte konnte so etwas sehr gut. Sie nahm jeden Auftrag nicht nur ernst, sondern mir gleich noch das Zurechtweisen der Verfehlten ab. Was mir nur recht war. Und war es nicht eine pädagogische Meisterleistung von mir, die Kinder dazu zu bringen, sich selbst zu organisieren? Sich gegenseitig auf Missstände hinzuweisen, ohne dass ein Erwachsener sich einmischen musste? Umso verblüffter reagierte ich, als Minuten später Liselotte, meine persönliche Vollstreckerin, in den Kreis zurückkehrte und mir pflichtbewusst Meldung machte: Sie hatte die Vermissten nicht aufspüren können. Ich zählte nach, wie viele Kinder nicht anwesend waren. Sieben leere Stühle. Natürlich sieben. Sieben, die magische Zahl. Die sieben Zwerge, die ausgegangen waren und das arglose Schneewittchen im Haus allein zurückließen. Die sieben Raben, die gemeinsam ausflogen, um das Glück zu suchen. Nicht zu vergessen die sieben Geißlein, die sich vor dem großen, bösen Wolf versteckten. Im Schrank. Unter dem Bett. In der alten Standuhr. Und der Wolf, in diesem Fall weder besonders groß noch böse, sondern nur müde und blöde, musste jetzt wohl zu suchen anfangen. Ächzend erhob ich mich also von dem viel zu kleinen Stuhl, um die Sache selbst in die Hand zu nehmen. Die Kinder bat ich, kurz sitzen zu bleiben. Ich würde die glorreichen Sieben schon ausfindig machen. Die Gruppe nickte brav im Kollektiv, nur um Sekunden später von ihren Stühlchen aufzuspringen, um ebenfalls nach den fehlenden Kindern zu suchen. Ihnen war klar: Das gehörte alles zum großen Spiel, das Herr Deville für sie bereitet hatte. Und wenn sie eins garantiert nicht machen würden, wäre das im langweiligen Kreis sitzen zu bleiben und zu warten. Außerdem wäre doch Herr Deville sicher insgeheim beleidigt, wenn nicht ein jedes Kind begeistert von seinem geplanten Spiel wäre. Also machen wir ihm eine Freude und los!

Und so zog die ganze Schar rufend mit mir durch das Gebäude. Wir durchsuchten die Klokabinen, warfen einen Blick ins Gartenhäuschen und wühlten in den Wandschränken. Was sich für die Kinder zu einem spannenden Detektivabenteuer zu entwickeln schien, wurde für mich mit jedem Meter, den wir erfolglos absuchten, zu einem mulmigen Mysterium. Die sieben Kinder schienen wie vom Erdboden verschluckt zu sein. Und wer zur Hölle fehlte eigentlich genau? Es gibt dieses lustige Spiel, das die Kinder so lieben. Man schickt einen Freiwilligen vor die Türe. Anschließend wird ein im Zimmer verbliebenes Kind mit einem großen Tuch abgedeckt. Der Freiwillige kehrt zurück und muss nun herausfinden, welches Kind unter dem Tuch steckt. Dazu darf er das zu erratene Kind unter dem Tuch anstupsen, worauf dieses mit verstellter Stimme Tierlaute oder sonstige Geräusche von sich geben darf. Zur Erinnerung: Alle anderen Kinder sitzen sichtbar um das versteckte Kind herum. Und dennoch fällt es verdammt schwer herauszufinden, wer denn da nun eigentlich unter dem Tuch ist. Noch schwieriger wird das Spiel natürlich, wenn man statt eines gleich sieben Kinder ausfindig machen soll und derweilen der Rest der Gruppe laut krakeelend durch die Räumlichkeiten irrt. Erst recht wenn man die Mädchen und Jungen erst eine knappe Woche kennt! Die Folge davon war, dass ich zum ersten Mal die Stimme etwas erhob. Ordnung musste her, und zwar sofort!

Denn eines war sicher: Die Dorfgemeinschaft, die mich vor ein paar Monaten aus den vielen hoffnungsvollen und gewiss qualifizierteren Mitbewerbern zum Hüten ihrer Brut auserkoren hatte, würde mich auf dem Dorfplatz vor der Kirche teeren und federn lassen und anschließend mit Fackeln und Mistgabeln über die Felder jagen, wenn die Knirpse nicht wieder auftauchten. Ich ließ meine kleinen Helfer also alle der besseren Übersicht wegen in zwei Reihen vor dem Kindergarten Aufstellung nehmen. Dabei musste ich feststellen, dass ich dringend das Konzept einer geordneten Reihe mit den Kindern nochmals durchgehen musste. Aber nicht heute. Nicht an diesem verfluchten Freitag.

Unterdessen hatte ich immerhin feststellen können, wer

zu den vermissten Kindern gehörte. Daher ging ich dazu über, den Rest der Gruppe nach dem Verbleib der fehlenden Kinder auszufragen. Wer hatte wen zuletzt gesehen? Hatte jemand eine Andeutung gemacht? Jemand etwas beobachtet? Wenn ja, wo? Und wann? Aufgeregt plapperten die Miniatur-Columbos und zu kurz geratenen Miss Marples durcheinander. Das Mosaik, das sich aus den nur mäßig qualifizierten Zeugenaussagen ergab, schien verwirrender als alle gesammelten Vermutungen und Beweise des Kennedy-Mordes und der Anschläge des elften September zusammen. Ich versuchte selbst zu rekonstruieren, wo ich die einzelnen Kinder an diesem Morgen gesehen hatte. Aber ich kam nicht weit, im Gewimmel der häufig die Spielorte wechselnden Kinder hatte ich den Überblick verloren.

Aufgelöst und der Verzweiflung nahe drehte ich mich um und betrat wieder die Räumlichkeiten des Kindergartens. Dicht gefolgt von den noch immer sich darüber streitenden Kindern, wer denn nun wen wo genau gesehen haben wollte an diesem Morgen. In der Garderobe wurde dem Fall noch eine weitere verstörende Komponente hinzugefügt: Schuhe, Jacken und Mützen der vermissten sieben Kinder hingen noch immer an den Haken der Garderobe. Sie konnten also nicht weit sein. Es war Januar. Draußen lag Schnee. Es war kalt. Gab es in diesem Gebäude vielleicht einen versteckten Raum? Ein geheimes Zimmer, von dem ich noch keine Kenntnis hatte? Noch einmal beschwor ich die übrigen Kinder, mir mitzuteilen, wenn sie diesbezüglich etwas wüssten, aber sie schüttelten nur den Kopf. Die nächsten Minuten waren von einem Pochen und Klopfen erfüllt. Die Kinder machten sich nämlich nun begeistert daran, ganz wie richtige Detektive, mit ihren kleinen Fäusten gegen die Wände zu hämmern.

Eine Geheimtüre musste gefunden werden! Das war doch sonnenklar! Herr Deville dachte sich wirklich immer die besten Spiele aus!

Ich kann mich noch erinnern, dass ich mich von dieser eigentlich ganz lustigen Szenerie abwandte, um nachdenklich zum Fenster in den Garten hinauszusehen. Mir war übel. In wenigen Minuten war es Zeit, die Kinder nach Hause zu schicken, wo die Eltern bereits mit dem Mittagessen auf sie warten würden. Sieben Teller würden heute nicht leer gegessen werden. Und ich würde definitiv mehr als sieben Brücken überqueren und mehr als sieben dunkle Jahre überstehen müssen, wenn ich die Kinder nicht bald wieder hervorzaubern konnte. Mir kam das Bermudadreieck in den Sinn. Seit Jahrzehnten schon ist es dafür berüchtigt, Fischerboote, Frachter, sogar ganze Fliegerstaffeln inklusive Besatzung auf Nimmerwiedersehen verschwinden zu lassen. Ob dafür spezielle erdmagnetische Strömungen, eine außerirdische Macht oder einfach nur dichter Nebel und gefährliche Sandbänke verantwortlich sind, kann bis heute niemand abschließend erklären. Klar ausschließen hingegen konnte man die Existenz eines Bermudakindergartens. Das war aber auch die einzige einigermaßen befriedigende Schlussfolgerung, die ich an diesem Punkt ziehen konnte. Das Ganze war mir ein einziges großes Rätsel. An wen sollte ich mich wenden? Sollte ich die Schulleitung informieren? Oder doch gleich bei Erich von Däniken durchklingeln?

In diesem Moment des am Fenster in düsteren Gedanken versunkenen Verharrens nahm ich auf einmal eine Veränderung im Raum wahr. Das Klopfen und Pochen hinter mir hatte aufgehört. Für einen kurzen Moment nur erwartete ich feststellen zu müssen, dass nun auch alle anderen Kinder wie von Geisterhand verschwunden waren. Dass das Schicksal, dieses miese Stück, einen jungen und hoffnungsvollen Erzieher mit bunten Haaren dazu auserkoren hatte, einen Blick auf die andere Seite, das Unerklärliche werfen zu dürfen, indem es die gesamte Klasse vor seinen Augen in eine Zwischenwelt entführt, einen Limbus ohne Wiederkehr. Einfach so. Um sich am danach ausbrechenden Wahnsinn dieses bis dahin von sich selbst überzeugten Mannes zu erfreuen. Doch als ich mich schließlich dazu überwunden hatte, den Blick von der grauen Landschaft vor dem Fenster loszureißen, um den Grund für die Stille im Klassenraum zu erfahren, blickte ich zu meiner Erleichterung in kein blasphemisches Chaos sich verschiebender Dimensionsfelder, zwischen denen Kinder verschwanden. Die Gruppe hatte aufgehört, nach einem Geheimzimmer zu suchen, da die verloren geglaubten Sieben mit hängenden Köpfen und tropfnassen Hausschuhen an den Füßen in der Türe standen, begleitet von zweien ihrer Väter. »Kann es sein, dass Ihnen diese Schäfchen entlaufen sind, Herr Deville?«, feixte der eine Papa und schubste dabei seinen Sohn in meine Richtung. »Die Ausreißer wollten Ihnen einen Streich spielen und haben sich frühzeitig auf den Heimweg gemacht. Wir haben die ganze Bande natürlich sofort ins Auto verfrachtet und wieder hierhergefahren.« Mit hochrotem Kopf bedankte ich mich bei den beiden Vätern und entschuldigte mich aufrichtig für den Schrecken, den ich ihnen wohl bereitet hatte, als die Kinder nach einem zwei Kilometer dauernden Querfeldeinmarsch zitternd und kichernd bei ihnen vor der Haustüre standen. Ohne Jacken und in Hausschuhen. Der eine Papa winkte lachend ab. »Ich kann mir vorstellen, dass das nichts gegen den Schock war, den Sie erlitten haben, als

Sie feststellen mussten, dass die halbe Klasse fehlte.« Der andere Vater legte die Hand auf die Schulter seines Sohnes, der mich zerknirscht von unten ansah, und ergänzte: »Das Schimpfen wollten wir aber Ihnen überlassen, Herr Deville. Das können Sie bestimmt besser als wir.« Mit diesen Worten drehten sich die beiden grinsend um, um vor dem Kindergarten auf ihre Zöglinge zu warten.

Ich weiß nicht mehr genau, was ich darauf den sieben Ausreißern gesagt habe, aber ich war deutlich. Und laut. Und es hat verdammt gutgetan. Nicht nur mir. Dem bis zu diesem Freitagnachmittag noch reichlich naiven Punkrocker, der endlich seine Rolle gefunden hatte im Kindergarten. Der sich nicht mehr scheute aus Angst, Bequemlichkeit oder verklärter Antiheldenromantik, auch mal Verantwortung zu übernehmen. Sondern auch der ganzen Gruppe. Die nicht nur einen vor Fantasie sprühenden Kumpel mit Totenkopfshirt und wilden Liedern im Repertoire brauchte, sondern auch jemanden, der sich hin und wieder traut, eine Grenze zu ziehen.

Damit das Übertreten derselben doppelt so viel Spaß machen kann.

WIE ICH ALS HEILIGER MANN SCHEITERTE ODER NIKOLAUS IM KINDERGARTEN

ENTSETZT STARRE ICH AN MIR HERUNTER. Um meine Stiefel zappeln inmitten von Glasscherben und Korallensand panisch nach Luft schnappende Zierfische. Mein Blick geht nach oben. In der weihnachtlich dekorierten Stube stehen Vater, Mutter und Oma sowie zwei Kinder zu Salzsäulen erstarrt, die Hände erschrocken vor den Mund geschlagen. Ich ziehe hörbar die Luft durch meinen streng nach Nikotin und Alkohol riechenden Nikolausbart ein und schließe beschämt die Augen. Wie konnte es nur so weit kommen?

Zu jener Zeit arbeitete ich in einer kleinen, ländlichen Gemeinde. In einer sehr kleinen: Jede Stunde genau ein Zug in die Zivilisation und einer in die Gegenrichtung. Ins Nirgendwo. Jeder kennt hier jeden. Zwei Bäckereien, deren Besitzer einander nicht ausstehen können. Zwei Kneipen, deren Wirte einander verachten. Und ein Kindergarten, dessen männlichem Kindergärtner alle mit gesundem Misstrauen begegnen, schließlich wird der gesamte Nachwuchs des Dorfs in seine Hände gegeben. Er ist nicht nur Bewahrer des örtlichen Genpools, sondern auch erste erwachsene

Instanz außerhalb der Familie, mit der die kleinen Menschen in Kontakt kommen. Daher wird auch ein besonderes Augenmerk auf ihn und seine Arbeit gelegt. Gekoppelt mit einer gewissen Erwartungshaltung, was den Einsatz außerhalb des Kindergartens betrifft. Gerade wenn es um kirchliche Feiertage, Vereinsfeste oder sonst wie gelebtes Brauchtum geht.

In diesem Dorf war es üblich, dass sich Beamte im Schuldienst jeweils im November die Gretchenfrage stellten: Wollte man sich beim Jahresabschlusskonzert in der Blockflötenklasse engagieren oder als Nikolaus durch die nächtlichen Gassen ziehen?

Der Nachteil an der Nikolausgeschichte war, dass man mehrere Abende ranmusste, während das Blockflötenkonzert mit einem Abend überstanden war. ABER! Schon einmal mit vierzig Kindergartenkindern Blockflöte gespielt? Nicht zu empfehlen. Der gemeine Leser vermutet sicher, dass die vielen hohen und häufig schiefen Töne, welche einem von den übereifrigen Holzbläsern entgegengedudelt werden, das Unangenehme an der Sache wären. Aber weit gefehlt! Das wahre Übel ist die Spucke, welche unweigerlich zu einem Blockflötenvortrag dazugehört. Diese sammelt sich nämlich nach und nach, beim Anfänger rascher als beim Könner, im Flötenkopf an. Das Resultat sind quietschende Zwischenlaute. Um diese zu vermeiden, muss die Flöte nach jedem Lied ausgeblasen werden. Grob gesagt: Die Spucke muss da raus. Dazu schraubt man den Kopf ab und pustet kräftig durch das obere Luftloch. Macht man es richtig, fliegt die Spucke schnell, unauffällig und sauber aus dem Mundstück Richtung Boden. Klingt einfach, ist es auch. Aber nicht für Kindergarten- oder Grundschulkinder! Ich verzichte auf weitere Details, aber versichere: Da will man nicht in nächster Nähe stehen.

Trotz erheblichen Mehraufwands erschien mir da der Job als Nikolaus reizvoller. Nicht nur weil der Mann im roten Mantel auf dem Dorfe noch was gilt. Sondern auch, weil es, so erzählte man im Lehrerzimmer hinter vorgehaltener Hand, Brauch sei, dass das jeweilige Familienoberhaupt dem heiligen Mann nach dem Hausbesuch Bares zusteckte, um seine Dankbarkeit auszudrücken. Nicht ganz schlechte Aussichten für einen pädagogischen Arbeiter im Niedriglohnsegment. Außerdem schien mir die Aufgabe dadurch interessant zu sein, dass ich für einmal nicht nur Einblicke in die Wohnstätten meiner Schüler bekommen würde, sondern gleichzeitig überprüfen konnte, wie gut sie das bei mir eingeübte Nikolausverslein aufsagen konnten, wenn es ernst wurde.

Kurz gesagt: Ich freute mich auf meinen adventlichen Arbeitseinsatz. In der ersten Dezemberwoche war es dann so weit. »Mama Nikolaus«, eine ältere Frau, kleidete mich im Keller ihres Hauses in prächtige Gewänder.

»Schon seit über zwanzig Jahren darf ich diese Aufgabe wahrnehmen. Für mich ein Privileg!«, versicherte sie mir in dem nach Bratäpfeln und Mottenkugeln duftenden Kämmerlein. Stolz präsentierte sie mir die Insignien des heiligen St. Nikolaus: den knorrigen Wanderstab, die Sturmlaterne, das schwere Buch und natürlich den roten Kapuzenmantel aus festem, edlem Tuch. »Der Bart ist übrigens aus Echthaar gefertigt. Eine Kostbarkeit«, klärte sie mich auf, während ich meine Verwandlung zum heiligen Mann beeindruckt im Spiegel betrachtete. »Bitte pass gut auf das Kostüm auf. Die Kinder wollen doch immer alles gleich anfassen.« Ich nickte brav unter der Kapuze und murmelte meine Zusicherung in den kostbaren Bart. Nicht ahnend, dass der Abend in einer Katastrophe für Kind, Nikolaus *und* den Bart enden würde.

Motiviert trat ich in die frostige Winterluft hinaus. Der Abend war noch jung und ich hatte sechs Hausbesuche vor mir. Die abzuklappernden Adressen hatte mir Mama Nikolaus oder ein anderer Dorfwichtel im Frondienst in das heilige Buch geschrieben. Dort waren auch, fein säuberlich eingeklebt, Lob und Tadel für die jeweiligen Kinder zu finden. Einen Sack hatte ich nicht dabei. Diesen, so hatte mir unter verschwörerischem Zublinzeln Mama Nikolaus zugeraunt, würde ich jeweils neben der Eingangstüre an der Besuchsadresse finden. »Die Wünsche der Kinder sind heute so verschieden wie die Kinder selbst«, sagte sie bedauernd zu mir, als ich sie fragend ansah. »Ein Vater hat vor Jahren einen allergischen Schock wegen einer Mandarine erlitten. Und einfach nur Schokolade verteilen ist ja auch nicht mehr möglich, schon allein wegen der Laktoseunverträglichkeit vieler Kinder.«

Um mich in die richtige Stimmung zu bringen, gönnte ich mir vor dem ersten Besuch eine Büchse sogenannten Weihnachtsbieres. Ein starkes Gebräu, das ich mir in der Stadt besorgt und nun für diesen besonderen Augenblick in der Innentasche meines Gewandes verstaut hatte. Dort befand sich auch eine Eieruhr, welche ich mitgenommen hatte, um meine Auftritte nicht unnötig in die Länge zu ziehen. Sobald sie klingelte, würde ich sie mit einer witzigen Bemerkung aus der Tasche holen, um dann weiterziehen zu können. Beschwingt von der Vorfreude auf das, was da kommen möge, und leicht angeheitert vom Alkohol betrat ich den Vorgarten des ersten Hauses. Die Gaben an das Geschwisterpaar, welches ich besuchen sollte, lagen wie vorausgesagt neben der Türe, jedoch nicht etwa stilecht in einen Jutesack oder zumindest rauen Filzbeutel verstaut, nein, Nüsse, Schokoladennikoläuse und, wieso auch immer, Litschis waren in einer bunt bedruckten Einkaufstüte des örtlichen Dorfladens abgelegt worden. Was würde das ein nettes Bild abgeben: Es klingelt, der Vater öffnet, hinter ihm haben sich die Kinder aufgereiht, um sich dem heiligen Mann tadellos und im besten Lichte zu präsentieren. Mutter hält die Kamera bereit und wer steht dann da im Türrahmen? Ein bärtiger Typ in zu großen Stiefeln und leichter Alkoholfahne. Mit einer bedruckten Plastiktüte in der Hand. »Wir spenden nix! Gehen Sie weiter!«, würde der Vater rufen und die Türe zuschlagen.

Diese fiese Szene flackerte kurz in meinem Kopf auf, als ich auf den Klingelknopf drückte, nicht ohne mich am Namensschild vergewissert zu haben, dass ich eines der Kinder tatsächlich unterrichtete. Nach kurzer Zeit öffnete sich die Türe einen Spaltbreit. Doch anstatt eines scheuen Kindergesichts zwängte sich eine gebleckte Hundeschnauze heraus, bellte und schnappte nach meinem goldbestickten Mantelsaum. Erschrocken fuhr ich zurück und tappte in eine der zahlreichen Matschpfützen vor dem Haus. Schnee war auch dieses Jahr nicht gefallen. »Nicht mal auf dem Dorf gibt's weiße Weihnachten. Wieder eine Illusion zerstört«, dachte ich, während ich meinen mit braunem Wasser bespritzten Mantelsaum betrachtete. In der Zwischenzeit war der Hund zurück ins Haus gezerrt worden und hatte einer krampfhaft lächelnden Frau Platz gemacht, die ich in ihrer Rolle als Mutter im Kindergarten bereits kennengelernt hatte. Die erste Nervosität war flott überwunden und ich wurde in das mit Kerzen erleuchtete Wohnzimmer geführt. Dort erhob sich der stolze Vater von der stilvollen Ledercouch, hinter welcher das Geschwisterpaar kritisch hervorlugte.

»Schaut, Kinder! Der Nikolaus ist da! Komm her, guter Mann, und setz dich! Draußen ist es doch bitterkalt. Du brauchst sicher zuerst einmal etwas zum Aufwärmen!«

Mit diesen Worten eilte er in die Küche, während Mama die Kamera zückte, um für die Nachwelt festzuhalten, wie sich der Nachwuchs langsam hinter der ledernen Sitzgelegenheit hervorwagte, um den bärtigen Besucher näher zu betrachten. Ich hatte mich natürlich entsprechend vorbereitet, um die Scheu der Jungs und Mädchen im Nu überwinden zu können. Dies in Form eines netten Vortrages, in dem ich eventuelle Kinderfragen nach dem Haus im Wald, den helfenden Zwergen und dem Verbleib des störrischen Esels beantworten wollte.

»Guten Abend, Kinder! Ihr fragt euch sicher, wo der Nikolaus seinen Esel gelassen hat, oder? Also hört gut zu: Heute Morgen habe ich doch tatsächlich ...«

Der kleine Zeigefinger des Buben, den ich aus dem Kindergarten kannte, schoss nach vorn. Anklagend zielte er damit auf mein hinter Bart und Brillengestell getarntes Antlitz: »Du bist Herr Deville!«

Verdammt! Das Spiel war aus, bevor es überhaupt angefangen hatte. Der Spieler, dem gezinkte Karten aus dem Ärmel rutschen, der Vegetarier, der von seinesgleichen am Wurststand entdeckt wird, der Punkrocker, dessen Kumpel die letzte Kuschelrock-LP in seinem Regal entdecken – sie alle empfinden vermutlich jene Scham, die der Pädagoge im Nikolauskostüm im Augenblick der peinlichen Enttarnung erfährt. Die Mutter versuchte zu retten, was zu retten war.

»Kinder, stellt euch mal neben den Nikolaus, damit wir ein schönes Foto machen können.«

»Das ist wirklich Herr Deville! Ich habe doch gesagt, dass es den Nikolaus nicht gibt«, bestätigte die ältere Schwester die Erkenntnis ihres Bruders.

»Ach was!«, rief Papa dazwischen, der soeben aus der Küche zurückgekehrt war. »Seine Stimme klingt nur so ähnlich. Wegen der Kälte. Hier was zum Aufwärmen, Nikolaus.« Kraftlos ergriff ich das kleine Glas und stürzte den Inhalt herunter. Ein Grappa, wie ich erfreut feststellte.

»Aber er hat die Schuhe von Herrn Deville an!« Diesmal zielte der fiese kleine Zeigefinger auf meine dunkelroten Doc-Martens-Stiefel, die unter dem Gewand hervorlugten. Der scharfe Alkohol hatte meine Lebensgeister neu beseelt, Nikolaus blies zum Gegenangriff! »Die habe ich Herrn Deville gestohlen!«, platzte ich triumphierend heraus.

Nun waren es die Eltern, welche mich etwas enttäuscht ansahen.

»Wirklich gestohlen?«, fragte die Schwester zurück. »Der Nikolaus klaut Stiefel?«

»Ausgeliehen«, korrigierte ich mich hektisch. »Getauscht, um ganz ehrlich zu sein.«

Die Gesichtszüge der Erziehungsberechtigten entspannten sich wieder. Der Blick der Kinder jedoch wanderte dafür umso prüfender zwischen meinen Stiefeln und dem künstlichen Bart hin und her. Jetzt galt es aus dem vollen Fundus der Erzählkunst zu schöpfen. »Das war so: Im Wald draußen ist es wahnsinnig sumpfig und matschig, es hat ja kaum geschneit und nur geregnet. Ich habe mich aber trotzdem mit meinem Esel auf den Weg zu euch begeben. Plötzlich hat das störrige Viech keinen Schritt mehr getan. Eingesunken ist es bis zu den Knien in dem morastigen Boden! Da konnte ich ziehen und zerren, wie ich wollte. Zum Glück kam Herr Deville durch den Wald gelaufen. Diese Abkürzung nimmt er immer, wenn er von der Stadt ins Dorf möchte. Freundlich und stark wie er ist, hat er mir geholfen, den Esel zu befreien. Dabei ist er aber gestürzt und war von oben bis unten mit Schlamm bespritzt. Da habe ich Nüsse und Lebkuchen aus dem Sack in diese hässliche Plastiktasche umgepackt«, ich hielt die Einkaufstüte hoch und schenkte den Eltern dabei einen strengen Blick, »und ihm den Nikolaussack zum Überziehen gegeben. Aus Dankbarkeit hat er mir seine schönen Stiefel ausgeliehen, da meine so dreckig waren. Alles klar?« Zufrieden nickte der Fünfjährige.

»Und wo ist jetzt der Esel?«, fragte seine naseweise Schwester in die vorweihnachtliche Stimmung hinein. »Den habe ich gefressen! Als Stärkung für den anstrengenden Arbeitstag!«, antwortete ich in Gedanken. Stattdessen ignorierte ich diese Kinderfrage und zückte die Allzweckwaffe der Vorschuldidaktik: die Ablenkung. »Ooooh! Aber was habe ich denn hier? Das Nikolausbuch! Wollen wir doch mal sehen, was meine Zwerge in diesem Jahr so über euch zu berichten wussten.«

Augenblicklich legten die Kinder ihre Hände in den Schoß und lauschten konzentriert. Diese Schlacht war geschlagen! Der Rest des Besuches verlief reibungslos. Die Kinder nahmen Lob und Tadel hin, versprachen Besserung (»Meine Zwerge sehen alles!«) und sagten das Verslein zufriedenstellend auf. Die Schwester konnte noch mit einem Blockflötenlied begeistern. Erfreut nahm der Nikolaus zur Kenntnis, dass sie die Spucke korrekt auszupusten vermochte. Die Eieruhr in der Tasche klingelte und dann war es auch schon Zeit, ein Haus weiter zu ziehen.

Papa zückte zwar keinen Geldschein, schenkte dafür aber nochmals einen Schnaps ein, welcher dankbar angenommen wurde. Überhaupt musste ich feststellen, dass es anscheinend Brauch war, jeden Besuch des Nikolauses mit einem Grappa, Eierlikör oder Schnaps zu feiern. Ich wollte mich dem ländlichen Brauchtum nicht verschließen und machte gesellig mit. Würdevoll und kontrolliert – wie ich dachte. Nach dem vierten Besuch ließ sich der Nikolaus sogar dazu hinreißen, mit Mitgliedern der Dorfjugend, die er in der Nähe des Schulhauses antraf, eine Hokuspokuszigarette zu rauchen, wobei der kostbare Bart angesengt wurde. Kichernd und keinen Gedanken an Mama Nikolaus verschwendend, nahm ich es hin.

Von da an ging es abwärts.

Beim nächsten Hausbesuch musste ich feststellen, dass ich irgendwo das heilige Buch hatte liegen lassen. Improvisieren war angesagt. Kein Problem, musste ich mir wohl gedacht haben – schließlich waren es ja eh stets die gleichen Dinge, die gelobt oder getadelt wurden. Anders ist es mir nicht zu erklären, dass ich anscheinend damit durchkam. Einen Schnaps aufs Haus, Versen lauschen, Kinder beschenken, Eieruhr klingeln lassen, Hände schütteln und raus.

So torkelte Nikolaus auf den letzten Besuch und damit den desaströsen Höhepunkt des Abends zu.

Ich kann mich nicht mehr an alle Einzelheiten erinnern – außer dass in einer Ecke, von einem großen Aquarium in aschfahles grünes Licht getaucht, noch die Großmutter der Kinder saß, die mir beim Betreten des Zimmers entgegenkeifte: »Falls du so ein neues Telefon dabeihast, verschwinde wieder! Ich habe einen Herzschrittmacher!« Ich versuchte mein Programm so professionell wie noch möglich durchzuziehen. Also noch ein letztes Mal an diesem Abend: Schnaps aufs Haus, Lob und Tadel improvisieren, Versen lauschen, Kinder beschenken, Hände schütteln und dann los.

Hocherfreut, auch diesen Besuch zur allgemeinen Zufriedenheit gemeistert zu haben, wollte ich mich schwungvoll aus meinem Sessel erheben – doch die Beine versagten mir den Dienst! Und so wurde die Familie Zeuge, wie der heilige Nikolaus vornüberkippte, noch versuchte, sich auf den Stab zu stützen, dabei diesen mit sich riss und in das Aquarium rammte, sodass das Glas splitterte. Dann ergossen sich Wasser, Zierfische sowie feiner Kieselsand auf Boden und Nikolaus. Die Eltern schrien erschrocken auf, die Kinder kicherten. Dann Stille. Tropfnass versuchte ich mich zu erheben, ohne dabei die auf dem Teppich zappelnden Fische zu zertreten. Ich wollte gerade ein paar Worte des Bedauerns aussprechen, da klingelte die Eieruhr in meiner Manteltasche. »Er hat ein Telefon dabei!«, meldete sich die Großmutter aus ihrer Ecke. »Ausmachen! Mein Herz!« Es war definitiv Zeit, das Schlachtfeld zu räumen.

Der Kinder wegen wurde kein großes Aufhebens um die Geschichte gemacht. Auf dem Dorf nimmt man solche Dinge eben noch gelassen. Trotzdem trat ich als heiliger Mann mit sofortiger Wirkung zurück. Doch noch lange danach erzählten sich die Kinder im Dorf die unglaubliche Geschichte von einem Nikolaus, der kopfüber in ein Aquarium gesprungen sei – und dabei Herrn Devilles rote Stiefel trug!

DER APFEL FÄLLT NICHT WEIT VON DER GRUBE, DIE DU DIR SELBST GRÄBST

ODER

ELTERN IM KINDERGARTEN

»Zeige mir, wo du herkommst, und ich sage dir, wer du bist.« »Wie der Vater, so der Sohn.« Und natürlich: »Der Apfel fällt nicht weit vom Stamm.« Aus der muffig riechenden Zitatenschatzkiste lassen sich so einige Weisheiten klauben, welche die Verbindung zwischen Kind und Eltern beschreiben sollen. In meinen wilden, lauten Jugendjahren konnte ich darüber nur lachen. Obwohl ich es im Gegensatz zu vielen meiner Freunde nie als nötig empfunden habe, in irgendeiner Form gegen meine Eltern zu rebellieren, geschweige denn sie abzulehnen, war für mich klar, dass ich auf einem anderen Planeten lebte als sie. Während ich mich damals zumindest teilweise in meiner Mutter zu spiegeln glaubte – wie ich hatte sie eine große Klappe und wie ich blondierte sie sich damals die Haare beim Damenfriseur –, teilte ich mit meinem Vater bis auf die Gesichtszüge und ein oder zwei Übereinstimmungen in unseren Plattenregalen so gar nichts. Darum war ich überzeugt, dass sich jeder Mensch frei von irgendwelchen Anlagen und individuell entwickelt.

Zwanzig Jahre und Hunderte Elterngespräche im Kindergarten später bin ich eines Besseren belehrt worden. Inzwischen bleiche ich mir zwar nicht mehr die Haare, dafür aber bewege, spreche und argumentiere ich wie mein Herr Papa, mache ebenfalls Mittagsschläfchen und verschränke bisweilen beim Gehen wie er gemütlich die Hände hinter dem Rücken. Letztens habe ich sogar »Avalon« von Roxy Music aus seinem Plattenregal geklaut. Eine seiner Lieblingsbands, deren Songs ich mich bis dahin strikt verweigert hatte. Nun lausche ich andächtig dem schmachtenden Falsett von Brian Ferry und frage mich, wie es so weit kommen konnte.

Elternabend. Elterngespräch. Elternaktivität. Elternrat. Elternbrief. Elternbesuchstag. Beinahe pausenlos treffen Eltern und Kindergärtner aufeinander. Die Erziehungsberechtigten werden heute ja ständig von der Schule aufgefordert, sich zu engagieren. Das heißt für uns Pädagogen nichts anderes, als dass wir uns nicht nur um die Kinder, sondern auch immer mehr um deren Eltern zu kümmern haben. Da ist etwas schiefgelaufen. Denn auch wenn es die lehrende Zunft niemals zugeben würde: Eigentlich war das Miteinbeziehen der Eltern dazu gedacht, diese stärker in die Pflicht zu nehmen und dafür zu sorgen, dass sie sich nicht nur für das Ergebnis am Ende des Jahres interessieren, sondern vielleicht dafür, was vorher im Klassenzimmer passiert. Aber ganz sicher nicht, um sie um ihre Meinung zu bitten, was die Organisation der Schule oder die Unterrichtsmethoden einzelner Lehrpersonen angeht. Da halten sich ja plötzlich viele Eltern für Experten. Man ist ja schließlich selbst einmal in den Kindergarten beziehungsweise zur Schule gegangen und kann daher mitreden. Doch dabei bleibt es leider meistens nicht: Es wird sich eingemischt, widersprochen und gerechtfertigt, als müsste man das Schlimmste verhindern. Manchmal so heftig, dass man denken könnte, die Pädagogen wollten dem Kind Übles.

Ich bin ein großer Verfechter des Ansatzes »Alles ist möglich« und »Jeder kann alles«. So habe ich dies immer als eine der tragenden und wichtigsten Säulen der Punkszene gesehen, in der ich sozialisiert wurde. Und ich will gar nicht wissen, wie viele studierte Musiker und hart probende, seit Jahren im Übungskeller sitzende Bands meine Kumpel und ich vor den Kopf gestoßen haben, nachdem wir nach ein paar Stunden im Proberaum einfach so Platten aufgenommen und für Konzerte in ferne Städte eingeladen wurden. Nur um dort von der Bühne hinab das Publikum zu beschimpfen oder unsere Instrumente abzufackeln. Aber wir haben ja auch nie behauptet, Musiker oder sogar eine richtige Band zu sein. Natürlich spreche ich keinem Bäcker und keiner Feuerwehrfrau die Fähigkeiten ab, sich für eine kurze Zeitspanne mit einer Horde Kinder zu beschäftigen, ohne dass anschließend gleich der Psychotherapeut oder der Notarzt konsultiert werden muss. So einen Nachmittagsplausch mit Wasserballons, Limonade und ein bisschen Fernsehen zwischendurch lässt sich bewerkstelligen, auch wenn man weder vom magischen Kindsalter, Maria Montessori noch von der guten Schlange Crictor je etwas gehört hat und nicht gerade vom didaktischen Geist beseelt wurde.

Wenn es jedoch gilt, zwanzig Kinder über mehrere Wochen und Monate hinweg tagtäglich zu unterrichten, ihnen neue Horizonte aufzuzeigen, ihnen dabei furchtlos hin und wieder Grenzen zu setzen, sollte man doch auf das Wort und die Taten einer ausgebildeten Fachperson vertrauen. Jeden Kindergärtner und jede Erzieherin halte ich für geeignet, Kekse zu backen oder ein Lagerfeuer zu löschen. Dennoch würde ich selbst nicht auf die Idee kommen, dem Bäcker ein eigenkreiertes Rezept für Roggenbrot zuzuschieben oder der Feuerwehrfrau die Atemschutzmaske zu erklären. Auch ist es gewiss richtig, dass die Eltern ihr Kind wohl am besten kennen und einschätzen können. Doch wenn das eigene Kind weitab der elterlichen Aufsicht dazu angehalten wird, eine einfache Gruppenarbeit auszuführen, gemeinsam mit neunzehn Gleichaltrigen, die ebenfalls alle davon überzeugt sind, das Salz der Erde zu sein, kann dies durchaus zu Reaktionen führen, die so nicht erwartet wurden.

Immer wieder höre ich von meinen Leidensgenossinnen und -genossen, dass das Arbeiten mit den Kindern zwar Spaß und Freude bereite – aber deren Eltern! Ich selbst hatte nie ein Problem damit, mich mit den Eltern auseinanderzusetzen. Eher war bei mir das Gegenteil der Fall. Rückblickend lässt sich sagen, dass sich wohl nicht ganz umsonst mein Publikum von der Kindergartenklasse zum erwachsenen Theaterzuschauer hin gewandelt hat. Den Umgang mit den elterlichen Eindringlingen in meine kunterbunte Kinderwelt habe ich immer genossen. Und er war wichtig, denn ich habe erkannt, was ich bei mir selbst stets abgestritten hatte: Kennst du die Eltern, verstehst du das Kind. Oder umgekehrt: Verstehst du das Kind nicht, lern seine Eltern kennen. Das ist keine Küchenpsychologie: Brian Ferry ist der singende Beweis dafür.

Ich kann nicht alle Geschichten erzählen, die ich mit Eltern erlebt habe. Die meisten waren lehrreich und angenehm für mich, die wenigsten nervig oder sogar unerträglich. Ein paar aber auch zu kurios, als dass ich sie dem Leser und der Leserin vorenthalten möchte. Ich habe mir erlaubt, sie locker in diesem Buch zu verteilen. Wer keine Lust zu suchen hat oder nicht über mehr Geduld als ein Fünfjähriger verfügt, wird hier fündig:

Die Sache mit dem Horror-Clown wird ab Seite 130 erzählt.

Eine unangenehme Erinnerung wird auf Seite 193 heraufbeschworen.

Wie eine Mutter mich pädagogisch eines Besseren belehrte, erfährt man auf Seite 230.

Die Geschichte von Bono und U2 kann man auf Seite 265 nachlesen.

Und einen wirklich unmöglichen Vater lernt man auf Seite 319 kennen.

EIS AM STIEL UND ZIGARETTEN ODER AUSFLUG IM KINDERGARTEN

»Nic? Geht es langsam los oder kann ich mir noch einen Kaffee holen?« Missmutig schnippt Klemens seine aufgerauchte Zigarette in den Brunnen vor dem Kindergarten. Ich strafe ihn mit einem strengen Blick, sage aber nichts, schließlich werde ich heute noch auf ihn angewiesen sein. Sami hingegen bekommt schon einmal einen kleinen Vorgeschmack auf das, was ihm am heutigen Tag blühen wird. Die Kinder jagen ihn über den Hof, während die Eltern abseits stehen und über das Wetter und Fußball reden. Ich habe Klemens und Sami während meiner Zeit in Berlin kennengelernt, wo mich meine Bekannten Nic rufen. Der Kürze wegen. Denn in Berlin muss alles ein bisschen schneller gehen. Klemens verkauft dort eine Art Rabattkarte. Damit können Touristen in schäbigen Clubs verbilligte Eintrittskarten ergattern oder in Fastfoodrestaurants zwei pampige Burger zum Preis eines pampigen Burgers bestellen. Sami hingegen hat in der Stadt der unbegrenzten Möglichkeiten und Aufstiegschancen das ganz große Job-Los gezogen: In einem Callcenter stellt er verwirrte Rentner und esoterisch veranlagte Hausfrauen zu Wahrsagern und Kartenlegern durch, die sich selbst »Die kleine Waldfee« oder »Der Hexenmeister auf Leitung vier« nennen. Außerdem studiert er Filmmusik. Oder behauptet es zumindest.

Die beiden Berliner sind zu Besuch in der Schweiz und haben sich von mir überreden lassen, mich auf dem Kindergartenausflug zu begleiten. Der alljährliche Wandertag. Die Kindergartenreise. Was für den Bauern der Almauftrieb mit seiner Viehherde, für den General die Parade und für die Karnevalsgesellschaft der Umzug im Konfettiregen darstellt, ist für den Kindergärtner und seine Klasse diese kleine Flucht aus dem Alltag. Stolz führt der Erzieher seine Gruppe aus den heimatlichen Gefilden in die weite Welt hinaus, um die wohlgeratenen und gut erzogenen Mädchen und Buben der Gesellschaft zu präsentieren. Endlich hat er Gelegenheit zu zeigen, wie gut er das Jahr über mit den Kindern gearbeitet hat. Es wird ordentlich und Hand in Hand in Zweierreihenformation gelaufen, hurtig in Bus, Bahn und Schiff ein- und ausgestiegen, immer mit einem fröhlichen Lied auf den Lippen. Der Ausflug gehört zweifelslos zu den Höhepunkten im Kindergartenjahr und wird meist als würdiger Abschluss kurz vor den Sommerferien angesetzt.

Da man sich als Kindergärtner so kurz vor der Sommerpause nicht in die Nesseln setzen möchte, gilt es diese Reise gut zu planen. Denn gerade was die Laufdistanzen anbelangt, kann man sich böse verschätzen. Was für einen Erwachsenen mit Siebenmeilenstiefeln an den Füßen einen kurzen Spaziergang darstellt, kann sich für eine tippelnde, Rucksack schleppende Gruppe Fünfjähriger zu einem Gewaltmarsch entwickeln. Wo können die Kinder ihre Wasserflaschen auffüllen? Wo sind Toiletten auf der Wegstrecke zu finden? Und was ist mit dem Ziel? Darf man dort ein Feuer entfachen? Oder die Bäume erklettern? Gibt es klaffende Schluchten, summende Bienenhäuser oder ein fieses Brennnesselfeld, in dem sich Liselotte in ihren kurzen Hosen verirren könnte? Doch wie sagte schon ein junger Joe Strummer 1978? »Wenn ich eine Kuh nur sehe, könnte ich schon kotzen.« Dieses Statement kann ich nur unterschreiben: Ich kann Natur nicht ausstehen.

Und da die Kinder auf dem Dorf genügend Natur vor der Haustüre haben, habe ich beschlossen, dass unser Ausflug dieses Jahr in die nächstgrößere Stadt führt, frei nach dem Motto »Zurück zum Beton«. So spare ich mir auch das vorherige Ablaufen der geplanten Route, denn die Stadt kenne ich wie meine Westentasche. Was es da alles zu erleben gibt! Da kann eine Feld- und Wiesenwanderung einfach nicht mithalten.

»Darf man fragen, wohin die Reise heute eigentlich geht?« Klemens steckt sich eine weitere Zigarette in den Mund und sieht mich fragend an.

»Könntest du bitte aufhören, vor den Kindern zu rauchen?«, zische ich ihm zu.

»Nö. Warum?«, entgegnet Klemens in Richtung der umherstehenden Eltern nickend, von denen einige ebenfalls glimmende Kippen zwischen den Fingern halten.

»Klemens! Das sind die Eltern und keine Kindergärtner«, rufe ich ihm gereizt zu.

»Na siehste mal. Ich bin weder das eine noch das andere. Also halt die Füße still.«

Sein Zippofeuerzeug gibt ein klackendes Geräusch von sich, als die Flamme auf seine Zigarette überspringt. Seelenruhig zieht er den Rauch in die Lunge und bläst ihn genüsslich durch seine Nase aus. Dabei grinst er mich an.

»Also wohin fahren wir heute, Marco Polo? Denn sei gewarnt«, Klemens' massige Gestalt nimmt mir die Sonne aus dem Gesicht, »wenn es an jenem Ort keine Zigaretten gibt, könnten Sami und ich es uns eventuell anders überlegen. Aber gewiss hätte stattdessen einer dieser Nichtraucher-Vatis oder -Muttis Lust mitzukommen. Was meinst du?«

Ich erschaudere bei dieser Vorstellung.

Einen solchen Ausflug begeht man keinesfalls ohne eine erwachsene Begleitperson. Zwanzig Fünfjährige in den Räumen eines Kindergartens zu bändigen, ist schon schwierig genug. Zwanzig aufgekratzte und von unbändigem Bewegungsdrang entfesselte Fünfjährige in freier Wildbahn zu beaufsichtigen, ist hingegen ein Unterfangen, das erhebliche Risiken mit sich führt. Nicht nur für die Kinder, sondern auch für die Psyche des Kindergärtners. Ich habe es einmal gewagt, mich allein auf eine halbtägige Reise zu machen, und bin seither geläutert. Ich kann von Glück sagen, dass sich die Verluste auf nur eine eingenässte Hose, einen verknacksten Knöchel und zwei verlorene Rucksäcke beschränkten. Wobei vielleicht noch zu erwähnen ist, dass einer der Rucksäcke dummerweise mir gehörte – inklusive Bahntickets und Geldbörse. Und der Knöchel schmerzt heute noch hie und da.

Meistens rekrutiert man im Kindergarten diese Begleitpersonen aus den Reihen der Eltern, die sich gewöhnlich gern zur Verfügung stellen. Eine Praxis, die in der Schule ebenfalls angewendet wird – wie ich selbst traumatisch erfahren musste, als ich das erste Mal ein richtiges Klassenlager besuchen durfte. Die ganze Klasse eine Woche lang in die Nähe des Bodensees. Oh, süße Jugend! Laute Musik aus dem Kassettenrekorder! Dazu heimlich die erste Eiercognacflasche im Mädchenschlafsaal kreisen lassen! Tagsüber Lehrer veräppeln und sich davonschleichen, um eine Zigarette zu rauchen! So stellte ich mir das damals alles vor und konnte den Tag der Abreise kaum erwarten. Wie groß war meine Entrüstung, als sich meine Frau Mutter der Schule als Herbergsköchin anbot! Was ich bereits seit meiner Kindheit wusste, mussten meine Klassenlehrer nach dem ersten Tag im Lager selbst bitter feststellen: Meine Mutter konnte überhaupt nicht kochen! Was ihnen ebenfalls, zu Recht, nicht schmeckte, war, dass sich meine Mutter zu schade war, um wie wir in einer einfachen Jugendherberge zu übernachten, sondern dreist ein schickes Hotelzimmer anmietete. Auf Kosten der Klassenkasse natürlich. Es war eine klassische Lose-lose-Situation.

Vielleicht versuche ich es aufgrund dieser Erfahrung seither zu vermeiden, Eltern auf meine Kindergartenausflüge mitzunehmen. Außerdem habe ich wenig Lust auf mehrstündige Elterngespräche zwischen Kuhdung und Bratwurst. Da kam mir der Besuch meiner zwei Freunde aus Berlin gerade recht. Überhaupt empfand ich beide geradezu als prädestiniert, um eine Kindergartenklasse zu begleiten. Klemens, von der Statur eines Bären, konnte im Notfall gewiss bis zu drei Kinder samt Rucksack oder einen Kindergärtner mit Nervenzusammenbruch über eine längere Wegstrecke tragen. Sami, ein schlaksiger, bleicher Kerl mit trockenem Humor, hatte dafür kein Problem damit, wenn sich mehrere Kinder auf ihn stürzten, um ihn an einen Baum zu fesseln. Außerdem konnte er mich mit seinen neuesten Eskapaden aus dem Berliner Nachtleben, seiner Arbeit mit »Dem Schamanen vom Berg« und »Der Engelseherin« oder einer zur Situation passenden gepfiffenen Filmmelodie bei Laune halten. Nein, nein, es gab keine Zweifel. Klemens und Sami mussten mit. Zigaretten hin oder her.

»Keine Angst«, beginne ich also, »wir fahren einfach in die Stadt. Wir steigen am Bahnhof aus dem Zug, durchqueren die Altstadt und schauen uns mal die historische Stadtmauer an.«

»Historische Stadtmauer – klingt spannend«, unterbricht mich Klemens. Sein Sarkasmus steigt mit dem Zigarettenrauch gen Himmel. »Ich glaube, Sami und ich werden doch eher heute Nachmittag das Strandbad besuchen.« Er wendet sich ab.

»Warte, warte!« Ich halte ihn an seinem schwarzen Poloshirt mit dem Aufdruck »International Riot Club Berlin« fest. »Das war doch noch nicht alles. Es geht noch weiter!« Klemens blickt mich von oben herab an. »Anschließend machen wir eine klitzekleine Pause in einem abgefahrenen Park. Ein ehemaliger Friedhof mit einem riesigen Labyrinth.«

»Das klingt schon besser.« Klemens' Interesse ist geweckt. Während Sami an uns vorbeihetzt, von einer Gruppe Kinder verfolgt, fahre ich fort: »Dann besuchen wir kurz meine Mutter und wandern auf einen Hügel vor der Stadt. Für die Kinder ist dort oben eine beeindruckende Höhle und wir haben einen großartigen Blick auf das gesamte Seebecken. Bist du dabei?«

Klemens kneift seine blassblauen Augen zusammen. »Klingt anstrengend. Und das willst du alles mit den halben Portionen mit Rucksack bewältigen? Was wenn uns einer von denen zusammenklappt?« Er tippt mir mit seinen nikotingelben Fingern auf die Brust. »Damit will ich dann nichts zu tun haben. Ich werde auf keinen Fall den Lastesel für euch spielen, wenn dein Flohzirkus auf halber Wegstrecke schlappmacht.«

»Da mach dir mal keine Sorgen, Großer«, beschwichtige ich Klemens. »Du hast ja keine Ahnung, über welche Energie die Kinder verfügen. Würde mich nicht wundern, wenn sie es sind, die dich den Hügel hinaufschleppen. Ehe du dich versiehst, ist der Tag um, wir steigen in den Zug, der uns aus der großen, abenteuerlichen Stadt wieder zurück aufs Land fährt, wo uns die Eltern sehnsüchtig erwarten. Müde, aber glücklich, werden die Kinder dann zurück in deren Arme plumpsen, unzählige spektakuläre Geschichten aus der Zivilisation auf ihren Lippen. Wir hingegen werden huldvoll, aber bescheiden abwinken, wenn man uns Blumenkränze umlegen möchte, um sich dankbar zu zeigen für die Entbehrungen, die wir auf uns genommen haben, um den Kindern diesen Tag zu ermöglichen. Du wirst schon sehen.«

Klemens sieht mich kritisch an. Dann zuckt er mit den Schultern, was wohl »Musst du selbst wissen« heißen soll, und zieht nochmals an seiner Zigarette, um den Rauch in Kringeln in die Morgenluft zu blasen.

»Was macht Klemens da?« Aurelia steht plötzlich neben uns und zeigt auf die Rauchkringel.

»Das sind Seifenblasen, Kleine«, antwortet ihr Klemens. »Seifenblasen für große, dumme Menschen«, ergänze ich und mache mich daran, die Gruppe für den Aufbruch zusammenzutrommeln.

Fünfzehn Minuten später stehen wir schließlich am dorfeigenen Bahnhof. Dort haben wir einen neuen Rekord zu feiern: Nur die Eltern eines Kindes haben vergessen, dass heute der Ausflug stattfindet, und keinen Proviant eingepackt. Hurra! Als Profi habe ich natürlich für solche Extremsituationen vorgesorgt und eine Extra-Banane und ein paar zusätzliche Kräcker dabei.

Ich gucke in die Ferne und sehe den Zug kommen. Sami hingegen schaut glücklicherweise woandershin und sieht gerade noch, wie zwei Kinder ins Gleisbett springen wollen, um dort ein paar Münzen aufzuheben. Am Pullover zieht er sie gerade noch rechtzeitig zurück.

Ich atme tief durch.

Der Zug fährt ein.

Sami pfeift die Melodie einer »Mord im Orient-Express«-Verfilmung.

Lärmend entert die Schar das Abteil, in dem die bereits sitzenden Passagiere entweder uns Erwachsenen mitleidig zulächeln oder fluchtartig den Sitzplatz räumen. An gemütliches Pendeln ins Büro ist nämlich mit einer Kindergartenklasse im Zugabteil nicht zu denken. Kaum wurden die Sitzbänke erobert, werden bereits überall die Rucksäcklein aufgerissen. Chipstüten knistern, Kaugummis werden verteilt und Pausenbrote gegenseitig in die Kategorien »Mmmmmh!« und »Bääääääh!« eingeteilt. Klemens kämpft verzweifelt gegen die Versuche der Kinder an, ihm seinen Geldbeutel, seine Schlüssel oder schlimmer noch, seine Zigaretten zu klauen, während Sami es sich ein paar Abteile weiter hinten im Zug bequem gemacht hat. Als wir eine knappe halbe Stunde später den Stadtbahnhof erreichen, steigt er sich die Augen reibend als Letzter aus. Klemens und ich zählen einmal durch und bewegen uns mit halbwegs geordneten Zweierreihen Richtung Ausgang.

»Wann werden wir denn ungefähr da sein?« Die Frage kommt früher, als ich es erwartet habe. Sie wird aber nicht von einem der Kinder gestellt, sondern von Sami. Ich gebe kurz einen Überblick über die geplante Route, worauf er mich fassungslos ansieht und die Titelmelodie von »Mission impossible« pfeift.

Ich grinse ihn an. »Ihr Berliner habt eine so große Stadt. Sie ist genauso groß wie eure Klappe und eure Angst, wenn es um Verantwortung geht.«

»Lass mal, Nic, du hörst dich bereits an wie mein Vater«, kontert Sami ungerührt.

Nach wenigen Minuten taucht am Fluss bereits der erste Höhepunkt unserer Reise auf. Eine Brücke, in deren First mittelalterliche Totentanzdarstellungen in Form prächtiger Farbtafeln angebracht sind. Gevatter Tod zieht mit seiner Sense von Haus zu Haus, der Schnitter holt sich Edelmann und Bettler. Von mittelalterlichen Schlachtfeldern erheben sich unzählige Gerippe, um mit klappernden Gebeinen einen schauerlichen Reigen aufzuführen. Das ist ganz nach meinem Geschmack und anscheinend auch nach dem der Kinder. Mit den Köpfen in den Nacken und vielen »Ooohhs« und »Aaahhhs« überqueren wir die hölzerne Brücke, um auf die andere Seite zu gelangen. Ein gelungener Auftakt. Triumphierend blicke ich zu Klemens und Sami, die dem Frieden nicht so recht trauen wollen.

Obwohl noch nicht einmal Mittag ist, brennt die Sonne bereits erbarmungslos auf unsere Karawane herunter, die sich ächzend den Hügel zur Stadtmauer hinaufschlängelt. Oben angekommen, erntet mein Vorschlag, einen der Wehrtürme zu besteigen, bei den Kindern glücklicherweise große Begeisterung. Mein Begleitpersonal zieht es jedoch vor, unten auf uns zu warten. Als Begründung deutet Klemens auf ein »Rauchen verboten«-Schild an der Turmwand, während Sami den Kindern weismacht, dass immer, wirklich immer eine Wache zurückbleiben müsse, um auf die Rucksäcke aufzupassen. Ich vermute, dass er Höhenangst hat. Dass er nicht der Einzige ist, merke ich mitten im hölzernen Gebälk des engen Treppenschachtes. Als ich Kevin von der Turmplattform bereits jubilieren höre, stecke ich mit einigen Kindern fest, die weder vor noch zurück wollen, weil die Treppen immer schmaler und steiler werden. Osim bekommt plötzlich Angst und will nur noch raus. Einer Touristin gelingt es, ihn zu überreden kehrtzumachen, und ich begleite ihn nach unten. Dort erwartet uns Klemens, natürlich mit Zigarette im Mundwinkel, und blinzelt nach oben. »Entweder regnet es oder deine Kinder spucken auf uns herunter!«, lässt er mich wissen. Und während Sami Osim mit Wasser versorgt und tröstet, sprinte ich so schnell es geht, wieder zur Turmplattform hoch. Dort komme ich hingegen so gar nicht richtig dazu, die spuckenden Kinder zurechtzuweisen. Zuerst muss ich mich von einem Rentner in Sachen Aufsichtspflicht, Erziehung und die heutige Jugend im Allgemeinen aufklären lassen, während mir der Schweiß übers gerötete Gesicht fließt. Schlecht gelaunt und beschämt erreiche ich wenig später mit den Kindern wieder den Fuß des Turmes. Klemens' feixendes Gesicht ignoriere ich.

Im Schatten der Mauer laufen wir schließlich talwärts Richtung Stadtpark. Das von mir versprochene Heckenlabyrinth hat definitiv bereits bessere Tage gesehen. Traurig ragen die vertrockneten Stauden empor, die ich als rätselhaften Irrgarten in Erinnerung hatte. Aber zugegebenermaßen war ich mehrere Jahre nicht mehr hier gewesen. »Hättest du mal lieber vorher den Park mit seinen reichhaltigen Attraktionen in Augenschein genommen, was, Marco Polo?«, raunt mir Klemens zu. Ich hingegen weiß die Stimmung bei der Klasse trotz fehlendem Irrgarten zu heben. »Alle hinter Klemens her! Wer ihm die Schuhe ausziehen kann, hat gewonnen!« Erschrocken springt Klemens auf und rennt durch den

Park davon, die Klasse schreiend hinterher. Rache ist süß. In meinem Fall kreischt sie dazu noch ohrenbetäubend und ist verdammt flink auf den Beinen.

Nach dem Mittagessen aus dem Rucksack treffe ich mich mit den beiden Berlinern zur Lagebesprechung.

»Es ist schon 13 Uhr durch«, beginnt Klemens, »wann müssten wir am Bahnhof sein, um den Zug zurück ins beschauliche Dörfli zu erwischen?«

»So gegen halb vier.«

»Aha. Ich möchte ja nicht in deine Detailplanung eingreifen, aber meinst du nicht, wir sollten einfach noch zwei Stunden hierbleiben oder vielleicht direkt an den See laufen?«

Ich blicke zu Sami. Dieser blinzelt prüfend in die Sonne. »Klemens hat recht. Könnte noch heißer werden«, gibt er zu bedenken und stimmt pfeifend die Filmmusik aus Karl Mays »Durchs wilde Kurdistan« an.

Ich schaue zu den Kindern, die in Gruppen zusammensitzen, vereinzelt noch an einem Brötchen oder einem Apfel knabbern oder zwischen den kargen Heckenüberresten herumtollen. Sollte das wirklich alles gewesen sein? Konnte ich so zurückkehren? Was gab es zu erzählen? Eine Holzbrücke, Wettspucken vom Turm sowie ein paar Quadratmeter vertrockneter Stauden, die einst ein prächtiges Heckenlabyrinth waren? Nein! Das durfte noch nicht alles sein! Ein glorreicher Aufstieg auf die Hügel vor der Stadt, ein überwältigender Ausblick auf das Seebecken und sogar eine Schiffsfahrt auf einem alten Raddampfer waren noch geplant. Diesen letzten Programmpunkt hatte ich bisher verschwiegen und als Überraschung aufgehoben. Nicht zu vergessen der Besuch bei meiner Mutter, die sich bestimmt freuen würde, ihren Ältesten das erste Mal mit seiner eigenen Kindergartenklasse zu erleben. Ich erwartete von ihr nichts weniger als echte Tränen der Rührung.

»Nein! Wir müssen weiter!«, entschied ich bestimmt.

»Dominic. Ich glaube, das wird zu viel. Lass uns doch gemütlich …«

»Ach was! Ihr seid einfach zu schlapp! Die einzige Bewegung, die ihr kennt, ist doch der Gang zur Dönerbude um die Ecke.« Ich blicke sie spöttisch an: »Aber schaut auf diese Kinder, wie sie vorwärtsdrängen und weiterwollen. Wie sie ihr noch junges Leben anfüllen möchten. Mit echten Erlebnissen, die sie prägen werden. Wir haben es jetzt in der Hand, diese zukünftige Generation zu faulen Stubenhockern verkommen zu lassen, wie ihr es seid, oder sie in höhere Gefilde zu leiten. Wo die Luft rein und klar ist und zum freien Denken anregt. Verwehrt ihnen nicht diese Chance, etwas aus diesem Ausflug und somit ihrem weiteren Leben zu machen. Für euch beide ist es eh zu spät. Aber steht der Jugend nicht im Wege!« Erwartungsvoll blicke ich von einem zum anderen. Sami pfeift den »Marsch des Imperators« aus »Star Wars« und schüttelt dabei grinsend den Kopf, während Klemens seine Zigarette in der Erde ausdrückt. »Na, dann mal los, Hannibal. Wir sollten keine Zeit verlieren.«

Vierzig Minuten später ist die Energie verpufft.

»Verdammter Mist, ich kann nicht mehr! Wann bin ich nur auf die verdammte Idee gekommen, diesen Ausflug mitzumachen?«, schnauft Klemens, der inzwischen Osim auf seinen Schultern sitzen hat. Samis Befürchtung, es würde noch heißer werden, hat sich bewahrheitet. Außerdem ist der Routenanstieg viel, viel steiler, als ich es in Erinnerung hatte. Und der Weg führt an einer befahrenen Straße ohne Schatten entlang.

Die Kinder maulen und fragen pausenlos: »Wie lange noch?« Sami und ich haben einen Großteil der Rucksäcke auf uns verteilt. Ein ganz kleines bisschen bin ich auch müde. Die erhoffte Pause bei meiner Mutter ist leider ausgeblieben.

Als diese uns nämlich vorhin die Haustüre geöffnet hatte, entglitten ihr förmlich die Gesichtszüge. »Dominic!«

»Ja, Mama, ich wollte dir mal …«

»Die ganzen Kinder kommen mir nicht ins Haus. Ich habe gerade geputzt!«

Aurelia reckte den Hals. »Herr Deville, wer ist die alte böse Frau?«

Liselotte erklärte: »Das sieht man doch, Aurelia. Das ist die Oma von Herrn Deville!«

Klemens lachte laut auf.

Meine Mutter blickte mich und meine verlorene Truppe spöttisch an. »Was für eine witzige Truppe du da ausführst, Dominic. Ich dachte, du bist Kindergärtner und nicht Zirkusdirektor!«

Ich seufzte. »Kinder, das ist meine Mutter. Sie freut sich sehr, euch zu sehen, aber sie kann es gerade nicht so zeigen.«

Klemens und Sami lachten. »Na, dann müssen wir dein Kinderzimmer wohl ein anderes Mal angucken!«

»Da gibt es sowieso nichts mehr zu gucken«, erwiderte meine Mutter trocken, »da wohnen jetzt die Hunde!« Wie aufs Stichwort war aus dem Inneren des riesigen Hauses ein aufgeregtes Kläffen zu vernehmen.

»So, ich werde gerufen. Dominic, wir sehen uns ja demnächst wieder. Zum Muttertag. Ich freue mich auf dich! Mit Betonung auf ›dich‹.« Dabei blickte sie streng in die restliche Runde. Dann lächelte sie mich an und säuselte: »Ich koch dann auch was Leckeres.« Mit diesen Worten der Drohung ließ sie die Eingangstüre wieder ins Schloss fallen.

Eltern hatten einfach auf Ausflügen nichts zu suchen. Das stand hiermit endgültig fest.

Seitdem sind zwanzig Minuten vergangen.

»Lass uns eine kleine Pause machen. Ganz kurz nur.« Klemens lehnt sich an eine Mauer, damit Osim von seinen Schultern steigen und er selbst sich eine Kippe anstecken kann. »Letzte«, grummelt er, knüllt das leere Zigarettenpäckchen in seiner Faust zusammen und wirft es in den Rinnstein.

Ich weiche seinem Blick aus und verteile meine letzten Trinkwasserreserven an die Kinder. »Es ist nicht mehr weit«, versuche ich die müde Truppe zu motivieren. »Nur noch dort die Stufen hoch. Dann sind wir da.« Ich weise auf die andere Straßenseite, von wo sich eine endlos erscheinende Treppe steil zur Hügelkuppe hinaufschlängelt. »Kommt, Kinder! Dort oben gibt es eine faaaabelhafte Steinzeithöhle!«, rufe ich aufmunternd.

Liselotte sieht kritisch an mir hoch. Auch die anderen Kinder blicken ungläubig drein. »Ich glaube, Sie haben die Sache mit dem faaaabelhaften Labyrinth von vorhin noch nicht vergessen«, kichert Klemens.

»Halt die Klappe und geh endlich weiter!«, presse ich hervor und mache mich daran, mit den Kindern vorsichtig die Straße zu überqueren. »Wetten, dass es niemand schafft, die Anzahl der Stufen bis ganz nach oben zu zählen?«

Das lassen die Kinder nicht auf sich sitzen. Sie mobilisieren ihre letzten Kräfte, um laut zählend die letzte Etappe in Angriff zu nehmen. Staunend blicken Klemens und Sami den soeben noch klagenden und nun eifrig die Stufen hochtrippelnden Kindern nach, während ich mein siegreiches Pädagogenlächeln aufsetze. Der gute alte »Wetten, dass«-Trick funktioniert eben immer wieder: Kindergartenkinder können sich einem Wettstreit gegen den Erzieher nur schwer verweigern, zu sehr sind sie davon besessen zu zeigen, was sie können. Leider flacht die Erfolgskurve dieser wundervollen Methode mit zunehmendem Alter schnell ab. Bereits in der zweiten Klasse heißt es nur noch: »Ach ja? Dann zeig du doch mal als Erster, was du kannst.« Aber noch verfehlt sie ihre Wirkung nicht. Nach den Kindern treffen Sami, dann ich und schließlich, schnaufend und fluchend, Klemens auf der Hügelkuppe ein.

Nachdem ich die letzten Auseinandersetzungen zur Frage, ob es 86, 299 oder 15 Trillionen Treppenstufen waren, zwischen den Kindern geschlichtet habe, rufe ich dazu auf, für einen kurzen Augenblick in Kontemplation zu verfallen und den Blick über das Panorama schweifen zu lassen. Wir haben es tatsächlich geschafft. Wir sind hier oben. Der Hitze und dem Staub entkommen. Unter uns die pittoreske Stadt. Ach was, die Welt! Haben sich nicht spätestens jetzt all die Entbehrungen, Anstrengungen und Mühen gelohnt?

»Herr Deville, ich muss aufs Klo.«

»Herr Deville, ich habe meinen Rucksack irgendwo vergessen.«

»Herr Deville, wo ist denn jetzt die Dinosaurierhöhle?«

»Verdammt, Herr Deville, wo kriege ich hier oben Zigaretten her?«

Ich lasse das Kinn auf die Brust sinken und ziehe hörbar und gereizt die Luft ein. Irgendjemand pfeift dazu die Titelmelodie von »Einer flog übers Kuckucksnest«. Undankbares Pack. Nun gut. Eine öffentliche Toilette gibt es hier glücklicherweise, den Rucksack sammeln wir auf dem Rückweg ein und die Höhle existiert auch noch, wie wir erfreut feststellen. Sie ist wirklich beeindruckend in ihrer Größe, auch wenn man sie wegen akuter Einsturzgefahr nicht betreten darf. Auf eine Weise macht das die ganze Sache aber umso aufregender, sodass sich die Enttäuschung bei den Kindern in Grenzen hält.

Wir hätten sowieso keine Zeit zur Besichtigung gehabt, wir müssen zurück. Nachdem ich den Kindern erklärt habe, dass die besten Bergsteiger ebenfalls nur ein paar Minuten auf den höchsten Gipfeln der Welt stehen können, bevor sie wieder absteigen, jagt die ganze Meute die Treppe wieder hinunter, Sami, Klemens und ich hinterher. Ein paar der Kinder verzichten auf die Treppe und lassen sich im Gras die steile Böschung hinabkugeln. Prompt verletzt sich Kevin dabei, ein Ast oder Stein schürft ihm die Hand auf. Desinfizieren, Pflaster drauf und ab auf Klemens' Schultern. Dieser kann es kaum erwarten, endlich auf einen Kiosk oder Zigarettenautomaten zu treffen.

»Wir haben noch zwanzig Minuten, ehe der Raddampfer ablegt. Kommt, wir nehmen diese Abkürzung.« Ich winke die Marschkolonne in eine kleine Seitenstraße, die zwischen herrschaftlichen Wohnhäusern und Hotels hinab weiter Richtung Seebecken und Schiffsanlegestelle führt. Zumindest glaube ich das. Als wir an ihrem Ende angelangt sind, stelle ich jedoch fest, dass sie an die Stelle am Seeufer führt, die genau zwischen Bahnhof und Hafen liegt. Mit hochrotem Kopf blickt mich Klemens an.

»Ich werde mich jetzt ins Seebecken fallen und zum Bahnhof rübertreiben lassen! Was ihr macht, ist mir egal!«

»Prima! Baden! Wir wollen baden! Wir wollen baden!«

Kevin ist von Klemens' Vorschlag sichtlich angetan und stachelt den Rest der Bande zur Meuterei gegen mich auf.

»Warum baden, wenn man mit dem Schiff fahren kann! Nur noch ein paar Minuten und wir haben es geschafft! Hört ihr auch schon die Rufe des Kapitäns, das Tuten des Schiffhorns? Hört genau hin!« Ich versuche, die Revolution im Keim zu ersticken. Augenblicklich verstummen die Kinder und lauschen konzentriert, um aus der Kakofonie aus Autolärm, Möwengekreische und Touristengeplapper das Versprochene herauszuhören.

Nur einer kann es nicht lassen: »Wir wollen baden! Wir wollen baden!«

»Klappe, Sami!«, fahre ich meinen Kumpel an.

»Du willst echt den See entlang zurück zum Hafen laufen, obwohl der Bahnhof in der Gegenrichtung liegt? Den Zug werden wir so nie erwischen«, gibt Klemens zu bedenken. »Herr Deville, fahren wir jetzt Schiff oder nicht?«

Die Kinder verlangen nach einer klaren Lösung. Was tun? Am Ufer die Strecke zurücklaufen und damit riskieren, das Schiff zu verpassen, oder gleich direkt in die Gegenrichtung zum Bahnhof laufen? Ich entscheide mich für die risikoärmere Route. Also sammle ich nochmals die Kinder um mich und erzähle ihnen beschwörend von einem Ort, an dem zwar nicht Milch und Honig fließen, dafür aber Cola und ein Eis nach Wahl. Der Bahnhofsplatz sei nun das Ziel und dort warte ein liebenswürdiger Kioskbesitzer darauf, dass wir das durch Nichtbenutzen des Schiffes eingesparte Geld bei ihm in Speiseeis investieren.

»Wollt ihr lieber Eis und Cola oder eine Fahrt auf einem langsamen, alten Schiff?«.

Die Antwort fällt eindeutig aus. Der gute alte »Entweder

oder«-Trick funktioniert tadellos. Merke: Das Kindergartenkind entscheidet sich immer für die süße Belohnung. Nie für das alte Schiff. Leider auch nur bis zu einem gewissen Alter, dann will es beides.

Klemens verdreht die Augen, als ich in die Hände klatsche und zur Eile mahne. Das Schiff werden wir nicht mehr erreichen, beim Zug haben wir noch eine Chance. Also los. »Oh Mann, ich schaff das nicht so schnell. Lasst mich zurück, ohne mich könnt ihr den Zug erwischen!«, jammert Klemens dramatisch.

Die Nachmittagssonne brennt, die Kinder jammern, Klemens motzt und Sami pfeift dazu »My heart will go on« aus dem Blockbuster Titanic. Fünf Minuten vor Zugabfahrt erreichen wir den Bahnhof. Nassgeschwitzt und am Ende versuche ich ein letztes Mal, alle Kräfte bei den Kindern und meinen Berliner Anhängseln zu mobilisieren, damit wir den Zug auch wirklich erwischen.

Doch Liselotte verschränkt die Arme vor dem Körper. »Und was ist mit dem Eis?«

»Und was mit der Cola?«, ergänzt Kevin von Klemens' Schultern herab.

Entschuldigend hebe ich die Hände. »Dafür haben wir jetzt keine Zeit. Wirklich nicht. Der Zug fährt gleich. Eure Eltern warten! Ich bringe euch morgen ein Eis in den Kindergarten mit. Und jetzt los!« »Nein! Wir nehmen den nächsten Zug in einer halben Stunde. Jetzt essen wir Eis.« Klemens setzt Kevin ab und baut sich vor mir in seiner ganzen Größe auf.

»Klemens, ich bitte dich ...«, stammle ich.

»Nein. Du hast es ihnen versprochen. Jetzt ist Schluss mit den pädagogischen Tricks.«

Angespannt stehen wir uns inmitten der Kinder gegenüber, während um uns Menschen auf ihre Züge hetzen. Sami beginnt leise, die Melodie von »Spiel mir das Lied vom Tod« zu pfeifen.

Dann muss ich lachen. Klemens hat recht. Für die Kinder gibt es kein Gestern. Und kein Morgen. Es gibt nur ein Jetzt. Und jetzt ist es Zeit, um ein Eis zu essen. Wir lassen den Zug sausen und kaufen am nächsten Kiosk zweiundzwanzig große Eistüten.

Und eine Schachtel Zigaretten.

ÜBER REGENWÜRMER SINGT MAN NICHT ODER PUNKROCK IM KINDERGARTEN

Ein durch die Morgensonne hell erleuchteter Raum. Kinderzeichnungen an den Wänden. Giebelhäuser mit den lustig perspektivisch falsch gemalten Schornsteinen, aus denen sich Rauch gegen einen blauen Strich am oberen Blattrand kringelt, der den Himmel darstellen soll. Tiere mit zu kurzen Beinen und grinsendem Menschengesicht. Hingekritzelte Familien. Die Mutter übergroß, das Brüderchen auf dem Arm, Papa daneben als Zwerg.

Unter den Zeichnungen sitzt eine rundliche Frau mit gutmütigem Gesicht. Selbst gemachter Ohrschmuck schwingt über den Schultern, die Lippen sind rot geschminkt. Auf einer Gitarre zupft sie zuerst eine kurze helle Akkordfolge, dann nickt sie den Kindern, die vor ihr im Halbkreis sitzen, aufmunternd zu. Sofort lassen diese mit glockenklarer Stimme ein bekanntes Kinderlied erklingen. Sie schreien nicht, sie grummeln nicht, sie johlen nicht. Sie singen tatsächlich. Der Refrain wird von einem rhythmischen Klatschen begleitet, bevor sich die zweite Strophe zu einem Kanon verzweigt, den sich die Jungen und Mädchen der

Klasse redlich teilen. Die Kindergärtnerin lächelt selig. Mitsingen muss sie natürlich nicht, denn die Kinder kennen die fünf Strophen auswendig und tragen sie fehlerlos und stolz vor. Nach dem dritten Refrain setzt die Kindergärtnerin zu einem kleinen instrumentalen Zwischenspiel an, wozu sie allerdings ausnahmsweise kurz auf das Notenblatt schielen muss, das ihr ein Kind hilfsbereit hinhält. Doch was ist das? Der Ringfinger auf dem Griffbrett der Gitarre drückt kurz die falsche Saite. Ein disharmonischer Ton zwängt sich in den bis dahin fein dargebrachten Vortrag und steht plötzlich im Raum wie der hässliche einbeinige Onkel mit Mundgeruch am beschaulichen Sonntagsbrunch. Doch nur für den Bruchteil einer Sekunde röten sich die Wangen der Kindergärtnerin, dann hat sie sich wieder gefangen. Erstaunlicher ist, dass die Kinder nicht auf diesen musikalischen Fauxpas reagieren. Kein schadenfreudiges Auflachen, nicht mal ein Glucksen, welches die konzentrierte Stimmung brechen könnte, ertönt aus dem Kindermund. Die Mädchen und Jungen wissen schließlich, dass es jetzt rasant in den Schlussteil des Liedes geht, in dem das Klatschen mit einer dazu im Offbeat trippelnden – nicht stampfenden! – Fußarbeit gekrönt wird. Außerdem weicht der Text des Refrains leicht von den vorherigen ab, um somit eine im Titel angedeutete Moral zu erfüllen. Auch diese musikalische Hürde nimmt die Gruppe mit Bravour. Ein letztes Klatsch, klatsch, klatsch und Trapp, trapp, trapp, wobei der Gesang aussetzt, dann erklingt der um eine Oktave höher angesetzte Schlussakkord, eine schelmische Variation der eigentlichen Noten, welche sich die Kindergärtnerin, frei wie sie ist, hin und wieder gönnt. Dabei huscht ihr ein Schmunzeln über das liebe Gesicht, ob ihrer Frechheit gegenüber dem Komponisten, der Achtzehnhundertschlagmichtot das flotte Liedgut für seine Enkel aus einer seltenen Heiterkeit heraus geschrieben hat, bevor er sich wieder an ein düsteres Requiem setzte. Er konnte nicht ahnen, dass es zweihundert Jahre später unbestritten zu den Standards der Kinderlieder gehören würde. Das heitere Liedchen. Nicht das Requiem.

Die Kinder im Kreis lauschen, wie der Ton im Raum zwischen den bunten Kinderzeichnungen über ihren Köpfen verklingt. Dann legen sie die Hände in den Schoß und warten, bis das Helferlein, das das Liederheft tragen darf, umgeblättert hat. Erst als die Kindergärtnerin den nächsten Klassiker ansagt, während sie ihr Instrument auf eine andere Tonart stimmt, bricht die Gruppe in einen herzigen Jubel aus, der jedoch sofort verebbt und wieder einer konzentrierten Stille Platz macht, als die Erzieherin milde lächelnd den Zeigefinger an ihre Lippen hält. Schließlich will niemand den Auftakt verpassen.

So stellt man sich das Singen und Musizieren im Kindergarten wohl vor. Oder hat zumindest ähnliche Bilder im Kopf, wenn es darum geht, nochmals in den eigenen frühkindlichen Erinnerungen zu kramen. Ich nehme mich davon keinesfalls aus. Das Klischee des munter trällernden Kindergartenkindes begleitete auch mich – bis ich in meiner Ausbildung das erste Mal mit einer Gruppe Fünfjähriger ein einfaches Lied einstudieren sollte. Ich kam an diesem Morgen schnell und schmerzhaft zur Erkenntnis, dass die oben beschriebenen Vorstellungen so gar nicht der Wirklichkeit entsprechen und vielleicht höchstens in jener dunklen Zeit erreicht wurden, als neben Singen, Zeichnen und gemeinsamem Spielen noch Rassenlehre auf dem Lernplan stand und der Tag mit einem Appell begann. Daraus resultiert, dass diese Vision eines Singkreises getrost als nicht erstrebenswert angesehen werden kann.

Das lässt sich jetzt nach Jahren der Erfahrung und in unzähligen Sessions geschändeten, eigenen Stimmbändern natürlich leicht verkünden. Aber wie hätte ich das als Jungspund der Kindergartenpädagogik wissen sollen? Mein musikalischer Leistungsausweis war bis dahin ziemlich ansehnlich. Ich erinnere mich an vier Jahre Mandolinenunterricht samt mehreren Konzerten mit einem Jugendorchester. Ich wusste mit einer besonders zittrigen Version des Lagerfeuerheulers »Das alte Haus von Rocky Tocky« zu brillieren, bis ich in der vierten Klasse ein älteres Mädchen sah, das bei einer Schulaufführung die Titelmelodie von »Pink Panther« auf dem Klavier klimperte. Ich verliebte mich auf der Stelle in die Mitschülerin. Oder in ihr Instrument. Wahrscheinlicher sogar nur in die Melodieabfolge des Pink Panthers.

Mit dem Mädchen habe ich mich jedenfalls nie verabredet, dafür aber meinen Eltern Klavierunterricht abgeschwatzt. Dieser wurde jeweils donnerstags in einem einsamen Häuschen am Waldrand von einem etwas unheimlichen Herrn erteilt, der mich pausenlos Tonleitern spielen ließ, um sich in der Zwischenzeit um seine bettlägerige Mutter im oberen Stockwerk kümmern zu können. Damit sich keine eitrigen Druckgeschwüre bilden konnten, wie er mir erzählte, während von oben eine krächzende Stimme seinen Namen rief. Das war nicht »Pink Panther«, das war einfach nur fatal für einen Jungen, der gekommen war, um kräftig in die Tasten zu hauen. Und so täuschte ich nach kurzer Zeit spontanes Erbrechen vor, indem ich vor dem Unterricht eine Mandarine verschlang, nur um sie auf dem Klo für meine Mutter gut hörbar wieder rauszuwürgen. Die Geräusche sowie der säuerliche Duft befreiten mich von meinen musikalischen Pflichten. Nach gut einem halben Jahr war Schluss mit Klavier und ich nahm dafür dankbar das alte Schlagzeug in Beschlag, das mein Vater angeschafft und im Keller aufgebaut hatte. Meine Eltern versuchten mir noch mittels Schlagzeuglehrer die Grundrhythmen näherzubringen, doch da hatte der räudige Rabauke Punkrock bereits das Fell der Basstrommel eingetreten und den Schlagzeughocker zerstört, indem ich die gerade neu entdeckten Hits von Slime, The Exploited oder den Misfits nachzuspielen versuchte. Zuerst allein, dann mit einigen Brüdern im Geiste sowie meinem leiblichen Bruder gemeinsam in diversen Bands. Aber nie mehr mit einem Lehrer im Rücken. Erst Jahre später, in meiner Ausbildung zum Kindergärtner, fand ich mich vor einer Lehrerin wieder, die mich in die Geheimnisse der Blockflöte einzuweisen versuchte und mir zeigte, wie man mit einem Holzxylofon singende Kinder begleitet. Sogar Chorunterricht stand auf dem Lehrplan, von welchem ich jedoch meistens befreit wurde. Als einzige männliche Singstimme der gesamten Schule war ich anscheinend nicht zu gebrauchen, um Musicalnummern einzustudieren. Jedoch hatte ich zu dieser Zeit bereits in verschiedenen Punkbands die Trommelstöcke gegen das Mikrofon getauscht und fühlte mich so absolut kompetent, als es galt, das erste Mal ein Lied mit Kindern einzuüben. Und so stellte ich mich vor die Gruppe, bewaffnet mit einer Blockflöte, ein paar einfachen Rhythmusinstrumenten und dem ehrgeizigen Plan, ein Herbstlied mit mehreren Strophen in die Köpfe und Herzen meiner Schützlinge zu tragen. Ich scheiterte grandios.

Zunächst musste ich erkennen, wie unnütz es war, das Blockflötespielen zu erlernen. Wer schon einmal probiert hat,

Flöte zu spielen und gleichzeitig zu singen, weiß, wovon ich spreche. Und das Mitsingen ist essenziell im Kindergarten. Denn Kinder singen aus genau zwei Gründen: zum einen, wenn die unterrichtende Person das Lied selbst ganz, ganz toll findet und dies auch zeigt, indem sie laut und motiviert mitsingt. Zum anderen, wenn die unterrichtende Person es für absolut unangebracht hält, gerade jetzt ein Lied anzustimmen. Zum Beispiel, wenn die Gruppe ein Museum besucht. Wenn die Lehrperson gerade mit der Schulbehörde telefoniert. Oder der Kindergärtner mit ernster Miene gerade Tadel verteilt.

Aus diesem Grund ist es wichtig, mit Kopf und Stimme beim Lied mit dabei zu sein. Ansonsten verebbt der Sangesquell schnell und peinliche Stille macht sich im Stuhlkreis breit, welche dann, eh man sich versieht, vom Schwatzen und Kichern der Kinder erfüllt wird. Man muss sich im Klaren darüber sein, dass man als Erzieher oder Kindergärtnerin in den ersten Singlektionen als Einziger oder Einzige zu hören sein wird, während die Kindergruppe dazu mit offenem Mund staunt und lauscht. In irgendeiner Form mitzusingen wird den Kindern nicht in den Sinn kommen. Da ist Scham fehl am Platz. Dazu kommt, dass man Text, Melodie und Instrument im Schlaf beherrschen muss. Jede Textunsicherheit, jeden falschen Ton, jede offen gezeigte Unsicherheit wissen die Kinder zu kommentieren. Sie lieben es, die Lehrperson ihre eigene tatsächliche Unzulänglichkeit bewusst werden zu lassen. So geht die Autorität, im wahrsten Sinne des Wortes, flöten.

Man erkennt also, es kann nicht schaden, wenn man das Lied selbst mag. Schon allein deswegen, weil man es unzählige Male mit den Kindern repetieren muss, wenn es irgendwann sitzen soll. Ansonsten werden die Eltern an der nächsten Aufführung mit ihren Smartphones zwar eine Reihe grinsender Kinder filmen können, aber auf der Tonspur nur das Stimmorgan des Erziehers grummeln hören, während dazu die Gitarre traurig vor sich hinschrammelt. Eine didaktische Regel besagt, dass es in der Einführungslektion, in der die Kinder das erste Mal mit dem Lied konfrontiert werden, acht bis zehn Wiederholungen braucht – egal wie unglaublich catchy der Refrain ist, egal wie herrlich die Powerakkorde auf der Klampfe dazu ertönen, egal wie lustig der Text des Liedes ist.

Als ich einmal während einer Lehrprobe, meine kritische Praxisbetreuerin im Rücken, zum wiederholten Mal ein Lied über hustende Regenwürmer anstimmen wollte, verdrehte Liselotte demonstrativ die Augen. »Du, Herr Deville. Mami sagt immer, wir sollen keine Regenwürmer anfassen. Die sind eklig. Warum müssen wir dann über Regenwürmer singen? Außerdem ist das Lied langweilig.« Geruckel auf den Stühlchen links und rechts von ihr. Hinter mir hörte ich, wie die Bleistiftspitze der Praxisbetreuerin auf dem Papier irgendetwas kräftig durchstrich. Ich beschloss, auf Konfrontationskurs zu gehen und an den Ehrgeiz der Kinder zu appellieren.

»Soso«, begann ich also. »Das Lied ist langweilig? Dann ist es zu einfach für euch?«

»Total einfach!«, antwortete Liselotte und sah sich in der Runde um. »Wir sind doch keine Babys mehr!«

Die anderen Kinder nickten zustimmend.

Jetzt hatte ich sie am Haken. Feierlich zog ich die Blockflöte aus dem Etui und hielt sie in die Höhe, wo sie einem Damoklesschwert gleich über den Köpfen der Kinder schwebte.

»Dann will ich doch mal hören, wie ihr das Lied ohne mich singt! Ich werde euch dazu auf der Flöte begleiten!«

Mit einem Johlen nahmen die Kinder die Herausforderung an. Ich sah Liselotte triumphierend an, die beleidigt die Nase rümpfte. Kaum hatte ich das Instrument an meine Lippen gesetzt und die ersten Töne gespielt, setzte die gesamte Kindergruppe mit Singen aus und sah mich mit großen Augen an. Liselotte hatte aus Protest nicht mitgesungen. Und sie war es, die den Text am besten konnte. So flötete ich einsam meine krummen Töne in die verstummte Runde. Meine kritische Betreuerin im Rücken wissend, versuchte ich prustend und mit einem Nicken die Kinder zum Wiedereinsetzen zu animieren. Doch stattdessen begannen die kleinen Satansbraten auf ihren Stühlen zu kichern und zu lachen. Einige ahmten pantomimisch einen anscheinend schielenden, Flöte spielenden Idioten nach. Ich konnte mir nichts länger vormachen: Die Sache war definitiv gelaufen. Liselotte blickte mich zufrieden an. Geschlagen ließ ich mein Instrument der Schande sinken und sah mich hilfesuchend nach meiner Praxisbetreuerin um. Diese hatte ihr Klemmbrett vors Gesicht geschlagen. Ihre zuckenden Schultern zeugten von einem Lachanfall. Das war's.

Trotz dieser ersten niederschmetternden Erfahrung war es mir wichtig, weiter im Kindergarten zu singen. Es gibt nichts, worauf ich mich morgens mehr freue, als einen Gassenhauer im Stuhlkreis zu schmettern. Ich finde es immer wieder spannend zu beobachten, wie während des Singens alle Kinder gleich werden, die naseweise Liselotte, die plappernde Aurelia oder der kaum zu bändigende Kevin. Wenn ein Lied so gut funktioniert und zur Gruppe, zur Situation, zum Thema passt, sind alle gleichermaßen dabei und können es genießen, eine verschworene, singende Bande zu sein, die dasselbe Ziel verfolgt: sich für ein paar Minuten mit Sang und Klang auszupowern. Da kommt sogar ein eher stiller Osim hinter seinem Ofen hervor, um im Refrain die Faust zu recken.

Um an diesen Punkt zu kommen, ließ ich das klassische Liedgut des Kindergartens bald links liegen und ging dazu über, eigene Lieder für die Gruppe zu schreiben. Wildere, lautere Lieder. Aber dabei einfachere, eingängigere. Da ich weder Noten schreiben noch lesen konnte, existierten meine Songs nicht auf Papier und so nur so lange, wie ich die jeweilige Kindergruppe unterrichtete. Die Lieder verschwanden am Ende des Jahres einfach mit den Kindern aus meinem Arbeitsalltag. Das war in Ordnung so. Denn zugegeben: Mein Œuvre beinhaltete nicht nur Knaller. Ich kann mich jedoch daran erinnern, wie einige Eltern unbedingt die Lieder zu Hause nachsingen wollten. So nahm ich die krakeelenden Kinder auf Kassette auf und vervielfältigte diese auf meiner Stereoanlage, indem ich sie mühsam mehrere Male überspielte. Hin und wieder wurden mir die Kassetten am Ende des Jahres wieder zurückgegeben – nachdem Eltern und Kinder eigene Lieder darauf aufgenommen hatten. Das war nach meinem Geschmack. Gelebte Selbermachkultur, zwar auf Kindergartenniveau. Aber besser als Regenwurmlieder auf der Flöte zu prusten, war es allemal.

Punkrock brach erst später in den Kindergartenalltag ein, als ich mit meinem besten Freund, den ich beim Jugendradio kennengelernt hatte, wo wir abends moderierten, eine neue Band gründete. Da wir von umständlichen Proben sowie lästigen Absprachen mit anderen Bandmitgliedern die Nase voll hatten, beschränkten wir uns darauf, als Duo zu agieren. Er sollte Gitarre spielen, ich Schlagzeug. Da er wie ich ausgebildeter Pädagoge war, einigten wir uns auf den idiotischen Namen »Failed teachers«. Instrumente hatten wir keine, so ließen wir sie uns von anderen Musikern schenken oder klauten uns zusammen, was in der Nähe von Proberäumen herumlag. Wir selbst hatten keinen solchen, aber mir fiel ein Ort ein, an welchem uns des Abends gewiss kein Nachbar oder Vermieter stören würde: den Kindergarten.

Wir hatten vor, nur ein paarmal zu proben, um dann erste Konzerte zu spielen. Mit unseren Vespas rauschten wir mehrmals wöchentlich über die nächtlichen Landstraßen, um im mitten im Dorf gelegenen Kindergarten ein paar Coverversionen bekannter Punkklassiker einzuüben. Nur einmal stand nachts plötzlich der Hausmeister der Schule in der Garderobe. Ich kann mich nicht mehr genau erinnern, was ich ihm erzählte, schwitzend und mit einer Dose Bier in der Hand, während das andere Mitglied der »Gescheiterten Lehrer« sich gerade auf einer Kiste Lego sitzend die blutig gespielten Finger ableckte. Jedenfalls ließ er uns weiter gewähren. Dank ihm gibt es die Band noch heute. Tagsüber ließen wir unser Instrumentarium im Kindergarten stehen, wo es die Kinder benutzen durften – soweit es der Lärmpegel zuließ. Diese Sessions brachten mich auf den Gedanken, in Sachen Kindergartenlieder ein wenig weiter zu gehen: Warum sollte ich mir mühsam irgendwelche Melodien für Kinderlieder ausdenken, die ich mir weder merken noch in irgendeiner Form niederschreiben konnte? Herrliche Lieder, die dadurch von Jahr zu Jahr dazu verdammt waren, in Vergessenheit zu geraten? Sollte ich nicht einfach bereits auf bewährte, bestehende Melodien zurückgreifen, die ich seit langer Zeit in meinem Punkerherzlein trug? Warum nicht einfach mit den Kindern die umgetexteten Klassiker der Punkrockgeschichte nachsingen?

Punkrocksongs sind im eigentlichen Sinne auch nur simple Kinderlieder. Einfach ein bisschen schneller gespielt, Strophe, Refrain, Strophe, Refrain, nochmals Refrain, und Schluss. Man denke nur an die rasend schnell gespielten Bubblegum-Hits der Ramones. »Sheena is a Punkrocker«, »Teenage Lobotomy« oder das beißend böse »The KKK took my Baby away«. Mit ihrem unzählige Male gecoverten Lied »Blitzkrieg Bop« haben sie es sogar in das große schwedische Modehaus geschafft, wo ihr unverkennbares »Hey, ho! Let's go!«-Bandlogo auf Kindershirts gedruckt zu finden ist. Ob die Eltern, die ihren Knirpsen ein solches Shirt überstreifen, schon einmal genauer auf die Texte der Ramones geachtet haben, wage ich zu bezweifeln. Geschweige denn, dass sie Kenntnis davon haben, aus was für Typen sich diese Band zusammensetzte: Junkies, Stricher, Waffennarren und einem starrsinnigen Erzkonservativen als Gitarrist. Aber genau das machte mir noch mehr Spaß: Menschen, die Punkrock nicht kannten, Kinderlieder unterzujubeln, die in ihrer ursprünglichen Form für eine anarchische, provokative oder zumindest rabenschwarz humorige Botschaft standen. Und so mottete ich die Blockflöte endgültig ein.

Doch eine Gruppe singender Kinder nur auf dem Schlagzeug zu begleiten, war auch nicht perfekt. Eine akustische Gitarre musste her, und auf dem Flohmarkt wurde ich fündig. Aber obwohl ich vor Äonen einmal Mandoline gespielt hatte, brachte ich auf der verstimmten Klampfe nur ein paar schräge Töne zustande. Mit dem berühmten musikalischen Grundsatz der Punkbewegung »Das ist ein Akkord. Das ist ein Akkord. Und das ist ein weiterer Akkord. Und nun geh und gründe eine Band!« nahm ich mir einen Nachmittag Zeit, um mir drei verschiedene Akkorde beizubringen. Nach zwei Akkorden gab ich auf, das war mir zu viel Gefummel am Griffbrett. Aber dann führte mich ein Freund in die Kunst des »Offenen D's« ein. Eine so gestimmte Gitarre klingt wie der bekannte Dreiklang, der in Schwimmbädern und Schulhäusern ertönt, um die Pause einzuläuten. Ding-Dang-Dong. Praktisch, wenn man gerade kein Stimmgerät dabeihat. Oder wie ich zwar ein Stimmgerät zur Gitarre umsonst dazu erhalten, aber verdammt noch mal keine Ahnung hat, wie man das Ding benutzt! Wer seine Gitarre auf ein offenes D stimmt, kriegt alles hin. Ich muss so nur einen Finger quer von unten über das gesamte Griffbrett drücken, um ihn dann munter von Bund zu Bund zu schieben. Die andere Hand muss dann nur noch hart über alle sechs Saiten schreddern, um einen perfekten Akkord nach dem anderen zum Erklingen zu bringen. Keine Fingerakrobatik, keine blutigen Kuppen und keine Sehnenscheidenentzündungen mehr. Perfekt. Auf diese Art und Weise lassen sich rund achtzig Prozent aller Pop-, Punk- und Rockhits der Sechziger, Siebziger und Achtziger nachspielen, während man sogar noch das Publikum im Auge behalten kann. Was lebenswichtig für Punkrocker sein kann. Und Kindergärtner. Tatsächlich gelang es mir mit dieser Technik bereits nach wenigen Minuten, einen Ramones-Song nachzuspielen. Flugs bastelte ich einen flotten Text über einen vegetarisch lebenden Piraten nach dem Smashhit vom Debütalbum der New Yorker Prä-Punker:

Pit der Pirat

(Nach der Melodie von »Beat on the Brat« von den Ramones)

Pit der Pirat, Pit der Pirat, Pit der Pirat
Mag gern Blattspinat
Oh Yeah! Oh Yeah! Oh, oh!

Pit der Pirat, Pit der Pirat, Pit der Pirat
Liebt auch Kopfsalat
Oh Yeah! Oh Yeah! Oh, oh!

Was soll er nur machen
Pit mag nur grüne Sachen
Doch hier draußen auf hoher See
Kommt nur roher Fisch
Auf seinen Mittagstisch

Pit stampft mit dem Holzbein
Ins Schiff glatt ein Loch rein
Und versinkt blubbernd im grünen Meer
Mit Maus, Mann und Maat
Jetzt hat Pit den Salat

Es folgte ein im Original atemlos dahingaloppierender, für seine damalige Zeit höchst provokativer Song der Hardcorepunks Dead Kennedys, den ich für meinen Kindergarten zu einer wilden Hymne auf Baustellenfahrzeuge umschrieb.

Mein Truck fährt ab

(Nach der Melodie von »Too drunk to fuck« von den Dead Kennedys)

Hier brummt ein Bagger
Dort summt ein Kran
Wir bauen hier die neue Autobahn

Doch das Stärkste
Das ich zu bieten hab
Steht da drüben
Es ist mein gelber Truck

Und mein Truck fährt ab. Jaja, mein Truck fährt ab
Mein Truck. Fährt ab
Mein Truck, mein Truck, mein Truck fährt ab

Ich hab den Schlüssel
Komm, steig mit ein
Ja so schön kann es nur auf dem Bau sein

Und mein Truck fährt ab. Jaja, mein Truck fährt ab
Mein Truck. Dein Truck
Heut wird's ein toller Tag in unsrem Truck

Die Kinder und Eltern reagierten äußerst positiv auf das neue Liedgut, begleitet von einer rotzig gespielten Gitarre. Und ich lachte mir dabei ins gereckte Fäustchen. Die Originalsongs hatten es schließlich textlich in sich, es war nur eine Frage der Zeit, bis irgendein Schulleiter mit Hang zu lauter Musik, eine Mutter mit wilder Vergangenheit oder der Kollege mit dem absoluten Gehör mir auf die Schliche kommen würde. Aber daran dachte ich zu dem Zeitpunkt nicht, es war um mich geschehen. Ich hatte endlich meinen Weg gefunden, meine Leidenschaft, meinen Way of Life mit meinem Beruf zu verbinden. Punkrock oder Kindergarten? Punkrock und Kindergarten!

Weg und heim geht's!

(Nach der Melodie von »Sex & Violence« von The Exploited)

Weg
Und heim geht's
Weg
Und heim geht's
Weg
Und heim geht's

Weg und heim geht's
Weg und heim geht's
Weg und heim geht's
Weg und heim geht's

Weg und heim geht's weg und heim geht's weg und heim geht's
Weg und heim geht's

We-e-e-e-e-e-e-e-g
Und heim
Heim geht's

We-e-e-e-e-e-e-e-g
Und heim
Heim geht's

Tschüss!

EIN WIRKLICH BÖSER GEBURTSTAGSCLOWN

ODER

ELTERN IM KINDERGARTEN (2)

»HERR DEVILLE, ICH HABE ANGST!« Sie sah mich mit einem fast entschuldigenden Blick an. Eigentlich dürfen diese Worte einen Kindergärtner nicht verunsichern. Seine Klientel, vier- bis sechsjährige Kinder, ist schließlich in einem ganz speziellen Alter. Das Kindergartenkind kann bereits seine Angst formulieren. Seine Nachtmahre sind nicht mehr einfach diffuse Schatten oder ungute Gefühle. Es hat schon eine genaue Vorstellung davon, wovor es Angst hat. Oder besser gesagt, wovor es Angst haben müsste – wenn seine Vorstellungen und Ausgeburten der Fantasie, Räuber, Geister, Gewitterhexen oder meinetwegen kinderfressende Kühe, der Realität entsprechen würden.

Das fünfjährige Kind vermag jedoch noch nicht klar zwischen Märchenwelt und unserer Welt zu unterscheiden – im Gegensatz zum zehnjährigen Schüler, der bereits genau weiß, dass es keine Blitze schleudernden Vampirwolken gibt, ist sich das Kindergartenkind da noch nicht ganz so sicher.

Überhaupt ist in diesem Alter noch alles beseelt und wird mit einer eigenen Persönlichkeit versehen. Stößt sich Aurelia den Kopf an der Tischkante, wird der gemeine, blutrünstige Tisch dafür verantwortlich gemacht und weinend beim Erzieher verpetzt. Und wenn der dann ein guter Erzieher ist, wird er das gemeine Möbelstück kräftig ausschimpfen und dafür sorgen, dass dieser an Aurelias Geburtstagsfest im Gang stehen muss – das hat er nun davon, der dumme, fiese Tisch! Das Kindergartenkind balanciert also stets hart auf der Kante zwischen Sein und Schein. Vergleichbar mit einem Hippie, der vorgestern LSD geschluckt hat und sich heute noch nicht ganz sicher ist, ob der Trip bereits vorbei ist. Da darf man sich auch mal unbegründet fürchten, dafür muss man sich nicht schämen. Deswegen vermag auch ein fünfjähriges Kind, seine Angst einfach so einzugestehen. »Herr Deville, ich habe Angst.« Das Kind weiß, dass Herr Deville keine große Sache daraus machen und diskret und effizient dafür sorgen wird, dass sich die empfundene Angst in Luft auflösen wird. Er ist schließlich Profi. Dafür ist er da. Nichts Besonderes also, könnte man meinen. Doch weit gefehlt. Bei der Person, welche mir da nach Unterrichtsende seine Angst eingestand, handelte es sich nicht um die fünfjährige Aurelia, sondern um deren Mutter!

Eine alleinerziehende Frau, etwa dreißig Jahre alt, die in einer Immobilienfirma arbeitete und, davon ging ich aus, mit beiden Beinen fest auf dem Boden der Tatsachen stand. Diese Frau stand nun vor mir, zwischen Hausschuhen und noch feuchten Kinderbasteleien, um mir ihre Angst zu beichten. Ich war perplex. Wovor sollte Aurelias Mutter Angst haben? In Sekundenbruchteilen fügten sich mögliche Puzzleteile in meinem Kopf zu einem bedrohlichen Szenario zusammen.

Alleinerziehend. Sicher etwas mit Aurelias leiblichem Vater. Hatte sie sich von ihm getrennt, weil er ein besitzergreifender Tyrann war? Oder gewalttätig? Gewiss Alkoholiker. Spielsüchtig eventuell. Vielleicht war er im Gefängnis und wurde nun entlassen. Die Folge: nächtliche Anrufe. Drohbriefe. Stalking per SMS. Womöglich wurden Aurelias Mutter Rasierklingen geschickt. Oder eine tote Ratte. Ganz sicher eine tote Ratte sogar. Ich konnte mich an einen Mafiafilm erinnern, in dem der Boss der Gang …

»Ich habe vor Ihnen Angst, Herr Deville.«

Bitte? Ich musste ein Gesicht gemacht haben wie jemand, der einen abgeschlagenen Pferdekopf im Bett vorfindet. Ich hatte das dringende Bedürfnis loszuwiehern. Stattdessen machte ich eine ungläubige Geste, indem ich mit beiden Zeigefingern auf mich selbst deutete und überrascht stammelte: »Angst? Vor mir? Aber wieso denn?«

Mama Aurelia blickte verlegen zu Boden. Anscheinend bereute sie es bereits, so offen zu mir gewesen zu sein.

Jedoch wollte sich bei mir kein Mitleid einstellen. Schließlich war ich es, der sich in einer verdammt miesen Situation befand. Vor meinem inneren Auge sah ich Mütter und Väter bei Kaffee und Kuchen zusammensitzen und sich über mich austauschen. »Herr Deville? Ja, der macht tolle Sachen mit unseren Kindern. Großartig. Dazu ist er ein sehr kompetenter Erzieher. Aber ehrlich gesagt, habe ich Angst vor ihm.«

Für Kindergärtner ist es nichts Positives, wenn man Angst vor ihnen hat – das unterscheidet uns von Mafiabossen. Für Kindergärtner ist absolutes Vertrauen unabdingbar – was uns wiederum mit Mafiabossen verbindet. Was also hatte ich getan, dass sich Vertrauen in Angst verwandelt hat? Ich versuchte, die vergangenen Tage und Wochen Revue passieren zu lassen. Aber mir fiel nichts Besonderes ein, was Aurelias Mutter hätte verängstigen können. Ein paar laute Lieder und wilde Kreisspiele gaben ja nun wirklich keinen Anlass, um elterliches Muffensausen zu erklären. Zumal sich Aurelia immer gerne daran beteiligt hatte.

»Ich habe ein wenig über Sie recherchiert, Herr Deville.«

»Recherchiert?«, hörte ich mich fragen.

»Ich habe mir erlaubt, Ihren Namen im Internet einzugeben. Und ich habe Dinge über Sie gelesen, die mich über Nacht wach liegen ließen. Ich bin mir nicht sicher, ob ich Aurelia weiter zu Ihnen in den Kindergarten schicken möchte.«

Das Internet! Trauriger Hort ungezählter in Bild und Ton festgehaltener Peinlichkeiten, persönlicher Ausrutscher und für intim gehaltene Intimitäten. In einem digitalen Datenfluss dahinplätschernde Schlüpfrigkeiten, die mit ein paar Klicks zu ihrer Quelle zurückverfolgt, daraus hervorgefischt und in unseren analogen Raum gezerrt werden können. Jederzeit. Für immer und ewig. Noch für unsere Kinder und Urenkel abrufbar. Für die gesamte Menschheit. Das Internet! Natürlich!

Ich versuchte mich daran zu erinnern, was man alles über mich im Internet finden konnte. Selbst hatte ich nicht mal einen eigenen Rechner, geschweige denn ein Smartphone. Meine übleren Eskapaden, meistens einhergehend mit Auftritten meiner Band – Raufereien, Nacktauftritte am Schlagzeug, öffentlicher Drogenmissbrauch sowie angedeutete sexuelle Handlungen mit Publikum und meinem Gitarristen –, wurden zwar hin und wieder fotografisch festgehalten, fanden aber selten den Weg ins Netz. Die meisten hatten auch vor der Zeit stattgefunden, in welcher jeder sein bescheuertes Telefon zum Filmen in die Höhe hält. Ich war zwar zu spät geboren, um den richtigen, echten Punk der Siebziger- und Achtzigerjahre noch erleben zu dürfen, aber immerhin zu früh, um mein ganzes Leben auf YouTube, Instagram oder Facebook wiederzufinden. Die wenigen verwackelten Filmchen und Bilder, die es von mir in pikanten Situationen zu bewundern gibt, sind schwer zu finden, da ich meistens unter meinem damaligen Punkernamen auf der Bühne herumturnte. Den ich hier nicht preisgeben werde. Das konnte Aurelias Mutter nicht meinen. Ich war überzeugt davon, dass sie mich verwechselte und ich sauber aus der Sache herauskommen würde. Und so schenkte ich ihr mein Ohr und meinen Schwiegersohnblick, als sie weitersprach.

»Ich finde es schrecklich, was Sie als Clown den Kindern antun. Das muss ich Ihnen ganz ehrlich sagen. Das ist einfach nur abscheulich.«

Ich war geliefert. Der Geburtstagsclown! Oder der »Evil Birthday Clown«, wie ich ihn getauft hatte. Für einen sehr guten Freund hatte ich vor einiger Zeit einen ganz besonderen Geburtstagsservice erdacht. Ich verkleidete mich als böser Zombieclown und verfolgte ihn über mehrere Tage bis zu seinem Ehrentag. In der Zeit schrieb ich ihm anonyme Droh-SMS, rief ihn zu nächtlicher Stunde mit verzerrter Stimme aus Telefonkabinen an, deren Nummern sich nicht zurückverfolgen ließen, und schickte ihm, man kann es ahnen, Pakete mit toten Ratten und Rasierklingen darin. Das Ganze war ein großes Spiel, das das Geburtstagskind wachhalten sollte. Eine Mischung aus dem Film »The Game« mit Michael Douglas und dem Bestseller »Es« von Stephen King. Mein Opfer hatte natürlich keine Ahnung, wer dahintersteckte. Ich ließ sogar eine Webseite erstellen, um den Eindruck zu erwecken, es handle sich dabei um eine wirklich existierende Firma, die diesen zugegeben etwas kranken Service anbietet. Der Aufwand war enorm, doch es lohnte sich: Mein Kumpel liebte den Nervenkitzel, Tag und Nacht von einem Horrorclown verfolgt zu werden, der nichts anderes im Sinn hatte, als dem Geburtstagskind persönlich zu gratulieren, indem es ihm eine Sahnetorte ins Gesicht pfefferte. Als ich ihn schließlich vor seinem Büro mit der Torte erwischte, war mein Freund sogar etwas enttäuscht, dass der Spaß bereits vorbei war. Seine euphorische Reaktion brachte mich auf eine Idee: Warum sollte ich den Evil Birthday Clown nicht real als Serviceleistung wildfremden Menschen anbieten? Gegen gutes Geld natürlich.

Ich ließ die Internetseite bestehen und wendete mich an eine Boulevardzeitung. Diese nahm das Thema gern auf. Anscheinend war ihnen mein Service aber noch nicht krass genug, und so schrieben sie den Artikel so um, dass der Eindruck entstehen musste, der Clown hätte es auf Kindergartenkinder abgesehen. Damit explodierte die Geschichte. Irgendwie schaffte es mein Geburtstagsclown in ein englischsprachiges Onlinemedium. Von dort verbreitete sich die Mär des Kinder jagenden Geburtstagsclowns rasend um die ganze Welt. Von Japan und Australien bis Südamerika wurde in Fernsehshows, Zeitungen und Webportalen über mich und meinen makabren Service berichtet. Mein Telefon klingelte ununterbrochen. Egal ob Washington Post, Londoner Metrozeitung oder russisches Frühstücksfernsehen: Alle wollten den Erfinder des Evil Birthday Clowns sprechen.

Anfangs fand ich die Angelegenheit noch lustig, fühlte mich gebauchpinselt, dass meine Schnapsidee weltweit Beachtung fand. Als dann jedoch neben unzähligen Interviewanfragen und sogar Bestellungen die ersten Drohmails hereinflatterten, wurde mir etwas flau im Magen. Inzwischen hatte ein findiger Blogger meine echte Identität und ein aktuelles Bild ausfindig machen können und, natürlich im Internet, veröffentlicht. Ich begann mir ernsthaft Sorgen um meine Reputation zu machen. Seltsamerweise schienen sich nur die Europäer daran zu stören, dass der Clown anscheinend kleinen Kindern zum Geburtstag auflauerte. Und dafür auch noch von den Eltern bezahlt wurde. In Amerika und Asien störte man sich daran kaum. Im Gegenteil: Ich bekam von dort massenhaft Anfragen von begeisterten Eltern, die einen Horrorclown für ihre Kinder ordern wollten. Inklusive nächtlicher Anrufe und Sahnetorte im Gesicht. Mehrere Male ließ ich den Horrorclown wirklich auf Geburtstagskinder los. Natürlich nur auf solche, die bereits ihre Volljährigkeit erreicht hatten. Vier von ihnen erwischte der Evil Birthday Clown mit einer Torte. Mindestens drei entkamen innerhalb der gesetzten Frist (sie bekamen die Torte frei Haus geschickt inklusive eines Shirts, auf das ich »I survived the Evil Birthday Clown« drucken ließ). Einer erwischte hingegen den Clown. Er verprügelte mich auf offener Straße, als er mich entdeckte. Kurzum: Es war ein großer Spaß für einen Sommer. Dann mottete ich mein Clownskostüm ein, beantwortete diesbezüglich keinerlei Anfragen mehr und ließ die Sache auf sich beruhen. The Evil Birthday Clown had left the building.

But not the Internet! Hier konnte man ihn noch mit zwei Klicks ausfindig machen. Und mit nur einem Klick mehr auch seinen geistigen Vater. Den Erzieher Dominic Deville. Ehrlich gesagt war ich erstaunt, dass mich der scheußlich grinsende Clown erst jetzt in meinem Berufsalltag einholte. Aber da war er nun! Nur – statt einer Sahnetorte schickte er mir eine aufs Äußerste besorgte Mutter, die drauf und dran war, meine pädagogische Laufbahn zu beenden. Mir war klar, dass ich nun jedes Wort mit Bedacht wählen musste, wollte ich mich nicht meines Kindergärtnerdiploms entzogen auf der Straße sitzend wiederfinden. Ich tat also genau das, was ich in so einem Fall immer tue, wenn jemand Angst hat – auch wenn es sich in diesem Fall nicht um ein Kind, sondern eine besorgte Mutter handelte: beruhigen. Erzählen lassen. Hinterfragen. Aufklären und Berichtigen. Schließlich verließ eine sichtlich erleichterte, wenn auch über meinen Humor den Kopf schüttelnde Frau den Kindergarten. Das nächste Mal traf ich sie, als sie Aurelia an deren Geburtstagsfest in den Kindergarten begleitete. Kurz überlegte ich, ob ich zur Begrüßung eine rote Clownsnase sowie eine orangefarbene Perücke aus der Verkleidungskiste anziehen sollte. Ich tat es nicht: Der Evil Birthday Clown sollte bleiben, wo er hingehört: irgendwo zwischen Sein und Schein, in den Weiten des Internets.

DIE QUADRATUR DES KREISES ODER TURNEN IM KINDERGARTEN

Es ist ein trüber Februarmorgen. Die Fenster vermögen den hohen Raum noch nicht mit genügend Tageslicht zu füllen, deshalb schlurfe ich zum Lichtschalter gleich neben der Türe. Unter meinen schneeweißen, etwas zu großen Turnschuhen quietscht der gebohnerte Boden, als würde ich mit jedem Schritt auf lebendige Mäuse treten. In meinem Kopf grölt Wolfgang Petry eine leicht abgeänderte Version seines größten Hits: »Das ist Wahnsinn! Warum schickst du mich in die Halle?«, und ein Chor besoffener Ballermann-Touristen stemmt Sangriaeimer in die Höhe und skandiert: »Halle, Halle, Halle!«

Wer erkennen will, dass man im Kindergartenunterricht nicht nur das einzelne Kind, sondern manchmal die ganze Gruppe als einzigen Organismus mit eigenem Willen und Seele begreifen muss, sollte eine Turnhalle aufsuchen. Es gibt keine bessere Örtlichkeit, um die entfesselte Urkraft einer zwanzigköpfigen Hydra namens Kindergartengruppe zu erleben und von ihr lernen zu können.

Die Turnhalle ist für das Kindergartenkind nicht einfach

nur ein großer Raum, sie ist eine gewaltige, mental nicht zu erfassende Leere. Eine Leere, die das Kind ausfüllen möchte. Mit Rennen, Springen, Schreien, Schubsen und Klettern. Kinder, die das erste Mal eine solche Halle betreten, empfinden diesen Schritt als Eintritt in eine neue, unbekannte Dimension. Natürlich, auch eine Wiese ist größer als ein Kinderzimmer. Ebenso ein Dorfplatz. Auf Letzterem gibt es jedoch gewisse Hindernisse und Regeln, etwa Autos, Passanten oder Verkehrszeichen, während Erstere in ihrer Weite beruhigend oder sogar erschöpfend auf ein Kind wirken kann. Turnhallen hingegen setzen eine bisher ungekannte Energie frei. Die weißen weit auseinanderstehenden Wände. Der spiegelnde, quietschende, leicht federnde und nach Wachs riechende Boden. Darauf die knalligen Strichmarkierungen, kreuz und quer, die das Kind förmlich mit sich reißen. Sowie das grelle Deckenlicht, das jede der vier Ecken dieses klar formulierten Bewegungsraumes perfekt ausleuchtet. Dazu eine Raumhöhe, die das Kind glauben lässt, automatisch höher springen und klettern zu können. Und über allem dieser herrliche Widerhall der eigenen Stimme, der spitzen Schreie, die man vor Freude oder Aufregung ausstößt, das Klatschen und Quatschen, das wie ein Gummiball gegen die Wände prallt, in alle Richtungen davonspringt, sich mit den anderen Lauten vereinigt und schließlich als Kakofonie die ganze Halle erfüllt.

Mit einem Knacken flackern die Leuchtstoffröhren an der Decke auf und tauchen die Turnhalle in weißes Licht. Ächzend stemme ich das in der Wand eingelassene Garagentor nach oben und betrete den Geräteraum. In einer Ecke stehen, müden Schlachtrössern gleich, zwei Barren. Daneben ein Wagen, auf dem sich bunte Gymnastikmatten stapeln wie dicke, quadratische Pfannkuchen auf einem Teller. Dahinter hängen farbige Stoffbänder an der Wand, auf einem Regal warten Dutzende verschieden große Bälle auf ihren Einsatz. Daneben stehen mehrere Langbänke aus Holz. Bis auf das leise Summen der Deckenlampen herrscht eine fast sakrale Ruhe. Ich schließe die Augen und genieße die Stille, solange es sie noch gibt.

»Dominic, die Kinder können sich doch sicher selbst umziehen, oder? Sind ja keine Kleinkinder mehr, oder? Puh, ist das staubig hier. Dass man hier Kinder Turnübungen machen lässt, verstehe ich nicht.«

Langsam öffne ich meine Augen. Marianne steht hinter mir. Ich muss mich nicht umdrehen, um zu wissen, dass sie jetzt die Nase rümpft und die Brille putzt, wie sie es immer tut, wenn sie nervös oder gestresst ist. »Du hast nicht zufällig etwas Musik dabei? Ich habe meine Enya-CD im Kindergarten drüben liegen lassen. Das heißt: Wahrscheinlich hat sie Kevin wieder irgendwo versteckt. Unmögliches Kind.« Marianne ist wohl vierzig Jahre alt und war bis vor ein paar Monaten noch in einer Bank tätig. Dann plagte sie ihr soziales Gewissen und sie beschloss, eine Umschulung zur Erzieherin zu machen. Da es überall im Land an Kindergartenlehrpersonen mangelt, hat man ein Programm ins Leben gerufen, um sogenannten Quereinsteigern den Weg in den Kindergarten zu ebnen.

Meiner Meinung nach ist dieser Weg eine gemütliche Rolltreppe. Nicht zu vergleichen mit dem beschwerlichen vierjährigen Aufstieg zum Gipfel der Pädagogik, den ich hinter mich bringen musste. Vorbei an tiefen Abgründen der immer wieder aufkeimenden Selbstzweifel. Unterwegs geschunden in unzähligen Praktika, in denen ich als noch fast halbwüchsiger Möchtegernerzieher geschliffen wurde, von Hunderten

Seiten Vor- und Nachbereitungen zu unzähligen abgehaltenen Unterrichtslektionen, von bloßer Hand abgefasst und in schweren Ordnern abgelegt, die man als Rucksack auf dieser Reise mitzuschleppen hatte. Obligatorische Arbeitseinsätze in sozialen Einrichtungen während der Ferienzeit sowie tiefgründige Diskussionen und eingehende Betrachtungen zu jedem Detail der didaktischen Geheimlehre mit der mitkletternden, mitstolpernden Seilschaft. In meinem Fall über zweihundert jungen Frauen, die mich nicht selten als Eindringling betrachteten.

Herrlich bequem erscheint mir dagegen die mehrmonatige Abkürzung, die Quereinsteigerinnen wie Marianne nehmen dürfen. Gespickt mit ein paar Praktikumswochen bei einem Profi des Fachs und ausgerüstet mit einem eleganten Laptop, in den sie in kurzen Sätzen ihre Berichte hacken kann. Zwar spricht nichts dagegen, dass ein Busfahrer, eine Kassiererin oder eben ein gescheiterter Punkmusiker der ideale Erzieher wird. Aber man muss dazu bereit sein, ein anderer zu werden. Kinder fordern den ganzen Menschen.

Marianne kommt aus einem Großraumbüro, in dem sie das Sagen hatte, und das sicher unter ihrem Management gut funktionierte. Doch mit diesem Management will sie auch den Kindergarten leiten. Aber während ein Großraumbüro zwar ein Kindergarten sein kann, kann ein Kindergarten nie ein Großraumbüro sein. Einen immer wieder quertreibenden Mitarbeiter kann man entlassen. Einen Kevin im Kindergarten nicht. Wenn ein Projekt im Büro nicht klappt, kann man die Schuld auf die Mitarbeiter schieben. Wenn ein Projekt im Kindergarten nicht klappt, kann man die Schuld leider nicht auf die Fünfjährigen schieben. Sondern immer nur auf die Kindergartenlehrperson.

Das will Marianne aber bislang nicht einsehen. Daher geraten ihre Lektionen eher etwas trocken und zu theoretisch – um es galant zu formulieren. Der Fehler liegt ihrer Meinung nach jedoch nicht bei ihr, sondern bei den Kindern, die schlecht gelaunt oder erzogen sind. Oder bei mir. Ich bin ihrer Meinung nach sowieso nur Kindergärtner geworden, weil es für mehr nicht gereicht hat. Sie hingegen hat den umgekehrten Weg genommen, von oben nach unten quasi. Aber freiwillig und zum Wohl der Kinder und der gesamten Welt. Darauf legt sie immer wieder Wert. Am meisten ärgert mich aber an Marianne, dass ich ihretwegen über meinen Werdegang tatsächlich nachdenke. Sie hat ja recht. Ursprünglich war es mein Ziel, Grundschullehrer zu werden. Doch meine absolute mathematische Inkompetenz und seit frühester Jugend zelebrierte Gleichgültigkeit allen naturwissenschaftlichen Fächern gegenüber hat mir einen Strich durch die Rechnung gemacht. Rein zufällig stieß ich auf die Möglichkeit, Vorschulkinder zu unterrichten, und entschied mich deshalb für den Beruf des Kindergärtners. Eine Entscheidung, die ich nie hinterfragt oder gar bereut habe. Bis Marianne kam.

Und an diesem Morgen also steht für Marianne Turnen in der Halle auf dem Ausbildungsplan.

Da helfe ich doch gern mit.

Also drehe ich mich um und lächle sie verständnisvoll an. »Klar habe ich Musik dabei. Habe ich doch immer. Enya habe ich zwar seit Längerem nicht mehr im Sortiment, aber dort hinten im Schrank sollte noch eine gebrannte CD von mir liegen.«

In dem Augenblick öffnet sich irgendwo im Gebäude eine Garderobentüre. Marianne hebt den Kopf und lauscht wie ein aufgeschrecktes Savannentier. Für ein paar Sekunden ist lautes Rufen, Singen und Geschnatter aus dem Raum dahinter zu hören, dann fällt die Türe wieder zu und verschluckt alle Geräusche. Dafür nähern sich jetzt über den langen Flur, der zur Turnhalle führt, tippelnde und trappelnde Füße. Ich erlöse Marianne aus ihrer Erstarrung, indem ich sie leicht am Unterarm berühre.

»Ich mache den Einstieg, du den Rest. Okay?«

»Natürlich. Ich habe schon Sportevents für Hunderte von Bankmitarbeitern organisiert. Das werde ich schon hinkriegen.«

Marianne hat ohne Zweifel ihre Fassung wiedererlangt. Dann wird die gläserne Schwingtüre aufgedrückt und die ersten beiden Kinder schlüpfen in die Halle. Ohne mich oder Marianne eines Blickes zu würdigen, beginnen Liselotte und Kevin wortlos rennend ihre Kreise zu ziehen. Wie zwei Satelliten auf ihrer Umlaufbahn. Still, stoisch und sinnlos immer im Kreis herum. Ihre kleinen Turnschlappen verursachen dabei ein klatschendes Geräusch, das von den hohen Wänden widerhallt. Wieder und wieder wird die Hallentüre aufgeschoben und weitere Kinder reihen sich in den Kreislauf ein, sie rennen, als wäre der Teufel persönlich hinter ihnen her.

In der Turnhalle werden die einzelnen Kinder zu einer einzigen Herde, zu einem einzigen Trieb, der von allen akustischen, visuellen, haptischen und olfaktorischen Reizen, die genau zu diesem Zweck künstlich an diesem Ort ausgelegt wurden, befeuert wird. Dem Trieb zu rennen, was das Zeug hält. Seltsamerweise habe ich noch nie ein Kind außer Atem gesehen. Im Gegensatz zum Kindergärtner, der diese Energie kanalisieren und sinnvoll nutzen muss. Dazu gilt es, alles

Wissen, alle Erfahrungen, die man im Laufe seines Lebens gemacht hat, über Bord zu werfen. Kindergartenkinder sind in der Turnhalle zuallererst einmal nur ein galoppierendes, vierzigbeiniges Wesen, das im Kreis rennt.

Ich gehe in der Hallenmitte in die Hocke und lasse mich von den Kindern umkreisen, wie ein Dompteur in der Arena. Marianne sieht mir mit vor der Brust verschränkten Armen kritisch dabei zu. Dann jedoch beginnt dieses feine Geflecht aus Bewegung und Raum auseinanderzufallen. Ein Kind beginnt urplötzlich die Richtung zu wechseln und läuft gegen den Uhrzeigersinn! Andere versuchen es zu fangen und rennen dazu ebenfalls in die Gegenrichtung. Atomen gleich kollidieren sie dabei natürlich mit anderen Kindern und lösen eine unkontrollierbare Kettenreaktion aus. In Sekunden hat sich die gerade noch nur von einem monotonen Getrappel erfüllte Halle in ein lärmendes Tohuwabohu verwandelt. Einige der Kinder erklimmen jetzt die Sprossenwand, um ihre Freunde von dort oben anzufeuern. Kevin hat es irgendwie geschafft, die Schaukelringe von der Decke herabzulassen, und versucht Osim dazu zu überreden, sich an ihnen nach oben ziehen zu lassen. Außerdem ergänzen nun eine Vielzahl an in die Halle rollenden Fuß-, Hand- und Tennisbällen die Szenerie. Aurelia und ein paar andere Kinder haben das ausbrechende Chaos genutzt, um das Tor zum Geräteraum aufzuschieben, hineinzuschlüpfen und die Regale leer zu räumen. »Halle, Halle, Halle!«, stimmt die bierselige Gesellschaft in meinem Kopf dazu wieder an.

Aus den Augenwinkeln kann ich erkennen, wie Marianne unmerklich den Kopf schüttelt. Ich könnte mir vor Ärger in meine klobigen Turnschuhe beißen. Da ich jedoch gelernt habe, dass man nichts in den Mund nehmen sollte, das von

Kindern angefertigt wurde, erhebe ich mich stöhnend aus der Hocke, setze die Trillerpfeife an meine Lippen und hole tief Luft.

Ich kann mich noch daran erinnern, dass ich, das erste Mal mit einer eigenen Klasse in der Turnhalle, staunend dem lärmenden Kreislauf zugesehen und dann versucht habe, mir durch Händeklatschen Gehör zu verschaffen. Erst nachdem ich mich heiser geschrien hatte, schenkte mir das energetische Wesen namens Kindergarten halbwegs seine Aufmerksamkeit, verlangsamte das Traben und blickte mich neugierig an.

»Macht einen Kreis! Nehmt euch bei den Händen und bildet einen großen Kreis!«, krächzte ich durch die Halle und deutete ausladend gestikulierend eine Kreisform an. Die eben noch stillstehende Gruppe stob nun wieder auseinander. Abermals erfüllte Lärmen und Rufen den Raum, als sich die Klasse neu zu formieren versuchte. Aber dazu waren einfach noch zu viele kleine Egomanen anwesend. Und so griff jedes Kind mit der einen Hand einen Lieblingsfreund, um mit der anderen alle anderen abzuwehren, die ihm zu nahe kamen. Das Resultat waren drei einzelne Kinder, die schmollend in einer Ecke standen, zwei bestenfalls als Ovale zu bezeichnende Gruppen, bestehend aus einmal vier sowie einmal drei Kindern, sowie ein paar in der ganzen Halle versprengte Zweierteams, die fragend die Köpfe in meine Richtung verdrehten, während ich versuchte, die Kinder abzuschütteln, die sich zwecks Kreisbildung an mich geklammert hatten.

Es braucht einiges, bevor eine Kindergruppe es schafft, in einer fremden Dimension wie einer Turnhalle einen Kreis zu bilden. Da wäre zuerst einmal Raumverständnis. Bis wohin kann man rennen? Nach wie vielen Schritten klatscht man gegen eine Wand? Was gehört eigentlich noch zur Turnhalle und was eben nicht mehr? Wo befindet sich die Mitte, das Zentrum? Also die Kinder erst einmal laufen lassen. Vielleicht zuerst einmal eine gemeinsame Laufrichtung anstreben, um ausgeschlagene Zähne und ausgekugelte Ellbogen zu vermeiden. Prima! Jetzt ein Zeichen vereinbaren. Ein gut und klar hörbares Zeichen. Also etwas, das lauter ist als ein verzweifeltes In-die-Hände-Klatschen. Eine Schreckschusspistole wäre gewiss geeignet, würde aber vermutlich bei den Eltern für Verständnislosigkeit sorgen. Bleibt nur noch die gute alte Trillerpfeife. »Trillerpfeifen sind was für Schiedsrichter oder sadistische Militärs!«, hat man noch Tage vorher verlauten lassen, aber dass man sich als Kindergärtner von einigen Idealen verabschieden muss, wird einem schneller klar, als man denkt. Hat man sich also überwunden und ein solches Instrument besorgt, übt man mit der Klasse, auf dieses passend zu reagieren. Zum Beispiel, dass man stillsteht, wenn es pfeift. Oder sich hinsetzt. Sich auf ein Bein stellt. Oder flach auf den Boden wirft. Wer es verpasst, kriegt noch eine Chance – dann fliegt er raus. Ich dachte zuerst, es sei eine gute Idee, das fehlbare Kind dazu zu verdonnern, den restlichen in der Halle umherrennenden Kindern das Signal zum Stillstehen zu geben. Großer Fehler: Beim nächsten Mal hörte natürlich niemand mehr auf die blöde Trillerpfeife, nur um selbst einmal die Oberpfeife sein zu können.

Nach ein paar Versuchen, in denen es auch die letzten Kinder geschafft haben, weder einfach weiterzurennen, noch sich im Geräteraum zu verschanzen, hat man den ersten Schritt Richtung Turnunterricht geschafft. Bevor man jedoch dazu übergehen kann, die Form eines Kreises nachzubilden, schlägt auch schon der Pausengong. Die Kinder stürmen aus der Halle in die Garderoben zurück. Hier gilt es nun zuerst einmal, Osims Socken und Aurelias Unterhemd zu suchen sowie Kevin darauf aufmerksam zu machen, dass er vielleicht zuerst die Hose und dann die Schuhe anziehen sollte anstatt umgekehrt. Und das auf kleinstem Raum, der im Gegensatz zur ausladenden Halle an einen Luftschutzbunker erinnert. Vergessen sind Spiel und Spaß. Raus. Nur raus jetzt. Der Kreis muss bis nächste Woche warten.

Vielleicht kann man sich an diesem kleinen Beispiel vorstellen, was für eine pädagogische Vorarbeit vonnöten ist, um einen etwas komplizierteren Geräteaufbau mit zwanzig Fünfjährigen zu bewerkstelligen. Genau das möchte aber Marianne an diesem Februarmorgen in Angriff nehmen. Doch dazu will die Meute erst einmal gebändigt werden. Die Trillerpfeife gellt durch die Halle. Sofort beruhigt sich das eben noch lärmende, kletternde und tobende Wesen namens Kindergarten. Die Kinder legen die eben noch umherfliegenden Bälle vor sich zu Boden, Aurelia schleicht aus dem Geräteraum Richtung Kreismitte und sogar Kevin hört damit auf, Osim an den Schaukelringen Richtung Decke zu ziehen.

Immerhin. Ich habe vor Marianne nicht versagt. Ich winke sie zu uns herüber. Vorzustellen brauche ich sie den Kindern natürlich nicht mehr. Und obwohl sie schon viele langweilige Stunden mit der Praktikantin zubringen mussten, freut sich die ganze Klasse und klatscht in die Hände. So sind Kinder. Außerdem macht ja wohl in einer Turnhalle einfach alles Spaß!

Als Erstes sollen mehrere Bewegungsstationen aufgebaut werden. Einfache Posten also, an denen sich die Kinder frei versuchen können. Die Klasse nach uns wird die Stationen ebenfalls benutzen und anschließend dafür wieder abbauen und wegräumen. So bleibt mehr Zeit in der Halle zum Turnen. Und wir sind für jede Minute dankbar. Das Umziehen in den Garderoben frisst auch nach einem halben Jahr noch viel Zeit und Nerven. Obwohl es sich bei unserer Klientel nicht mehr um Kleinkinder handelt.

»Darf ich um eure Aufmerksamkeit bitten?«, beginnt Marianne ihre Lektion und zaubert von irgendwoher ein schnittiges, metallenes Klemmbrett mit einem dicht beschriebenen Blatt Papier darauf hervor. »Ich möchte zuerst einmal die Regeln erklären, die bei mir gelten.« Marianne blickt nervös auf ihre Liste, die Kinder fragend auf Marianne. »Zu Beginn will ich drei Dinge klarstellen: Erstens: Heute bin ich der Chef. Nicht Herr Deville.« Jetzt blicken die Kinder unsicher zu mir. Ich nicke von der Seitenlinie aus bestätigend und deute auf Marianne. »Zweitens«, fährt die Tageschefin fort, »die Turnhalle ist kein Spielplatz. Und schließlich drittens: Es ist wichtig, dass heute alle Kinder etwas Sinnvolles lernen. Haben das alle verstanden?«

Osim gähnt, Kevin lässt sich nach hinten auf den Rücken rollen und dreht sich dabei wie ein Breakdancer aus der tiefsten Bronx. Aurelia erklärt Liselotte ihre Theorie über die verschiedenfarbigen Hallenbodenmarkierungen, die wiederum weiß alles besser. Marianne blickt verwirrt zu mir herüber. Ich nehme kurz Blickkontakt mit den paar Störenfrieden auf und es kann weitergehen.

»Kevin, möchtest du vielleicht mit Liselotte den Mattenwagen holen?«, fragt Marianne den kleinen Breakdancer, der jetzt, den Kopf auf die Hände gestützt, auf dem Bauch liegt und mit den Beinen ungeduldig über den Boden wischt.

»Nein. Nicht mit Liselotte.«

»Warum denn nicht?«

»Ich kann das allein.« Kevin setzt ein trotziges Gesicht auf.

»Das glaube ich eher nicht«, lacht die Praktikantin aus dem Großraumbüro und bereut diesen Satz sofort, denn Kevin springt auf und eilt in den Geräteraum.

»Ich kann es auch! Ich auch!« Schreiend folgen mehrere Kinder seinem Beispiel, worauf in kürzester Zeit im viel zu kleinen Geräteraum ein Treiben herrscht, das an einen Ameisenhaufen erinnert, nachdem man mit einem Stock darin herumgestochert hat.

Und während Marianne noch mit Osim in der Halle ausführlich darüber diskutiert, mit wem dieser etwas aufbauen möchte, sehe ich nach dem Rechten, um zwischen Schwedenkästen eingeklemmte Gliedmaßen, mit Malstäben ausgestoßene Augen und vom schweren Mattenwagen verursachte Plattfüße zu verhindern. Schließlich funktioniert der Aufbau doch irgendwie: Einer der Barren wird aus seinem Verschlag gerollt und in Position gebracht. Mehrere Kinder tragen gemeinsam eine Bank und sehen dabei aus wie zu kurz geratene Wikinger mit einem Rammbock. Tatsächlich stoßen sie während ihres gewagten Tragemanövers da und dort an. Putz bröckelt. Aber alles halb so wild – solange keine Fingerchen dazwischen sind, bin ich zufrieden. Schließlich wird der Mattenwagen erfolgreich von einem stolzen Kevin und drei Kumpanen angekarrt. Tennisbälle, die wir für ein Wurfspiel benötigen, werden bereitgelegt und ein Schwedenkasten wird aufgebockt, von dem die Kinder wilde Sprünge ausprobieren können. Nach zehn Minuten und gerade mal drei ermahnenden Zurechtweisungen von meiner Seite sind fünf Posten errichtet und fünf Vierergruppen gebildet worden. Beeindruckt schenkt mir Marianne zum ersten Mal ein dankbares Lächeln.

Dann legen wir los. Die Regeln sind einfach: Solange die Musik spielt, dürfen die Kinder in ihren Gruppen an den Posten frei turnen. Wenn die Musik stoppt, wechseln alle Gruppen zur nächsten Station. Wer sich nicht an die bekannten Verhaltensregeln hält, wird verwarnt – wer dann nochmals über die Stränge schlägt, gefressen. Los geht's! Marianne drückt die Playtaste der Musikanlage. Der hüpfende Beat von »Too much pressure« der Selectors scheppert aus den Boxen. Und der animiert die Kinder ungemein zum Mithüpfen. Es gibt nichts Besseres, um eine Turnstunde akustisch zu krönen, als guten, alten 2-Tone-Ska. Der Sound ist friedlich, aber nicht lasch, und verbreitet gute Laune. So wippt sogar eine Marianne mit dem Fuß im Takt.

Hier meine Top 5 der Turnhallensoundtracks:

5 Bad Manners: »Skinhead Love Affair«

4 The English Beat: »Mirror In The bathroom«

3 The Selectors: »On My Radio«

2 Madness: »One Step Beyond«

1 The Specials: »The Dawning Of A New Era«

Ich selbst nehme mich nun etwas zurück und beobachte meine Praktikantin, die jetzt wirklich unter »too much Pressure« zu leiden scheint. Marianne marschiert von Posten zu Posten und macht die Kinder ununterbrochen darauf aufmerksam, dass ihnen jetzt gleich oder zumindest nächstens da und dort etwas zustößt, wenn sie nicht aufpassen. Also »Du fällst gleich runter!« anstatt »Halt dich gut fest«. Oder »Das ist gefährlich!« anstatt »Versuch es mal vorsichtig«.

Bank statt Punk eben.

So geht es gute zwanzig Minuten lang. Der Beat hüpft aus den Boxen, die Kinder auf den Matten, Marianne schwitzt.

Schließlich ist es Zeit, um die Stunde zu einem Ende zu bringen. Die nächste Gruppe wartet schon ungeduldig im engen Turnhallengang wie eine Horde Stiere vor der Kampfarena.

In der Garderobe kommt Marianne dann nochmals gewaltig ins Schleudern. Während die älteren Kinder blitzschnell in Pullover und Hosen geschlüpft sind sowie ihre Turnsachen in den kleinen Rucksäcken verstaut haben, brauchen viele der jüngeren noch Unterstützung. Sei es, um eine Jeans zuzuknöpfen oder einen Pullover richtig herum überzustreifen. Osim verheddert sich hoffnungslos in seinem Unterhemd und stolpert hilflos durch die Garderobe, als würde er in einer Zwangsjacke stecken. Marianne ist vom Lärmpegel und der ganzen Situation überfordert. Schließlich denke ich, dass es nun genug ist mit Erfahrungensammeln, und helfe aktiv mit.

Irgendwann ist es geschafft und alle Kinder stehen auf dem Platz vor der Turnhalle, wo sie sich hungrig über ihre Pausenbrote hermachen. Da Kevins Vater wieder einmal vergessen hat, seinem Sohn etwas mitzugeben, und ich daher mit meinem Getreideriegel aushelfe, steht Herr Deville als Einziger ohne Zwischenmahlzeit da.

»Hier, nimm – sind zwar etwas trocken, aber dafür gut für die Verdauung.« Marianne steht neben mir und reicht mir ein paar Reiswaffeln.

Dankbar nehme ich an und so stehen wir gemeinsam in der Kälte nebeneinander und sehen den Kindern dabei zu, wie sie das Klettergerüst auf dem Spielplatz erklimmen. Ihre Energie scheint einfach niemals zu versiegen.

»Ich weiß nicht, ob ich jemals eine gute Kindergärtnerin werde«, sagt Marianne plötzlich.

Erstaunt höre ich auf zu kauen und blicke sie von der Seite an. »Das wird schon«, brumme ich ein bisschen verschämt. »Vertrau mir. Ich bin schließlich Profi.«

Lachend nimmt sie ihre Brille ab und beginnt sie zu polieren. »Ja, das merkt man. Danke für deine Hilfe heute.« Sie setzt die Brille wieder auf und schlägt ihren Jackenkragen hoch. »Aber falls es dir mal zu langweilig wird oder du mal ein bisschen mehr verdienen möchtest, komm zu mir.« Ich blicke sie verständnislos an. Marianne macht eine Handbewegung in Richtung der lärmenden Kinder. »So wie du mit Risiko-Obligationen umgehst, würdest du einen fabelhaften Banker abgeben.«

Statt einer Antwort grinse ich und stelle mir dabei vor, ein paar Investmentbanker in ihrem Großraumbüro umherzuscheuchen. Natürlich mit Trillerpfeife im Mund. Während über Lautsprecher the Specials plärren: »Working for the rat race. You know, you're wasting your time. Working for the rat race, you're no friend of mine!«

REGENBOGENFORELLE AUS DER HÖLLE ODER BILDERBÜCHER IM KINDERGARTEN

»BEI ALLER LIEBE – ICH WEIß NICHT, WIE ICH DIESE GESCHICHTE ERZÄHLEN SOLL.« Ein bisschen anklagend streckt mir die beste Schwiegermutter der Welt das Bilderbuch »Vom kleinen Maulwurf, der wissen wollte, wer ihm auf den Kopf gemacht hat« entgegen. Darin geht es um genau das, was der Titel verspricht. Frech gezeichnet und erzählt, von allen Kindern heiß geliebt und darum meiner Meinung nach ein moderner Klassiker unter den Bilderbüchern, der in jeden Haushalt gehört. Eine Meinung, die die beste Schwiegermutter der Welt, welche heute die besten Enkelkinder der Welt zu Bett bringen durfte und vorher entsprechend unterhalten wollte, offenbar nicht ganz mit mir teilt. »Ich finde es ein bisschen ...«, sie wägt ihre Worte sorgfältig ab, schließlich weiß sie, wie stolz ich auf meine Bilderbuchsammlung bin, »ein bisschen eklig. Aber eure Kinder lieben es anscheinend. Trotzdem: Ich konnte es nicht erzählen.« Entschuldigend zuckt sie mit den Achseln. Ich nehme ihr lachend das querformatige Buch aus den Händen.

»Warum hast du sie nicht einfach ein anderes Buch aussuchen lassen und ihnen dann das erzählt? Die beiden haben viele Lieblingsbücher. Und Auswahl gibt es ja genug.« Sorgfältig stelle ich das verschmähte Werk in das raumhohe Bücherregal zurück.

»Habe ich ja«, verteidigt sich die Schwiegermutter, »aber dann wollten sie dieses grausige Buch erzählt haben.« Mit spitzen Fingern zieht sie einen blutroten Einband aus dem Regal hervor, ein Werk, zwischen dessen Kartondeckeln eine junge italienische Künstlerin die Geschichte von Frankensteins Monster mithilfe von ausklappbaren Scherenschnitten präsentiert hat. »So was kann ich doch den Kindern nicht vor dem Schlafengehen erzählen.«

»Ach, das sind die gewohnt. Frankenstein macht ihnen keine Angst mehr«, erwidere ich abwinkend. Schließlich habe ich mein eigen Fleisch und Blut von klein auf positiv auf die Klassiker der Schauerliteratur konditioniert. »Aber erzähl ihnen doch das nächste Mal eines aus diesem Regal hier. Absolut harmlos. Aber großartig.« Ich gehe in die Hocke und zeige auf die gesammelten Werke meines absoluten Lieblingszeichners Tomi Ungerer, die auf einem der unteren Ablagebretter zu finden sind.

»Harmlos?« Meine Schwiegermutter sieht mich an, als hätte ich ihr soeben die satanische Bibel und American Psycho empfohlen. »Meinst du das Buch mit den Räubern, die kleine Mädchen verschleppen, oder die Geschichte mit dem Menschenfresser, vor dem sich alle Kinder in unterirdischen Höhlen verstecken müssen?«

»Also das mit der Nebelinsel oder dem Mann im Mond ist ja nun wirklich nicht gerade Horrorliteratur, oder?«, versuche ich mich und Tomi Ungerer zu verteidigen.

»Aber eben auch nichts für Kinder. Zum Glück habe ich dieses Werk hier noch gefunden.« Lächelnd hält sie mir ein dunkelblaues, mit Applikationen aus Glitzerfolie verziertes Bilderbuch unter die Nase, während ich noch immer in der Hocke liebevoll über die Buchrücken meiner Tomi-Ungerer-Sammlung streichle.

Der Anblick des Umschlagcovers trifft mich völlig unerwartet. Brüllend wie Dracula, dem ein geweihtes Kreuz entgegengestreckt wird, springe ich auf, halte mir die Hände schützend vor die Augen.

»Dominic, du übertreibst. Ich kenne kein Buch, das so von Kindern geliebt wird. Sogar deine finden es toll.« Schwiegermama sieht mich gespielt tadelnd an. »Und das obwohl keine Gruselmonster oder Hexen zwischen den Seiten lauern.«

Ich kann nicht fassen, was ich da höre. Unterdessen habe ich mich hinter dem Wohnzimmertisch verkrochen und blinzle vorsichtig hervor. »Du hast es ihnen erzählt? Dieses Bilderbuch?«

»Natürlich! Schließlich war es ja in deinem Regal zu finden.«

»Ja, aber nicht umsonst auf dem obersten Regalbrett! Damit es kein Kind oder sonstiges menschliches Wesen zu fassen oder, schlimmer noch, zu erblicken bekommt!«

Die Schwiegermutter nähert sich dem Tisch und hält mir das Buch entgegen. »Na, sag schon, Dominic, was hast du eigentlich gegen den Regenbogenf…«

»Sprich diesen Titel nicht aus! Nicht in meinen eigenen vier Wänden! Ich ertrage es nicht!« Ich hechte hinter meiner Deckung hervor, entreiße meiner überrumpelten Schwiegermutter das Buch über eine Freunde suchende Regenbogenforelle und lasse es hinter das Sofa fallen. Auf dass es dort im Hausstaub auf ewig vergessen wird.

Damit wir uns richtig verstehen: Ich liebe Bilderbücher. Seit ich ein kleiner Hosenscheißer bin, haben mich die gebundenen Bildergeschichten zu fesseln vermocht. »Wo die wilden Kerle wohnen«, »Die Menschen im Meer«, »Die dumme Augustine« oder die Vorläufer der heute so beliebten Wimmelbücher von Ali Mitgutsch. Das war der Stoff, aus dem Klein Dominic seine eigenen Geschichten gesponnen hat. Und immer noch spinnt. Stundenlang kann ich mich auf meinem Sofa fläzen und in einem guten Bilderbuch schmökern – auch wenn während meiner Adoleszenz Schallplattencover diese Aufgabe übernommen haben.

Dazu doch gleich die Top 3 der Plattencover, die mich am meisten begeistert haben.

3 Crass, »Christ/well forked«: Mit nachtschwarzem Leinen überzogene Box mit Collagenposter, eigener Zeitung und Schnickschnack. Düster. Provokativ. Alles selbst gemacht.

2 New Order, »Blue Monday«: Eine der meistverkauften Platten aller Zeiten. Doch in der Gestaltung derart aufwendig, dass die Band für jedes verkaufte Exemplar drauflegen musste. Das ist Punk!

1 Eagles, »Hotel California«: Selbst wenn ich die Musik verachtete: Was es da auf dem Cover für unheimliche Sachen zu sehen gab! Ein Gespenst! Einen satanischen Priester! Ein Zombiegesicht im Fenster!

Doch zurück zu den Bilderbüchern. Natürlich besitze ich das vermaledeite Buch, das meine Schwiegermutter bei mir entdeckt hat – schließlich bin ich Kindergärtner! Und auch wenn es jede Kindergartenlehrperson abstreitet, alle besitzen es. Das Buch mit dem Titel, den ich hier noch nicht einmal gedruckt sehen möchte, ist schließlich eines der erfolgreichsten Bilderbücher der Welt. Warum? Keine Ahnung. Langweilige Bilder, viel zu lange Story, in der nichts passiert, und eine altbackene Moral. Dieser glitzernde Fisch ist wohl eines der letzten Mysterien unserer Zeit. Ich selbst habe immerhin die Ausrede, dass ich das Buch nur besitze, da ich es verwende, um mich in meinem Bühnenprogramm darüber lustig zu machen. Nie, niemals wollte ich, dass meine eigenen Kinder oder meine Schützlinge im Kindergarten damit in Berührung kommen. Und nun ist es doch passiert. Durch eine kleine Unaufmerksamkeit und eine etwas zu schreckhafte Schwiegermutter hat sich der glitzernde Teufelsfisch doch in meiner Familie einnisten können. Schlimmer noch: Er hat meine Kinder anscheinend begeistern können. Und die nachhaltige Wirkung eines Bilderbuchs ist nicht zu unterschätzen.

Leserinnen und Leser, die nie dem Ruf der Pädagogik gefolgt sind, denken vielleicht, dass Bilderbücher nicht mehr sind als dünne Geschichten mit farbigen Illustrationen, die irgendwo in Osteuropa zwischen zwei Kartondeckel geklebt wurden. Ihnen möchte ich sagen: In den richtigen Händen und unter Beachtung von ein paar Richtlinien ist ein Bilderbuch nicht weniger als Breitwandkino für das Kindergartenkind!

Ich staune immer wieder, welche Wirkung ein sorgfältig ausgesuchtes und gut erzähltes Buch auf eine Gruppe fünfjähriger Rabauken zu entfalten vermag. Gewisse Bücher muss ich den Kindern immer wieder vorlesen. Aber Obacht! Erfahrene Eltern und Pädagogen wissen, dass sich das Kindergartenkind regelrecht an Wiederholungen weidet. Wenn man da aus Faulheit das erstbeste Buch aus dem Regal gezogen hat, kann es durchaus sein, dass man mehrere Wochen damit verbringen muss, langweilige Geschichten aus der Welt einer regenbogenfarbigen Forelle wiederzukäuen, weil die kleinen Zuhörer aus irgendeinem Grund ihren Narren daran gefressen haben.

Aus diesem Grund ein paar Tipps über den Umgang mit Bilderbüchern – für Eltern, Onkel, Tanten und natürlich Schwiegermütter:

Lass ruhig etwas Egoismus und Eigennutz in der Auswahl des richtigen Titels walten. Schließlich bist du ja dann die arme Sau, welche stundenlang mit verstellter Stimme und rollenden Augen den Kleinsten ein Erlebnis bieten wird, welches einen nicht unwesentlichen Einfluss auf ihre Sprachentwicklung und ihr Kunstverständnis haben wird. Such dir also ein Buch aus, das dir in der Thematik zusagt. Eine Geschichte, die du gern erzählst. Mit Bildern, die dir gefallen. Egal ob Hexen mit zu großen Füßen, ängstliche Wölfe, verliebte Piraten oder sich gegenseitig auf den Kopf machende Tiere – der Markt bietet für jeden Geschmack etwas.

Finger weg von Büchern mit viel Text! Ein Bilderbuch will in erster Linie erzählt und nicht vorgelesen sein. Je weniger Text, desto mehr Platz wird gewöhnlich den Bildern eingeräumt. Sind die Bilder eine Wucht, stört auf der Filmleinwand jede Zeile Untertitel.

Quatsch nicht zu viel! Du erzählst ein Bilderbuch und hältst keine Rede zur Lage der Nation – also lass die Bilder sprechen. Deine kleinen Zuhörer sollen Zeit haben, das Gesehene zu verarbeiten. Meistens wollen sie sogar selbst erzählen, was sie sehen. Im besten Fall erzählen sie dir das ganze Buch und du bist fein raus!

Stell auch mal Fragen zu den Bildern! Mach ein Spiel daraus: Wer sieht was? Wer kann erraten, was als Nächstes passiert? Wer hat schon einmal Ähnliches erlebt?

Du hast einen Kevin unter den Zuhörern? Lass hin und wieder Bewegungen in die Erzählung einfließen, welche zur Geschichte passen. Gehörst du zu den fantasielosen 95 Prozent der Menschheit, kannst du die Kleinen sinnlos auf und ab hüpfen oder einmal wie eine Schlange durchs Zimmer kriechen lassen. Das lieben sie. Aber vor allem werden deine Zuhörer so nicht allzu schnell hibbelig.

Falls du das Bilderbuch in mehreren Etappen erzählen willst oder musst: Vermeide sogenannte Cliffhanger. Du bist nicht das öffentlich-rechtliche Fernsehen, welches mit kruden Handlungssträngen ein übersättigtes Publikum bei der Stange halten muss. Unterbrich stattdessen deine Erzählung bei einem besonders prächtigen Bild und schöpfe nochmals aus dem Vollen. Und, nein – du summst dabei nicht die Abspannmelodie der Lindenstraße!

Hier eine kleine Liste außergewöhnlicher Bilderbücher, um die eigene Sammlung zu beginnen oder zu erweitern. Von mir erfolgreich an diversen Kindern getestet:

5 Matthias Picard: Jim Curious – Reise in die Tiefen des Ozeans. Riesige Schwarzweißbilder, ganz ohne Worte. Dafür mit 3-D-Brillen!

4 Juliet/Charles Snape: »Wer findet den Weg?« Tolle Labyrinthwelten im Großformat. Fesselt Kinder stundenlang und intensiv.

3 Tomi Ungerer: »Der Zauberlehrling«. Die geniale Umsetzung des Klassikers frei nach Gevatter Goethe. Da rappelt es im Zauberschloss.

2 Michael Escoffier: »Bitte aufmachen!« Eine Bildergeschichte so kurz und verrückt wie ein Ramones-Song.

1 Jan Pienkowski: »Pension zum ewigen Frieden«. Entgegenspringende Geister, Affenmonster und Aliens. Gerade so gruselig, dass es auch die beste Schwiegermutter der Welt verträgt!

IM WENDEKREIS DER KETTENSÄGE ODER WERKEN IM KINDERGARTEN

30. AUGUST 2013, 21:35

Vor wenigen Sekunden noch war der Saal in Dunkelheit getaucht und voller Lärm. Jetzt herrscht Totenstille. Spannung liegt in der Luft. Ein einzelner Lichtkegel durchschneidet die Finsternis und lässt den Mann mit dem löchrigen Totenkopfshirt auf der Bühne geblendet die Augen zusammenkneifen. Applaus brandet auf.

Der Mann dort oben bin ich. Ich sitze auf einem viel zu kleinen Holzstuhl, den ich aus dem Kindergarten geklaut habe. Bevor ich etwas sagen kann, fängt das Publikum an zu lachen und zu johlen. Das verwirrt mich. Ich kenne diese Bühnennummer inzwischen in- und auswendig. Ich habe sie geschrieben und gewiss schon Dutzende Male zur Aufführung gebracht. Aber dass an dieser Stelle gelacht wird, ist ungewöhnlich. Die Nummer ist durch. Die letzte Pointe ist mit wieherndem Gelächter goutiert worden und dann sind wie geplant die Lichter ausgegangen, um mich und die Bühne in der Dunkelheit zu verschlucken. Dann der Applaus, ein einzelner Scheinwerfer schält mich wieder aus der Schwärze heraus und die Zuschauer freuen sich still auf den nächsten Geschichtenauftakt, die nächste Pointe. Aber dass sie an dieser Stelle lachen, ist neu. Und es verunsichert mich. Ich möchte die Situation gern mit einem markigen Spruch klären, aber meine Stimme versagt. Ich bringe kein Wort heraus. In meinen Ohren rauscht es. Meine Hände zittern. Und das ist nun wirklich eigenartig, denn ich befinde mich in der Mitte meines Bühnenprogramms – Nervosität verspüre ich zu diesem fortgeschrittenen Zeitpunkt eigentlich nie. Noch eine Stunde vorher war ich ein Nervenbündel, verfluchte mich und meinen Drang, mich immer und immer wieder in den Mittelpunkt stellen zu müssen. Wenn ich Lampenfieber habe, hasse ich jeden, der meinen Weg kreuzt: den Bühnentechniker, die Veranstalter, den Agenten, dem ich den Auftritt in diesem Kaff zu verdanken habe, und vor allem diesen angeberischen Typen im Garderobenspiegel, der vorgibt, ein großer Künstler zu sein. Dabei ist er nur ein ehemaliger Kindergärtner, der sich offenbar für nichts zu schade ist. All das geht mir durch den Kopf und lässt mich übellaunig und nervös werden – aber eben vor der Aufführung. Bevor sich der Vorhang hebt und die Leute voller Spannung und Vorfreude zu klatschen beginnen.

Dann donnert »California über alles!« der Dead Kennedys aus den Boxen, ich stürme auf die Bühne und werfe mich ins gleißende Licht. Meine Todessehnsucht und Zerstörungsfantasien sind augenblicklich wie weggeblasen und ich liebe meinen Job, das Publikum im Saal und vor allem mich selbst. Jetzt aber, so kurz vor der Pause, einen Lampenfieberschub zu bekommen, ist höchst ungewöhnlich. Und warum fällt mir gerade nicht mehr ein, wie es in meinem eigenen Programm jetzt weitergeht? Ist das ein Blackout? Und merken die Leute unten im Parkett mir meine Verwirrtheit an? Lachen sie deswegen? Wie lange sage ich eigentlich schon nichts mehr? Und habe ich die Herdplatte zu Hause ausgemacht? Hallo? Irgendwas stimmt heute Abend nicht. Etwas ist gerade grässlich schiefgegangen. Scharf schneidet der Lichtkegel weitere Details aus dem Dunkel der restlichen Bühne. Meine Requisiten. Ein paar bunt bemalte Holzkisten aus dem Baumarkt. Eine schäbige Gitarre, die danebenlehnt. Am Boden ein Triangel. Achtlos hingeworfen. Und nur wenig von mir entfernt: eine Kettensäge.

Ich spüre, wie mein linkes Bein anfängt zu zittern. Da ich weiß, dass man im Scheinwerferlicht jede noch so kleine Bewegung sehen kann, stütze ich mich jetzt mit den Ellbogen auf die Oberschenkel und versuche so, das blöde Bein ruhigzustellen. Jetzt ändert sich schlagartig die Stimmung im Saal. Die Lacher verstummen. Durch den Scheinwerfer geblendet kann ich die Zuschauer zwar nur erahnen, aber ich höre, wie sie zischend die Luft einziehen. Dann bricht sich ein aufgeregtes Raunen durch die Reihen Bahn. Ich blicke an meinem linken Bein herunter und stelle halb erstaunt, halb belustigt fest, dass meine enge Jeans vom Knie an in Streifen herabhängt. Dann sehe ich das dunkle Blut, das durch die Fetzen quillt, auf den Boden tropft und sich dort mit einer Bierlache vereinigt. Geschockt und nicht recht bei Sinnen ziehe ich die Überreste meines Beinkleids ein wenig zur Seite und habe nun einen Logenplatz inne, um auf meinen grob filetierten Unterschenkel zu blicken. Tiefe Fleischwunden, mehr gerissen als geschnitten, ziehen sich bis über meinen Fußknöchel hinweg, der bleich und blutig zwischen dem ebenfalls zerfetzten Turnschuh hervorlugt. Aus dem dunklen Zuschauerraum tauchen jetzt Personen auf, die zu mir an den Bühnenrand eilen. Ich aber erhebe mich von meinem Stuhl. Jetzt bin ich es, der lacht. Wenn auch eine Spur zu grell. Ich kann wieder reden, und ein sinnloser Wortschwall ergießt sich aus meinem Mund. Keine Ahnung, was ich da plappere, aber hey, »the show must go on!«. Plötzlich steht der Bühnentechniker neben mir. Sein Gesicht ist aschfahl. »Ich dachte, das gehört zum Programm!«, stammelt er. »Verdammt! Du wirst verbluten!« Ich lasse mich von ihm widerstandslos hinter die Bühne ziehen, wo ich an der cremefarbenen Flurwand zu Boden rutsche. »Scheiß Schwan«, schießt es mir noch durch den Kopf. Dann wird mir schwarz vor Augen.

FRÜHLING 1983

Wütend und enttäuscht blickt der siebenjährige Junge mit den von Karies zerfressenen Zähnen und der Prinz-Eisenherz-Gedenkfrisur auf den unförmigen grünen Gegenstand in seinen Händen. Soeben hat er das alte, festungsähnliche Schulgebäude verlassen, in dem er die zweite Klasse besucht. Sein Lehrer ist ein kurz vor der Pensionierung stehender Pädagoge. Immer akkurat in Anzug und Krawatte gekleidet, ist er zwar bei seiner Klasse beliebt, scheut sich aber nicht davor, hin und wieder mit seinem massiven Siegelring am Finger Kopfnüsse zu verteilen. Fürs Schwatzen, Hausaufgabenvergessen oder dafür, dass man nicht auf der richtigen Seite die Treppe hinunter, oder hinaufläuft. Die Schule ist soeben zu Ende gegangen. Die Kirchenglocken läuten ihr katholisches Lied der ehrlich verdienten Mittagspause. Der Junge bin ich.

Und das hässliche Ding in meinen Händen ist das Resultat mehrerer Stunden Arbeit im Werkunterricht. Die Summe meiner ganzen Schaffenskraft sozusagen.

Ich bin erst vor einem Jahr mit meiner Familie aus München in die Schweiz gezogen, von wo mein Vater stammt und wo er nach Jahren im Ausland eine vielversprechende Stelle als Architekt annehmen konnte. Meine etwas vorlaute, deutsche Art macht mir in der kleinen Vorstadtgemeinde den Schuleinstieg nicht leicht. Außerdem bin ich ein Träumer, den Kopf voller fantastischer Geschichten, die von Rittern, Gespenstern und Wikingern handeln, und die ich in unserem großen Garten zu Hause auslebe oder bei Regen auf dem Wohnzimmerteppich mit Playmobilfiguren nachspiele. Das Fantastischste, das mir der strenge Lehrer anzubieten hat, ist seine gigantische Sammlung von Engeln, die in allen Formen und Materialien in Regalen im Schulzimmer Staub ansetzen. Immerhin ist es ihm wichtig, uns das Alte Testament in all seinen blutigen und grausamen Details näherzubringen. Löwengruben, altägyptische Plagen, brennende Dornenbüsche, blutrote Meere und sprechende Schlangen – das ist nach meinem Geschmack und ich sauge die Geschichten wie ein Schwamm auf.

Ansonsten geht es im Unterricht um Themen, die mich so gar nicht interessieren und die ich durch dick aufgetragene Lügengeschichten und Prahlereien auf dem Schulhof wieder auszugleichen versuche. Auch mein eigenartiger Dialekt, eine krude Mischung aus Schweizer- und Hochdeutsch, vorgetragen mit einer gellenden, nervenden Stimme, meine kleine Statur und meine schwarzen Vorderzähne tragen nicht dazu bei, mir viele Freunde zu machen.

In meinem Wunsch nach Anerkennung verkünde ich eines

Morgens der versammelten Klasse, ich würde mich in der großen Pause von der acht Meter hohen Kletterstange in die Tiefe stürzen. Nur mit einem aufgespannten Regenschirm als rettende Fluggerät. Eine ähnliche Geschichte habe mich kurz zuvor in einem Buch von Erich Kästner gelesen. Dort springt der Protagonist von einem Dach, bricht sich dabei ein Bein, und wird anschließend von seiner Klasse für seinen Mut gefeiert. Ein fairer Lohn für ein paar gebrochene Knochen, wie ich für mich ausmache. Als ich dann aber wirklich dort oben sitze, den Regenschirm aufgespannt, und auf die tief unter mir stehenden Schüler nicht nur meiner Klasse, sondern der gesamten Schule blicke, verlässt mich der Mut. Und so beschwichtige ich die ungeduldig rufende und feixende Meute und mahne zur Geduld. Ich müsse mich noch sammeln und die Götter um Beistand bitten, so wie ich es aus dem Alten Testament gelernt habe. Schließlich endet die große Pause und der Schulhof leert sich. Meine enttäuschten Zuschauer verlassen die Vorstellung. Aus Scham und Höhenangst traue ich mich nicht mehr hinunterzuklettern und bleibe allein auf dem hohen Gerüst zurück. Ich fühle mich wie der angekettete Prometheus, dem die Raben bei lebendigem Leibe die Gedärme aus dem Körper reißen. Außerdem fängt es an zu regnen. Immerhin habe ich einen Schirm dabei. Die große Show endet damit, dass mich Lehrer und Hausmeister gemeinsam aus luftiger Höhe evakuieren, was zwar spektakulär anzusehen ist, aber meine miese Street Credibility nicht verbessert: Ich bin unten durch.

Wie groß ist meine Freude, als der Himmelsboten sammelnde Lehrer erklärt, in den nächsten paar Stunden Werkunterricht dürfe jeder ein eigenes Projekt verwirklichen. Begeistert stürze ich mich in die Arbeit. Ich habe vor ein paar

Wochen eine Anleitung in einer Zeitschrift entdeckt, nach der man eine prächtige Ritterrüstung basteln kann. Die einzelnen Schritte habe ich mir gemerkt, und nun sehe ich den richtigen Zeitpunkt gekommen, um diese in die Tat umzusetzen. Die Mädchen in meiner Klasse, die den Werkunterricht nicht besuchen dürfen und stattdessen Stricken und Nähen lernen, würden Augen machen, wenn ich als Furcht einflößender Raubritter in güldener Rüstung aus der Asche meiner Pausenhofpleite emporsteigen würde.

Während also die anderen in langweilige Laubsägearbeiten vertieft sind, mache ich mich motiviert daran, den Helm zu fertigen. Die Ausführung erscheint mir simpel. Einen Ballon auf etwa Kopfgröße aufblasen, Zeitungen in Streifen reißen, Kleister in warmem Wasser anrühren, Zeitungsstreifen darin schwenken und mit Schwung auf den Ballon pappen. Trocknen lassen, Ballon zum Platzen bringen, Helm in Form schneiden, golden bemalen, Federbusch aufkleben und dann gen Walhalla in den Sonnenuntergang reiten. Erschwert wird mein Projekt jedoch dadurch, dass ich das Basteln mit Kleister hasse. Ich kann mich kaum dazu überwinden, meine Hände in die eklige, langsam erkaltende und nach Fisch riechende Soße einzutauchen, um die Papierstreifen darin zu tränken. Dadurch kleben die Zeitungsfetzen nicht richtig. Immer wieder rutschen so ganze bereits angepappte Flächen von dem aufgeblasenen Ballon, und ich muss wieder von vorne anfangen. Die Bündchen meines Pullovers werden hart und spröde von dem getrockneten Kleister und meine Haare beginnen sich langsam, aber sicher zu verkleben. Der Lehrer meidet von Anfang an meinen Arbeitsplatz. Ich nehme an, aus Sorge um seinen Anzug. Viel lieber wendet er sich Roman zu, einem meiner wenigen

Freunde. Dieser verfügt anscheinend über ein ausgesprochenes Talent in Sachen Holzverarbeitung. Sein durchaus ehrgeiziges Projekt ist es, für seine kleine Schwester einen Schaukelschwan aus Sperrholzplatten zu bauen. Einen richtigen Schaukelschwan! So richtig zum Sichreinsetzen und Losschaukeln! Lächerlich. Wie es sich für einen guten Freund gehört, versuche ich Roman von diesem irrsinnigen Plan abzubringen, der in seiner Umsetzbarkeit meiner Meinung nach in ähnlichen Sphären anzusiedeln ist wie der Sprung mit Regenschirm von einem Klettergerüst. Stattdessen versuche ich ihn dazu zu ermutigen, sein Talent und seine Zeit in etwas Sinnvolles, etwas wirklich Brauchbares zu investieren, eine Ritterrüstung aus Karton und Fischkleister zum Beispiel. Doch Roman lässt sich nicht von seinem Plan abbringen und zu meiner anfänglichen Verwunderung und späteren Verärgerung nimmt der aus Holzplatten gesägte Schwan von Stunde zu Stunde feinere Gestalt an, während ich verzweifelt versuche, verklebte, nach Fisch stinkende Zeitungsfetzen an einem Ballon anzubringen. Meine Arbeit zieht sich auch deshalb hin, weil ich immer wieder pausieren muss, um die gerade geklebten Schichten trocknen zu lassen.

Um es kurz zu machen: In der Zeit, die wir für das Projekt haben, schaffe ich es knapp, von der prächtigen Rüstung gerade mal den Helm fertigzustellen. Und dieser passt mir nicht einmal, da der Ballon sich nach und nach unter der Kleisterschicht zusammengezogen hat, bis er schließlich auf die Größe eines Handballs zusammengeschrumpft ist. Als ich ihn schließlich bemalen will, klärt mich mein Lehrer auf, dass die Schule leider nicht über die Farbtöne Gold, Silber oder Bronze verfüge. Da ist mir bereits alles egal. Ich will die Sache nur noch zu einem Abschluss bringen und bemale mein Werk trotzig in der erstbesten Farbe, die ich kriegen kann: Grün.

Während in der Abschlusspräsentation die Klasse staunend vor dem in einem strahlenden Weiß bemalten Schaukelschwan steht, Roman auf die Schultern klopft, gratuliert man mir grinsend zu meiner selbst gemachten, verschrumpelten Melone, die nach Fisch stinkt. Und deren Grün nach und nach auf meine Hände und Kleider abfärbt. Nach der Schule wird Roman von seinen Eltern mit dem Auto vom Unterricht abgeholt. Der hölzerne Schaukelschwan, das herrliche Geschenk an seine Schwester, muss schließlich irgendwie nach Hause geschafft werden. Meine Mitschüler und ein sichtlich stolzer Lehrer, eine Zigarette rauchend, stehen neben dem Auto und kommentieren lauthals das Spektakel, als der monströse Schwan im Fahrzeug verstaut wird. In diesem Moment schwöre ich mir, nie mehr einfach zu basteln, sondern stattdessen mit Werkzeug für Ruhm und Ehre zu arbeiten. »Scheiß Schwan!«, flüstere ich und kicke den hässlichen Melonenhelm gegen die nächste Wand, wo er aufplatzt und dann eiernd in den Rinnstein rollt.

Winter 1988

Die Lehrerin steht mit offenem Mund vor dem fertigen Gebilde aus Holzbalken und verschraubten Vorhangschienen, das vor ihr aufragt. Zack! Erschrocken zuckt sie zusammen, als der stolze Erbauer dieser schwarz bemalten Konstruktion einen versteckten Hebel betätigt und ein metallenes Fallbeil mit bösem Zischen niedersaust. Die Klasse staunt und drängt sich um die beeindruckende historische Hinrichtungsapparatur, während sein Schöpfer danebensteht, Fragen beantwortet und den Lohn seiner Arbeit genießt. Endlich Anerkennung. Der Junge, der da in einer Projektwoche eine voll funktionstüchtige, knapp zwei Meter hohe Guillotine gebaut hat, bin ich.

Ich habe die Schule gewechselt und eine Klasse wiederholt. Mit neuen Zähnen im Mund, aber den noch immer gleichen abenteuerlichen Ideen im Kopf, mache ich mich daran, mich neu zu erfinden, eine verwegenere Version meiner selbst zu kreieren: Ich habe die Musik entdeckt.

Bislang hat sich mein musikalischer Horizont auf den halben Meter Schallplatten im elterlichen Wohnzimmer beschränkt. Und obwohl dort einige Perlen wie Roxy Music, Kraftwerk oder The Police zu entdecken waren, bildet das erste Dreigestirn meines selbst entwickelten Musikgeschmacks nicht etwa »We will rock you« von Queen, »Helter Skelter« von den Beatles und »School's Out« von Alice Cooper, wie das die meisten Leute von sich zu behaupten pflegen, sondern »Live is life« von Opus (immerhin Rockmusik im weitesten Sinn), »She's got the Look« von Roxette (immerhin Stachelfrisuren und Lederjacken) und »Orinoco Flow« von Enya (immerhin nicht Rex Gildo). Danach werde ich glücklicherweise auf die Österreicher der Ersten Allgemeinen Verunsicherung aufmerksam, die mit ihren bitterbösen Texten über atomverstrahlte Kleinkinder und sadistische Kerkermeister eine Idee von Punk in meinen Kopf pflanzen. Mein erstes Konzert ist dann auch eines der anarchischen Musikgruppe mit ihren spektakulären Bühnenshows. Riesige über die Bühne tanzende Skelette, ein Pinguinballett und dramatische Schießereien zwischen verfeindeten Mafiabanden. Ich bin beeindruckt. Das ist laut, das ist groß, das ist unverschämt. Das ist mein Ding – also Schluss mit Basteln, Geschichte wird gemacht. Und da stehe ich nun neben diesem Monstrum aus Holz und Metall und lasse die Klinge auf vielfachen Wunsch der Klasse nochmals an den Vorhangschienen nach unten sausen. Die Schüler johlen, die Lehrerin schüttelt den Kopf. Ich grinse. Jetzt bin ich der Typ mit der Guillotine. Nimm das, du scheiß Schwan! Zack!

Sommer 1991

»Let me go on like I blister in the sun! Let me go oooo-on! Big hands, I know you're the one!« Aus einem bemalten und mit Stickern beklebten Kassettenrekorder tönen die Violent Femmes durch die flirrende Hitze, begleitet von einem fräsenden Geräusch. Ein magerer Teenager in zerrissenen Jeans, hohen Armeestiefeln und schwarz gefärbten, in alle Richtungen abstehenden Haaren führt dazu einen wilden Tanz auf. Das Vorhängeschloss, das er um den Hals trägt, schlägt ihm dabei auf die schmale Brust. In den Händen hält er eine knatternde Kettensäge. Tanzend nähert sich der Junge mit dem brachialen Werkzeug einem hölzernen Verschlag im hinteren Teil des zugewucherten elterlichen Grundstücks. Mit einem gellenden Kampfschrei tritt er die bereits in den Angeln hängende Türe des Schuppens ein und lässt die Kettensäge ihr lärmendes Werk beginnen. Der Junge mit der Säge bin ich.

In Gestalt einer von einem Freund für mich mit den Hits der Toten Hosen bespielten Kassette ist vor einem Jahr der alte, schon leicht nach Verwesung riechende Onkel Punkrock in mein Leben getreten. Und ich habe ihn dankbar aufgenommen, ihm ein Glas Bommerlunder angeboten und ihn gebeten zu bleiben. Von da an ist »Ein kleines bisschen Horrorshow« zu meinem Lebensmotto geworden. Clockwork Orange, billiger Eierlikör und gewagte Experimente mit verschiedenen Haarfärbemitteln läuten zu den krachenden Songs der Einstürzenden Neubauten, Sex Pistols, TNT und Exploited eine neue Zeitrechnung für mich ein. Meine Eltern beobachten meine frische Ausrichtung in Sachen Mode, Kultur und dazugehörigen Klangerzeugnissen zwar nicht mit Sorge, aber mit einer Portion gesunden Misstrauens. Mein Vater sieht sich genötigt, mir eines Abends zu eröffnen, dass er die Punks, ihre Musik und ihre Attitüde nie so richtig verstanden habe, ja, dass er sogar diese Jugendbewegung ziemlich bescheuert finde. Ich grinse zufrieden unter meinen gerade in einer schmerzhaften Prozedur bei einem Damenfriseur zu einem strohigen Vogelnest ausgebleichten Haaren hervor. Darauf merkt er an, dass er sich jedoch sicher sei, dass dies nur eine kurze rebellische Phase in meinem und somit auch seinem Leben sei, die nun halt gemeinsam zu erdulden und zu ertragen sei. Er sollte sich gewaltig irren. Zu meiner nun im Zimmer stehenden Guillotine gesellte sich ein selbst gebauter und mit rotem Stoff ausgeschlagener Sarg, in dem ich zu schlafen pflegte. Zwar ist es eng und unbequem, aber für die nach oben verdrehten Augen meiner Eltern und die anerkennenden Blicke meiner Punkerfreunde bin ich bereit, einiges in Kauf zu nehmen.

Einem Freund baue ich in meiner Freizeit einen mittelalterlichen und abschließbaren Pranger. Er hat Geburtstag und ich will ihm damit meine Zuneigung beweisen. Da dessen Eltern jedoch eine weit konservativere Einstellung an den Tag legen als meine Erzeuger, findet das sperrige Präsent seinen Platz ebenfalls in meinen eigenen vier Wänden, womit mein Zimmer nun erschreckend einem Dominastudio gleicht, wie mir meine Mutter erklärt. Als ich sie vor meinen Freunden frage, woher sie das so genau wisse, habe ich Ruhe vor ihr. Sie belässt es dabei, meine Punkshirts immer wieder »versehentlich« zu heiß zu waschen, sodass vom oftmals provokativen Aufdruck kaum noch etwas übrig bleibt.

Bald geben meine Eltern es auf, mir meinen Punk madigmachen zu wollen. Schließlich unterstützen sie mich sogar, indem sie unsere Band im Keller proben lassen. Meine Mutter ist es schließlich, die uns in einer Probenpause den Bandnamen »Größenwahn« verleiht und somit meine Vorschläge wie »Silentium« oder »Kaffeekränzchen« gnadenlos ausbootet. Mit meinem zwölfjährigen Bruder am Schlagzeug und drei Freunden aus meiner Punkerclique an Bass und Gitarren machen wir in der folgenden Zeit die Jugendheime, Tiefgaragen und Wohnzimmer in unserer Umgebung unsicher. Da ich bis auf eine als für unseren Sound als unbrauchbar empfundene Mandoline kein Instrument spielen kann, darf ich als Sänger unsere tiefgründigen Hits wie »Waffenwahn«, »Heckenschützen«, »Psychotyp« oder »Braune Schatten« in ein Kindermikrofon bellen. Als Höhepunkt jedes Konzerts hole ich hinter der Bühne ein riesiges, aus Latten zusammengenageltes Hakenkreuz hervor, das ich zu unserem krachenden Liedgut auf der Bühne zerdeppere. Für mich eine mehr als hohle, symbolische Handlung, schließlich bin ich im letzten Winter von einer Gruppe Naziskins aufgrund meiner aktuellen Haarfarbe durch die Stadt gejagt worden. Mir ist nichts passiert, aber ich habe meine Haare in ein weniger auffälliges Schwarz umgefärbt.

Jetzt aber sind Sommerferien. Um im Proberaum unter ohrenbetäubendem Krach stumpfe, aber für uns unglaublich wichtige Parolen zu schreien, ist es zu heiß. Außerdem haben mir meine Eltern Gartenarbeit aufgebrummt, quasi als Gegenleistung für das Beschlagnahmen des Hobbykellers. Dazu gehört das Niederreißen des alten Hühnerstalls im hinteren Teil des Grundstücks. Zu meiner Freude hat mein Vater kürzlich eine Motorsäge erstanden und erlaubt mir nun, damit zu Werke zu gehen. Nach dem Rasenmähen in der glühenden Hitze ist es schließlich so weit: Im Schatten der hohen Bäume starte ich zunächst den Kassettenrekorder und dann die Kettensäge. Ein maschinelles Knurren und Knattern erfüllt den Garten. Verängstigt nehmen die Nachbarskatze, die sich auf den von der Sonne aufgeheizten Gehwegplatten zusammengerollt hat, und ein paar verschreckte Hühner Reißaus. Während ich das kettenbewehrte Sägeblatt durch das morsche Holz der schäbigen Hütte fräsen lasse, spüre ich genau, dass nun auch ich endlich ein Instrument gefunden habe, mit dem ich noch viel Spaß haben werde. Nicht nur bei der Gartenarbeit. Die Violent Femmes und der Lärm meines nun zum groben Werkzeug verlängerten Arms bilden den Soundtrack zum Niedergang des Holzverhaus, der mich in eine Wolke aus aufgewirbeltem Hühnerkot und Sägespänen einhüllt. Dazu stelle ich mir vor, anstatt des Stalls einen strahlend weißen Schaukelschwan zu zerlegen. Ich grinse diabolisch und lasse die Säge wieder und wieder niedergehen, bis die Kette qualmt und kreischend nach einem Tropfen Öl verlangt. Scheiß Schwan, elender!

Sommer 1995

Der junge Mann mit der auffälligen, knallrot gefassten Plastikbrille sieht noch einmal in die Runde, welche sich an diesem kühlen Morgen auf dem brachliegenden Bahngelände eingefunden hat. Neben rund zwanzig angehenden Kindergärtnerinnen, die entweder ängstlich die Hände vor den Mund geschlagen haben oder mit verschränkten Armen ein mitleidiges, vielleicht sogar ein wenig verächtliches Gesicht machen. Zwei ältere Frauen mit großen, selbst entworfenen Ohrringen und Pullovern aus erdfarbenem Strick ergänzen die Szenerie. Während die eine der beiden eine brennende Fackel in der Hand hält, macht die andere sich daran, eine mannshohe aus Holz und Pappe gebaute Kabine mithilfe eines Pinsels mit einer hochentzündlichen Substanz zu beschmieren. Als sie damit fertig ist, nickt sie dem in freudiger Erregung grinsenden jungen Mann in silbernem Schutzanzug zu. Dieser setzt die Brille ab und stülpt sich einen mit feuerfester Folie überklebten Helm über den Kopf. Sein Gesicht kann man hinter dem verspiegelten Visier nur noch erahnen. Unter dem leisen Schnurren einer Videokamera und dem angstvollen Aufstöhnen des Publikums betritt er nun durch ein Türchen die hölzerne Box. Nachdem sich die Türe hinter ihm geschlossen hat, nickt die Frau der Fackelträgerin zu, die mit wenigen Schritten bei dem schrankähnlichen Aufbau ist. Die Videokamera hält nun fest, wie sie kurz zögert, nochmals zur anderen Frau und dann in die Kamera blickt. Ein unsicheres Lächeln huscht über ihr Gesicht. Dann fasst sie sich ein Herz und hält die lodernde Fackel an das

Kabinett. Überraschenderweise dauert es ein paar Sekunden, bis sich die Paste entzündet. Dann aber frisst sich das Feuer rasend schnell um die Konstruktion und lässt den hölzernen Aufbau in Flammen aufgehen. Im Schein des lodernden Feuers, das schwarzen stinkenden Rauch in den morgendlichen Himmel entsendet, rücken die angehenden Kindergärtnerinnen näher zusammen und zählen gemeinsam die Sekunden. Die Frau mit dem Pinsel in der Hand schüttelt dazu ungläubig den Kopf und sieht dann an sich herab. Neben ihr steht ein Feuerlöscher. In zwei Minuten wird sie ihn einsetzen. Sie stimmt mit den anderen ein, die bereits die Sekunden zählen.

Der junge Mann im brennenden Kabinett bin ich. Und die dramatische Inszenierung am stillgelegten Bahndamm gehört zu meiner Abschlussarbeit. Ich habe die letzten drei Jahre das »Seminar für Kindergärtnerinnen« besucht. Während dieser Zeit war ich der einzige männliche Student. Dadurch erschien es den Verantwortlichen wohl übertrieben, den Briefkopf, das Messingschild am Eingang des herrschaftlichen Hauses und die eigene Konditionierung in Genderfragen zu überdenken. Erst nach meinem Abschluss wurde die Institution geschlechterneutral zum »Seminar für Kindergartenlehrpersonen« umbenannt. Ob es dann endlich über eine eigene Herrentoilette verfügte, entzieht sich leider meiner Kenntnis. Neben Pädagogik, Psychologie und Didaktik wurde in der Ausbildung großen Wert auf die Unterrichtung in diversen musischen Fächern gelegt. Darunter Werken, das handwerklichen Arbeiten mit diversen Materialien und Werkzeugen. Mit den beiden Fachlehrerinnen, die viel später mein hölzernes Refugium nach einigem Zögern in Brand setzen sollten, verstand ich mich sogleich blendend. Ihr Grundsatz »Im Kindergarten wird nicht gebastelt, es wird gewerkt!« fiel bei mir auf fruchtbaren Boden und wirkte sich ungemein lindernd auf mein Holzschwan-Trauma aus. Im Unterricht wurde geklotzt und nicht gekleckert. In den schwül-heißen Kellern des Instituts wurden die angehenden Kindergärtnerinnen und der eine Kerl, der sich anscheinend hierherverirrt hatte, dazu angehalten, im Feuerschein der Brennöfen Eisenstangen zu schweißen, Verbindungen zu löten, Hölzer zu schleifen, Dachlatten zusammenzuhämmern, Naturlehm zu kneten, Bastseile zu drehen, Hanf sowie Schafwolle zu spinnen, diverse Naturmaterialien fein zu klopfen, um daraus Farbpigmente zu gewinnen, mit denen dann zu meditativer Musik auf das Papier gemalt wurde, das man natürlich vorher selbst nach altjapanischer Tradition schöpfen musste. Ich wundere mich noch heute darüber, dass wir nicht noch in eigens dafür angelegte Bergwerkstollen hinabsteigen mussten, um unsere eigenen Bleistiftminen herstellen zu können. Unsere Werklehrerinnen kannten kein Pardon. Aber es galt schließlich, uns Adepten der Kindergartenpädagogik stark zu machen. Für die Welt außerhalb der Keller und Werkstätten. Eine Welt, in der noch immer die Begriffe »Kindergarten« und »Basteln« Synonyme sind für »süß, nett, gefällig, gut gemeint«. Womit ein ganzer Berufszweig abgewertet wird. Was sich übrigens noch heute in Sachen Lohn und Ansehen auswirkt. So wurden meine Mitstreiterinnen und ich in den düsteren, unterirdischen Gewölben des Kindergärtnerinnenseminars zu Kämpfern für das Neue. Weg von den immer und immer wieder in unzähligen Kaffeepausen kopierten Arbeitsblättchen und Ausmalvorlagen. Weg von den gefalteten Fröschen, Schiffchen und Fliegern aus chlorgebleichtem Schreibpapier. Weg von den aus dünnem Karton ausgeschnittenen, mit Glitzerstaub beklebten Weihnachtssternen, die dann irgendwann einmal in der Adventszeit traurig in den Fenstern des Kindergartens baumeln, die fünf akkuraten Zacken abgespreizt wie die Gliedmaße eines erhängten Strauchdiebes. Vor allem aber weg von den Erwartungen der Eltern an herzige und praktische Basteleien, die die Kinder vom Kindergarten nach Hause bringen. Die Eltern sollten sich gleich vom ersten Kindergartentag, an dem wir, die Erleuchteten aus den Kellern, das Sagen hatten, daran gewöhnen, dass es in Zukunft düster aussehen würde. Sofern es darum ging, dass die Kinder etwas Gefälliges, Selbstgemachtes aus dem Unterricht mitbringen. Etwas, was sich weiterverschenken, an Omas Grab stellen oder so wunderbar auf der Anrichte einstauben lässt. Nein, bei uns sollte es rein gar nichts zum Mitbringen geben, dafür aber eine Menge zu erzählen! Wie wird Mutti staunen, wenn Kevin stolz erzählt, dass er mit der Nagelpistole Osims Hosen an die Wand gepinnt hat! Wie wird Papi anerkennend die Augenbrauen heben, wenn Aurelia wortreich und im Detail darüber berichtet, wie man aus Ton einen Sarkophag geformt hat, um den am Straßenrand aufgefundenen Hasen zur letzten Ruhe zu betten? Natürlich nachdem man ihm wie die alten Ägypter mit einem zurechtgebogenen Kleiderbügel durch das Nasenloch das Gehirn entnommen und ihn anschließend mit Stofffetzen, aus dem Altkleidercontainer geklaute Herrenhemden, zur Mumie gewickelt hat! So kann wirkliches Lernen stattfinden. Das Kind will nicht basteln, das Kind will erfahren, will reißen, kneten, klopfen, schmieren, bohren, erschaffen und wieder zertrümmern. Es will werken. Wenn am Ende irgendetwas dabei herauskommt, noch klebrig von Farbe, scharfkantig und roh – wunderbar, heim damit! Wenn nicht, noch besser. Die Farbflecken auf Liselottes neuem Shirt und das Pflaster an ihrer Stirn sagen genug aus und sollten den Eltern völlig reichen. Die besten Partys sind schließlich immer die, auf denen man nicht war. Das war es, was uns eingetrichtert wurde, Stunde für Stunde, während wir unsere Hämmer niedersausen und Töpferscheiben kreisen ließen und der Blasebalg dazu schnaufend und ächzend die Glut in den Brennöfen auflodern ließ. Genau wie das Feuer, das sich für diese Ideen in meinem Herzen entfachen ließ.

Und obwohl mir der Werkunterricht in dieser Form zusagte, sah ich meiner Abschlussarbeit mit Furcht entgegen. Neben allen zugestandenen Freiheiten im Umgang mit Materialien und Werkzeugen, neben allen Appellen, weder genügsam beim Erschaffen noch furchtsam beim Zerstören zu sein, legten unsere Lehrmeisterinnen ein besonderes Augenmerk auf Materialsorgfalt, Technik und Beherrschen des Werkzeugs. Ganz nach dem Motto: Um die Regeln zu brechen, musst du sie kennen. Und das war nun überhaupt nicht mein Ding. Hatte ich eine Idee, musste sie sofort und ohne Rücksicht auf Verluste umgesetzt werden. Egal wie das Resultat aussah. Hauptsache, die Sache war abgehakt und ich hatte den Kopf frei für neue Dinge. Sorgfältiges Arbeiten war nie mein Ding. Ich hatte es nie für nötig befunden. Damals mochte ich nur schnelle, einfache, laute, rohe Ideen. Ideen wie Punkrocksongs. Bamm! Hier kommt es und ist schon wieder weg – Hauptsache, es hat wehgetan. Nichts zu danken und auf Wiedersehen.

Bei der Abschlussarbeit galt jedoch nicht nur die Idee, sondern auch das daraus resultierende Objekt. Der Arbeitsprozess und das Ergebnis mussten säuberlich dokumentiert und präsentiert werden. Und wurden ebenso von den Werklehrerinnen bewertet. Mir war klar, dass ich spätestens dann mit empfindlichen Abzügen zu rechnen hatte. Falls meine Schöpfung überhaupt die ersten paar Stunden unbeschadet überstehen sollte. Ich hoffte also darauf, dass wenigstens das vorgegebene Thema mir entsprechen würde. Um es kurz zu machen: Ich wurde bitter enttäuscht. Vielleicht noch mehr als ein Jahr zuvor. Damals hatten meine Mitstudentinnen, meine Schwestern im Geiste, für das Klassenlager das Thema »Die Urkräfte der Frau« erkoren.

Das Thema der Abschlussarbeit vermochte mich ähnlich zu begeistern: »Meine Hülle, meine Hülse, meine Haut«. Das war so unglaublich weit weg von Pogo, Lärm und Kettensägen wie Kindergarten von Zenbuddhismus. Ich musste zu einer List greifen. Eine List, die das anschließende Ausstellen der Arbeit obsolet machte. Einfach weil es nichts mehr auszustellen gab. Schnell landete ich bei der Idee des reinigenden Feuers. Somit hatten sich die Bibelstunden in den ersten Schuljahren schon mal gelohnt. Daraus entwickelte ich das performative Konzept einer symbolischen Häutung. Ich wollte einen hölzernen, nach allen Seiten hin geschlossenen Paravent zusammenzimmern, der meine Haut oder Hülle darstellen sollte, mich hineinbegeben und dann das ganze Ding vor versammelter Lehrerschaft abfackeln. Die verkohlten Überreste würde ich anschließend gemeinsam mit einem darüber gedrehten Videofilm ausstellen. Dazu »Search and Destroy« von Iggy Pop auf Dauerrotation über Lautsprecher. Genial!

Zwei Drittel der zur Verfügung gestellten Zeit gingen drauf, um den ganzen Humbug schriftlich zu dokumentieren und zu begründen. Denn kannst du es begründen, hat es eine Berechtigung. Es waren zwar mehrere Gespräche mit meinen

Lehrerinnen nötig, um meinen Plan in die Tat umsetzen zu dürfen, doch am Ende bekam ich grünes Licht.

Mehr schlecht als recht baute ich mir aus Sperrholz und Karton das zwei Meter hohe Kabinett. Um dem Thema noch etwas mehr zu entsprechen und emotional aufzuladen, gestaltete ich die vier Wände mit Symbolen der Verletzlichkeit, der Abwehr. Schwarze Farbe, rostige Nägel, allerhand Schrott und mein Hang zu allem Postapokalyptischen lieferten den nötigen Effekt. Ein Anruf bei der örtlichen Feuerwehr und eine Flasche Wein verhalfen mir außerdem zu einem ausgemusterten Schutzanzug samt Helm, der dazu verwendet wurde, um Menschen aus brennenden Autos zu bergen.

Schließlich war der große Tag gekommen. Meine Mitstudentinnen schleppten ihre geschnitzten, geklebten und genagelten Arbeiten aus den Kellern ans Licht, um sie in den dafür zur Verfügung gestellten Räumen und Gängen sorgfältig zur Benotung aufzubauen. Ich hingegen verlud mein Sperrholzhäuschen mithilfe des grummligen Hausmeisters auf einen Trecker mit Anhänger. Bereits auf der kurzen holprigen Fahrt drohte das grob zusammengenagelte Konstrukt auseinanderzubrechen. Ich war heilfroh, dass es in kurzer Zeit nur noch ein Haufen Asche und verschmolzenes Metall sein würde. Unmöglich zu identifizieren. Aber vor allem unmöglich zu benoten. Nach einer Stunde war die Szenerie auf einer Brache aufgebaut und der Hausmeister in Sachen Kameraführung instruiert worden. In der Mittagssonne wartete ich schwitzend in meinem silbernen Overall und dem Helm unter dem Arm auf die Ankunft meines Publikums.

Und so stehe ich nun da in einem sargähnlichen Gebilde,

das gerade von einer Lehrerin in Brand gesetzt worden ist. Bereits in den ersten Sekunden rinnt mir unter dem feuerfesten Helm der Schweiß über das Gesicht. Die Flammen um mich herum tosen und zischen wie wütende Schlangen, die sich an meiner Schutzausrüstung die Zähne ausbeißen. So weit, so gut. Hundert Grad, aber die Frisur hält. Mehr zu schaffen macht mir jedoch der Rauch, der durch die aufgetragene Farbe aufsteigt und mein kleines lauschiges Refugium füllt. Ich muss husten und frage mich, warum mir eigentlich keine Sauerstoffmaske zum Schutzanzug gereicht wurde. Aber zu spät, ich muss da jetzt durch. Zwei Minuten und dann wird meine Arbeit unter Löschschaum begraben werden. Ich halte die Luft an. Grüne Flammen lecken mir über das Visier. Die Hitze ist nicht schmerzhaft, aber trotzdem fast unerträglich. Dazu die Enge meines selbst gebauten Gefängnisses. Jetzt bemerke ich, dass ich vergessen habe, die Sekunden zu zählen. Wie lange stehe ich schon in diesem Selfmade-Krematorium? Dreißig Sekunden? Eine Minute? Oder länger? Die Dunkelheit, die Hitze und das Fauchen des Feuers rauben mir jegliches Zeitgefühl. Angst steigt in mir auf: Ich habe das Verlangen, mich aus dem Kabinett zu befreien und von den Lehrerinnen ausschimpfen zu lassen: »Messer, Schere, Feuer, Licht sind für kleine Kinder nicht! Messer, Schere, Feuer, Licht sind für Kindergärtner nicht!« Giftig stinkender Rauch füllt meine Lungen, als ich Luft hole. Ich huste, ja, ich kotze mir unter meinem Helm fast die Eingeweide aus. Wie eine Folienkartoffel komme ich mir in meinem silbernen Anzug vor. Zu heiß. Zu wenig Luft. Es geht nicht mehr! Raus, nur raus! Gerade als ich mich durch das in Flammen stehende Türchen hinter mir werfen will, dringt Licht in meine kleine selbst erschaffene Hölle. Zwei der vier mich umgebenden

Wände fallen in glühenden Fetzen in sich zusammen. Der Rauch verpufft und entsteigt mitsamt meiner mich gerade noch würgenden Todesangst in den wolkenlosen Himmel. Dann geht alles sehr schnell: Das Feuer findet keine Nahrung mehr. Enttäuscht lassen die züngelnden Flammen von mir ab und widmen sich dem noch übrig gebliebenen Holzskelett, an das ich die Wände verschraubt habe. Zwanzig junge Kindergärtnerinnen und ein so gar nicht mehr miesepetriger Hausmeister klatschen und jubeln, als ich schließlich die letzten rußgeschwärzten Fetzen mit meinen feuerfesten Handschuhen zerreiße und mit einem großen Schritt aus dem verkohlten, noch glühenden Holzrahmen steige. Als ich den silbernen Helm abnehme, blicke ich in die erleichterten und lächelnden Gesichter meiner Lehrerinnen und bin überzeugt, Bestnoten in ihren Augen blitzen zu sehen. Eine von ihnen legt mir die Hand auf meine Schulter, nachdem ich mich des Overalls entledigt habe. Ihr selbst gemachter Ohrschmuck aus Muscheln, Federn und Glasperlen klimpert leise.

»Wahrlich, Dominic«, sagt sie zu mir, »wie Phönix aus der Asche!«

Ich lache auf. Recke meine Faust in die rauchgeschwängerte Luft. Wie Phönix also! Der mystische Feuervogel!

Was bitte ist dagegen ein langweiliger Schaukelschwan?

FRÜHLING 2013

Die vielen kleinen nervös umherrutschenden Knie verursachen auf der am Boden ausgelegten Plastikplane quietschende Geräusche. Doch nicht nur der Boden ist mit durchsichtigem Malerplastik bedeckt. Auch das Lehrerpult wurde vorsichtshalber damit abgedeckt, genauso wie die Pflanzen und sogar die Wände. Das Puppenhaus und die Kiste mit den Legosteinen ebenso wie das Bücherregal und die Heizkörper. Der ganze Kindergarten riecht nach der schweren durchsichtigen Plastikfolie. Und nach feuchter Erde. Mehrere kleine, hüfthohe Holztische wurden mit den Tischflächen nach unten auf den Boden gestellt und ebenfalls mit Plastikfolie ausgeschlagen. Mit den vier Tischbeinen, die nach oben ragen, sehen sie aus wie erlegtes Vieh. Sowieso erinnert die Szenerie an Schlachthöfe. Passend zu dieser Assoziation scharen sich wie zwergenhafte Metzgergesellen je vier Kinder in weißen Schürzen um die umgedrehten Tische und warten darauf, endlich loslegen zu dürfen. In ihren Gesichtern spiegelt sich fast jegliche Form menschlich möglicher Gefühlsregungen. Anspannung, Vorfreude, Ratlosigkeit, Ekel oder nicht näher deutbares Dauergrinsen. Vor ihnen, in den aus den vier Stuhlbeinen und Abdeckplastik geschaffenen Senken, dampft eine dunkelbraune, fast schwarze dickflüssige Schlacke. Sie selbst haben diese undefinierbare Masse in den letzten Minuten zusammengemischt. Aus warmem Wasser und aus Erde, welche sie in Kübeln aus dem nahe gelegenen Wald herangeschleppt und dann gesiebt hatten. Als Krönung wurde die Suppe mit je zwei Schachteln feinstem Kleister angereichert und durch ständiges Rühren zu sogenannter Erdfarbe veredelt. Und diese dürfen die Kinder gleich mit ihren bloßen Händen auf großformatige Papierbögen auftragen, um herrlich archaische Malereien zu erschaffen. Die »Hurra, das dürfen wir zu Hause nicht, wie toll!«-Fraktion überwiegt klar gegenüber Gruppe »Bäääh!«.

Soeben wurden nochmals die wichtigsten Regeln erklärt und erste Ermahnungen ausgesprochen. Zuletzt an Kevin, der versucht hat, Osims Gesicht in die Pampe zu drücken, nachdem er ihn zuvor unschuldig aufgefordert hat, mal daran zu riechen. Liselotte schließlich ist es, die ihre noch sauberen Hände trotzig in die Seiten stützt und in einem leicht anklagenden Ton sagt: »Wir haben jetzt alles verstanden. Können wir jetzt anfangen, Herr Deville?«

Dieser Herr Deville bin natürlich ich. Und ich weiß, dass ich drauf und dran bin, einen furchtbaren Fehler zu machen. Aber einmal noch will ich es wagen. Vor Jahren diplomiert aus dem Seminar in die Welt entlassen, habe ich ziemlich rasch eine Arbeitsstelle als Kindergartenlehrperson gefunden. Meine Motivation zeigte sich vor allem dadurch, dass ich ganz große Pläne hatte. Gerade was das Werken anging. Verächtlich lächelnd begutachtete ich Scherenschnitte, Basteleien aus Zapfen und aus Papierstreifen geflochtene Osterkörbchen meiner bereits länger berufstätigen Kolleginnen. Da war ich doch aus einem ganz anderen Holz geschnitzt. Mir lag nichts ferner als das gegenständliche Arbeiten mit den Kindern. Materialerfahrungen sollten meine Schützlinge machen und keine süßen, aber unnützen Staubfänger herstellen. Denn gibt es etwas Traurigeres als das Entsorgen unzähliger mit Liebe und ehrlicher Mühe gebastelter Scheußlichkeiten, die im Laufe der Monate, vielleicht Jahre zwischen Büchern, gerahmten Fotografien und Kakteen vor sich hin vegetieren und schließlich in Vergessenheit gerieten? Auf Arbeitstischen, Klavierdeckeln, Fenstersimsen und Bücherregalen? Bis sich schließlich jemand ein Herz fasst, um still und heimlich die zerknitterten Papierblumen, brüchigen Tonfigürchen und Tiere aus Toilettenpapierrollen einfach wegzuschmeißen. Brutalerweise sind das meistens genau diejenigen, die diese Gaben vor langer Zeit als Zeichen der Zuneigung aus vor Stolz und Freude zitternden Kinderhänden entgegengenommen, sie fein gelobt und für alle gut sichtbar in der Wohnstube zur Schau gestellt haben. Auf dass die kleine, in mühsamen Stunden erschaffene Bastelei schließlich immer weiter in den Hintergrund rückte.

Ich kann mich noch genau daran erinnern, wie ich selbst als Kind im Kindergarten meine Familie zeichnen musste. Zeichnen war eine meiner Lieblingsbeschäftigungen und ich gab mir große Mühe. Anschließend durften wir das Bild ausschneiden und auf einen ovalen Karton kleben. Was dann aber folgte, forderte all meine Konzentration und Geschicklichkeit. Es galt, aus Trockennudeln einen opulenten Rahmen um unser Kunstwerk zu kleben. Und so klebte Klein Dominic, die Augen zusammengekniffen, die Zunge in Selbstvergessenheit zwischen den Lippen hervorgestreckt, in stundenlanger, wahrscheinlich tagelanger Kleinstarbeit Pasta um seine Familienangehörigen. Dann wurde der Nudelrahmen von unserer Kindergärtnerin mit Goldfarbe lackiert. Immerhin nicht in Melonengrün. Meine Eltern freuten sich ehrlich und hängten die Bastelei als offizielles Familienbild gleich neben dem Fernseher an die Wand. Ich hingegen träumte noch tagelang von goldenen riesigen Nudeln, die mir aus einem dunklen Loch entgegengeworfen wurden und die ich mühsam auffangen musste. Außerdem verweigerte ich für zwei Wochen jegliche kulinarischen Erzeugnisse aus Italien. Doch mit viel Befriedigung schweifte mein Blick allabendlich von meinen geliebten Tom-&-Jerry-Trickfilmen an die danebenhängende Familie im golden lackierten Nudelrahmen. Monate später jedoch war das Bild urplötzlich verschwunden. Weder meine Mutter noch mein Vater konnten genau sagen, was mit ihm passiert war. Bis ich eines Tages, direkt unter dem Spülbecken, dort wo einem der Abfalleimer entgegenkippte, sobald man ein Schranktürchen öffnet, ein Knirschen unter meiner Sandale hörte. Als ich nachsah, blickte ich auf eine zertretene goldene Trockennudel.

Diese Enttäuschung, diesen Schmerz wollte ich den Kindern, die mir anvertraut wurden, ersparen. Deswegen und wegen meines Schwurs aus dem Jahre 1983 ließ ich alles Gebastelte links liegen und stürzte mich von Anfang an in aufwendige, an den Kräften aller Beteiligten zehrende Arbeiten. Wie jung, motiviert und dumm ich damals nur war! Bereits das erste Projekt, welches ich mit den Kindern in Angriff nahm, endete in einem kunterbunten Desaster. Im Kindergarten T-Shirts einzufärben ist unbestritten ein ganz großer Spaß. Für die fünfundzwanzig Kinder. Für den Erzieher deutlich weniger. Muss er nicht nur anschließend die gesamten Räumlichkeiten wieder auf Hochglanz bringen, sondern dazu noch die nähere Umgebung des Kindergartens schrubben, weil die Kleinen auf dem Nachhauseweg bereits ihre neuen Shirts übergestreift und damit an den Hauswänden entlanggeschlichen sind. Auch muss er feststellen, dass während der Aktion sein liebstes Bérurier-Noir-Shirt mit Batikfarbe eingesaut wurde und er sich damit bei seinen Freunden nicht mehr blicken lassen kann, ohne als Hippie beschimpft zu werden. Zu allem Überfluss wird er tags darauf von diversen Eltern telefonisch darüber informiert, dass anscheinend eine Spur zu wenig Farbfestiger für die Shirts verwendet wurde und Papa nun wohl in rosa Sportsocken auf dem Tennisplatz brillieren muss. Damals im Seminar, unter Anleitung versierter Lehrkräfte und im ordentlichen Verbund junger, wissbegieriger

Erwachsener, ging das gesitteter vonstatten. Mit staunenden »Aaahs!« und bewundernden »Ooohs« wurden die wohlgestalteten Textilien aus den Farbtöpfen gezogen und präsentiert. Nichts im Vergleich zu den vielen genervten »Arrrgs!« und erschrockenen »Neeeeiiins!«, die ich bei der gleichen Aktion im Kindergarten ausrufen musste.

Doch so schnell wollte ich nicht aufgeben und machte mich mit den Kindern nur wenige Wochen später in das Abenteuer »Gipsmasken anfertigen« auf. Hatte ich nicht zur Genüge in meiner Ausbildung gelernt, dass das durchschnittliche vier- bis sechsjährige Kind alle fünf Minuten eine Bewegungseinheit benötigt? Egal in welcher Situation, in welchem Thema oder an welchem Ort man sich befindet? Und hätte ich mir nicht denken können, dass es mindestens fünfzehn Minuten dauert, bis eine Gipsmaske angefertigt ist? Daraus resultiert, dass das Kind, an dem diese Maske gerade angepasst wird, indem ihm nasse, langsam erkaltende Gipsbandagen über das Gesicht gelegt werden, mindestens dreimal so lange in Reglosigkeit daliegen muss, wie ihm eigentlich zuzumuten wäre. Während ihm dabei kaltes Gipswasser in Mund, Kragen, Ohren, Nase und je nach Geschick des Maskenbildners auch Augen rinnt. So erfüllte bereits nach ein paar Minuten Jammern und Zetern den Kindergarten. Reihenweise mussten die nur halb fertigen Gipsmasken verfrüht von den Gesichtern abgenommen werden und zerfielen noch in den Händen zu schleimigen Klumpen und Fetzen. Das traurige Resultat der ganzen Arbeit waren eine Handvoll Masken, die für ein paar Tage im Eingangsbereich des Kindergartens baumelten wie grausame Trophäen eines Serienkillers aus einem billigen Horrorfilm. Außerdem fünfundzwanzig traumatisierte Kinder, die vermutlich noch heute beim bloßen

Anblick einer Maske in Schockstarre verfallen oder sich zumindest unter einem Tisch verkriechen wollen.

Ein weiterer wenig glorreicher Versuch war es, mit den Kindergartenkindern ein ganz spezielles Osternest zu kreieren. Neben dem bereits oben erwähnten Klassiker aus geflochtenen Papierstreifen existieren noch weitere harmlose, locker nebenbei zu meisternde Nestvariationen, die aus Papierbögen gefaltet oder in Form von mit Wachsstiften bemalten Blumentöpfen dargereicht werden. Angefüllt mit etwas Heu aus der Kleintierhandlung und zwei selbst bemalten Eiern ist dies ein Garant für glückliche Kinderaugen und zufriedene Erziehungsberechtigte. Das jedoch war mir deutlich zu wenig. Zwar wollte ich mich immerhin dazu herablassen, etwas Bleibendes, Gegenständliches zu erschaffen, doch sollte das Resultat sich weit von den gewohnten Einheitsbasteleien zur Osterzeit abheben. Zuerst sollten die Kinder in die hohe Kunst des Nähens eingeführt werden, um anschließend selbstständig, aus grobem Naturfilz, ein Osternest entstehen zu lassen. Doch nicht genug damit. Das Osternest sollte dazu die Form eines Hahnes haben, aus dessen Bauch man durch eine Öffnung diverse Köstlichkeiten entnehmen konnte. So kompliziert die Sache klingt, so war sie auch. Gewiss, Nähen ist eine sehr schöne, meditative Tätigkeit, mit der Feinmotorik, Geduld und Durchhaltewillen aufs Beste gefördert werden. Jedoch waren es vor allem meine Feinmotorik, meine Geduld und mein Durchhaltewillen, die geprüft wurden. Der Filz war viel zu steif und viel zu grob, die Nadeln dagegen zu stumpf und zu dick. Natürlich hatte ich es zuerst mit dünneren Nadeln versucht, die jedoch dadurch um einiges spitzer waren. Dies führte wiederum zu Tränen und einem nicht zu unterschätzenden Pflasterverschleiß, welcher der angestrebten meditativen Stimmung unter den Kindern empfindlich entgegenstand. So kam es, wie es kommen musste: Am Ende war es meine Wenigkeit, die in der Nacht vor den Osterferien mehr als zwanzig Filzhähne zusammennähen musste. Meine nächtlichen Schmerzensschreie müssen im ganzen Schulgebäude zu hören gewesen sein, wenn ich mir von Müdigkeit und Frust gebeutelt wieder einmal die Finger blutig stach.

Ab da ging ich es gemächlicher an, was das Werken anbelangte. Ach was: Ich verriet geradezu meine einstigen Ideale, indem ich den Kindern einfache Faltarbeiten durchgehen ließ oder mich dabei ertappte, wie ich aus buntem Bast, Styroporkugeln und alten Socken abgrundtief hässliche Handpuppen fertigen ließ. Und dabei sogar manchmal, Asche auf mein Haupt, selbst die Heißleimpistole benutzte. Nur selten dachte ich noch an grüne Helme und weiße Holzschwäne. Mein Zorn war verflogen. Doch sosehr ich mich diesbezüglich gehen ließ, spürte ich doch mit jeder neuen Klasse ein inneres Aufbegehren, doch wieder einmal so richtig die Sau rauszulassen. Den seit der bluttriefenden Nacht der vermaledeiten Filzhähne sicher verschlossenen Werkzeugschrank aufzubrechen, um mich mit den Kindern in ein weiteres hämmerndes, bohrendes und fahrlässiges Abenteuer zu begeben. Irgendwann einmal.

Und jetzt, ein paar Jahre später, ist es so weit. Ich habe eine neue Gruppe übernommen und werde meine Kindergartentätigkeiten zugunsten meiner Bühnenkarriere auf ein Minimum beschränken. Ein guter Grund, um mich noch einmal aufzurappeln. Ein letztes Mal noch Nägel mit Köpfen zu machen und mich mit Leidenschaft an die Grenzen des Zumutbaren auf dem Gebiet des Werkunterrichtes zu begeben. Nicht ohne ein Schaudern wissen landauf, landab Kindergartenlehrpersonen von einer sagenumwobenen Lektion zu berichten. Theoretisch hat man diese schon einmal in der Ausbildung behandelt, jedoch gibt es kaum jemanden, der diese Werktechnik in der Praxis umzusetzen gewagt hat: das Herstellen sowie Malen mit Erdfarbe. Nur ein Wahnsinniger kann sich darauf einlassen, mit einer Gruppe Fünfjähriger aus Kleister, Waldboden und Wasser gewonnene Farbe anzurühren, um anschließend damit im Kindergarten herumzuschmieren. Und ich stehe nun hier, um genau das zu tun. Mehr als zwanzig Kinder warten nur auf mein Signal, um sich, mich und ihre unmittelbare Umgebung einzusauen, zuzukleistern und vollzuschmieren. Ich muss nicht bei Trost sein, denke ich mir und sehe, von düsteren Vorahnungen geplagt, das »Cut«-Cover der von mir verehrten Slits vor mir, auf welchem die Bandmitglieder über und über mit Lehm und Morast besudelt halb nackt und Kannibalen gleich in die Kamera starren. Doch dann habe ich eine Vision: Vor meinem inneren Auge erscheint ein lehmverkrusteter Wasservogel, der sich quälend an Land schleppt, der versucht mit seinen verklebten Flügeln zu schlagen, bevor er im Kleister elendig versinkt. Es ist ein Schwan. Grinsend hebe ich die Hand und gebe den Kindern das Zeichen loszulegen. Sie lassen sich nicht zweimal bitten.

30. August 2013, 21:33

Der Mann auf der Bühne im Totenkopfshirt greift zur Säge. Er und auch die Zuschauer wissen, dass nun jene Nummer folgen wird, die ihn und sein Programm »Kinderschreck« in der Kleinkunstszene berühmt-berüchtigt gemacht hat. Viele Male schon wurde in den Medien über den »Bunten Hund mit Kettensäge« und seine laute und rabenschwarze Art, über seine Erfahrungen als Kindergärtner zu erzählen, berichtet. Gerade macht er sich daran, sein mörderisches Werkzeug anzuwerfen, um damit einen Scherenschnitt aus Bundpapier zu schneiden. Die Zuschauer johlen vergnügt und feuern ihn weiter an.

Der bunte Hund mit Kettensäge bin ich. Schon unzählige Male habe ich die nicht ganz ungefährliche Nummer auf die Bühne gebracht. Die Säge ist scharf geschliffen. Eine Schutzhose, wie sie Waldarbeiter haben, trage ich nicht. Auch keine Handschuhe. Genau das macht ja den Reiz dieser Nummer aus. Nicht einmal Stiefel habe ich an. Mit dünnen Segeltuchschuhen an den Füßen trete ich auf das gefaltete Zeichenpapier, um es zu fixieren. Noch einmal hebe ich drohend die rotierende und kreischende Kettensäge über meinen Kopf, um sie anschließend auf das gefaltete Papier unter meinem linken Fuß fallen zu lassen. Wie unzählige Male zuvor.

Der erste Schnitt durchtrennt wie geplant das Papier und schleudert dabei bunte Fitzelchen konfettigleich in die ersten Zuschauerreihen. Der zweite Schnitt, mit welchem ich eine Ecke der Faltarbeit abtrenne, gelingt ebenfalls. Die Menge tobt. Dann kommt das Sägeblatt etwas zu steil auf dem Holzklotz unter dem Papier auf und springt, ganz kurz nur, gegen meinen linken Oberschenkel. Erschrocken lasse ich die Säge fallen. Sie verstummt. Dann geht das Licht im Saal aus.

Ich glaube, von irgendwoher das spöttische Schnattern eines Schwans zu vernehmen.

DIE STIMME AUS DER VERGANGENHEIT ODER ELTERN IM KINDERGARTEN (3)

HEISS BRENNT DIE SONNE AUF DAS SPIELFELD HERAB, auf dem sich gerade zwei ungleiche Mannschaften ein spannendes Fußballspiel liefern. Wieder ist ein Schuljahr vorüber, und da ich viele fußballbegeisterte Kinder in meiner Gruppe hatte, dachte ich, es wäre doch ein netter Abschluss, ein Fußballturnier zu veranstalten. Eltern gegen Kinder. So wurden vorher Fangesänge eingeübt, Banner und Fußballtrikots gemalt sowie ein stattlicher Pokal gekleistert. Die Eltern haben Getränke und Salate mitgebracht.

Ich fungiere als Trainer des Kinderteams, und jetzt geht es auf dem Rasen vor dem Kindergarten zur Sache. Die Kinder rennen, schreien, foulen, sie haben herrliche Torchancen, aber sie liegen 0:3 hinter den Eltern zurück. Ich selbst kann mich nicht richtig auf das Match konzentrieren. Denn ich weiß, dass ich heute meine letzte Chance habe herauszufinden, woher ich die Stimme kenne. Eine Frage, die mich bereits seit mehreren Monaten plagt. Im Augenblick ist sie unüberhörbar. Ich habe ihren Besitzer, einen Vater, dazu ermuntert, die Rolle des Stadionsprechers zu übernehmen.

Er hat erfreut zugesagt, ich habe ihm ein Megafon besorgt, und nun ruft er Auswechselspieler aus, verkündet Tore und feuert mal diese, mal jene Mannschaft an.

Gleich bei unserem ersten Aufeinandertreffen an einem Elterngespräch kam mir der Vater bekannt vor. Von großer Statur, ein etwas teigiges Gesicht mit zusammengekniffenen, trüben Augen. Ein ruhiges Gemüt. Kein Unsympath, aber auch niemand, mit dem ich eine Band gründen würde. Seine Tochter ist das Gegenteil. Zierlich, hübsch und von einer neugierigen, oftmals naseweisen Natur. »Wir kennen uns, oder?«, frage ich ihn geraderaus, als er mir seine große Hand zur Begrüßung hinstreckt. Mit meinen 33 Jahren bin ich ungefähr im Alter der meisten Eltern. Die Stadt, in der ich arbeite, ist nicht allzu groß, und daher kann es leicht sein, dass man sich bereits vorher irgendwo einmal begegnet ist. Ich weiß aber, dass ich diesem Mann nicht nur ein- oder zweimal begegnet bin, sondern dass wir es mehrere Male miteinander zu tun hatten. Er ist mir auf eigenartige Weise vertraut. Vielleicht so wie die Frau hinter der Käsetheke, zu der man seit Jahren einkaufen geht, die man aber dann in freier Wildbahn, ohne ihren weißen Arbeitskittel und vor allem ohne Käsetheke, plötzlich nicht mehr zuordnen kann. Der Vater blickt von der erwartungsvoll dreinschauenden Mutter zu mir und wieder zurück und schüttelt dann den Kopf. »Wir sind erst vor zwei Jahren hierhergezogen«, sagt er. »Ich kann mich jedenfalls nicht an Sie erinnern.« Mir fällt in dem Moment zum ersten Mal seine Stimme mit der kaum hörbaren Ostschweizer Dialektfärbung auf, und sie verstärkt nicht nur dieses Gefühl, den Vater von irgendwoher zu kennen, gut zu kennen, sondern sie löst auch ein unangenehmes Kribbeln bei mir aus. Und das, obwohl sie tief und ruhig klingt. Sie ist mit einer unangenehmen Erinnerung in meinem Unbewussten gekoppelt. Jahre zuvor habe ich den Film »Der Tod und das Mädchen« gesehen. Sigourney Weaver spielt darin eine ehemalige argentinische Aktivistin, die einen ihr unbekannten Mann in ihrem Haus aufnimmt, da dieser einen Autounfall hatte. An seiner Stimme glaubt sie einen ihrer Folterer aus den Zeiten der Militärjunta zu erkennen. Der streitet jedoch alles ab und man weiß als Zuschauer nicht, ob sie sich das alles einfach nur einbildet. Ich hingegen bin mir sicher: Ich kenne diese Stimme. Ich kenne diesen Vater. Und wir haben uns unter unguten Umständen kennengelernt.

Zwar glaube ich nicht, dass mir der Vater etwas Böses angetan hat, aber das Gefühl geht in eine ähnliche Richtung.

»Darf ich fragen, was Sie von Beruf sind?«, wage ich noch einen letzten Versuch.

»Ich bin Programmierer«, antwortet er knapp.

Doch auch diese Information lässt keine Glühbirne in meinen Hirnwindungen aufleuchten. Da die Tochter eine nahezu problemlose Kindergartenzeit durchlebt, bleibt es nur bei diesem einen Zusammentreffen. Das Rätsel um seine mir bestens bekannte Stimme beschäftigt mich jedoch weiter.

Und so ist dieses Abschlussturnier heute die letzte Chance. Meine Beweggründe, ihm die Rolle des Speakers zuzuweisen, sind grob eigennützig, denn er ist weder beredt noch besonders spontan oder witzig. Aber ich will unbedingt noch herausfinden, woher ich ihn kenne, bevor die großen Ferien beginnen, seine Tochter in die Grundschule überwechselt und sie beide aus meiner Welt verschwinden. Immerhin kann seine Stimme auch laut werden, wie ich feststelle, als er ein Tor für meine Mannschaft bekannt gibt – was das unangenehm vertraute Gefühl in mir nur noch verstärkt.

Aber auch am Rand des Spielfelds stehend, mit einer Trillerpfeife im Mund, um Kevin, Aurelia und die anderen Kinder wenig taktisch, aber effektiv als wuselndes Spielerknäuel von links nach rechts und von vorne nach hinten rennen zu lassen, komme ich nicht drauf. Obwohl er durch das Megafon direkt in mein Unbewusstes zu rufen scheint. Schließlich ist das Spiel zu Ende. Die Kinder sind aufgekratzt wegen ihres überraschenden 6:4-Sieges und die Eltern außer Puste, aber zufrieden über ein gelungenes Fußballfest mit verhältnismäßig wenigen Blessuren. Der Vater übergibt mir das Megafon mit ein paar freundlichen Worten des Abschieds. Es ist das letzte Mal, dass ich ihn sehe und seine Stimme höre.

Jahre später fällt es mir jedoch wie Schuppen von den Augen! Ich räume gerade den vollgestopften Keller meiner Mietwohnung auf, als ich auf ein Foto aus dem Jahr 1996 stoße. Es zeigt rund zweihundert uniformierte junge Rekruten in der Habachtstellung. Ernst blicken sie in die Kamera. Nur einer steht um fünfundvierzig Grad gedreht verkehrt in der Truppe – ich musste mal wieder auffallen und provozieren. Anders konnte ich den öden Armeealltag direkt nach drei Jahren Kindergartenseminar nicht aushalten. Ein paar Plätze neben mir steht mein damaliger Leutnant, ein unangenehmer Zeitgenosse, mit dem ich mich die gesamte Dienstzeit über nicht anfreunden konnte. Der Truppenfotograf drückte in genau dem Augenblick den Auslöser, als der Leutnant meinen Schabernack bemerkt, sich zu mir dreht und mich wütend zur Ordnung ruft. Und obwohl er damals noch kein Megafon benutzte, verfolgt mich seine tiefe Stimme mit dem Ostschweizer Dialekteinschlag bis zu jenem Tag am Spielfeldrand. »Rekrut Deville! Reißen Sie sich zusammen! Wir sind hier nicht im Kindergarten!«

DIE SCHWIEGERMUTTER MUSS STERBEN ODER MÄRCHEN IM KINDERGARTEN

UNGLAUBLICH! SKANDALÖS! UNVERANTWORTLICH! Jeden Tag werden in diesem Land Kinder im Vorschulalter mit folgenden Szenen konfrontiert:

- »Dann steckten sie die Mutter in ein enges Fass und schlugen Nägel hinein, um es dann einen Hang herunterzurollen.«
- »Sie hackten ihr die Hände ab und brannten ihre Augen aus, worauf sie bitter weinte und starb.«
- »Sie zerschnitt und zerteilte das Kind, vermischte sein Fleisch mit Salz und machte Gulasch daraus, um es dem Vater zum Abendbrot zu reichen.«

Und bevor jetzt jemand empört aufschreit – es kommt noch dicker: Diese Szenen, zu blutrünstigen Geschichten verdichtet, werden regelmäßig von Kindergärtnerinnen und Erziehern landauf, landab vorgetragen! Da möchte, nein, da muss man doch sofort eingreifen. Aber wen soll man dafür belangen? Wer sind diese schwarzen Schafe, denen die hilflosen

Kinder, diese zarten Geschöpfe, ausgeliefert sind? Sind Namen bekannt?

An dieser Stelle komme ich wohl nicht umhin, mich geneigten Hauptes selbst anzuklagen und zu gestehen: Auch ich habe es getan. Mehrere Male und in mannigfaltiger Weise, denn die oben genannten Szenen sind nur eine kleine Auswahl der literarischen Abgründe, die sich von Zeit zu Zeit in den Kindergärten und Schulen öffnen. Nicht erwähnt habe ich beispielsweise Erzählungen mit angedeuteten sodomistischen Inhalten, Teufelsanbetungen, Kannibalismus und das grausame Abschlachten gefährdeter und daher geschützter Tierarten wie Bären oder Wölfen. Nun gut, die Wölfe sind echte Drecksbiester und haben es nicht besser verdient. Aber dazu später. Bevor sich jetzt die eine oder der andere mit diesem Buch in der Hand auf den Weg zum Kinderschutzbund machen möchte, um auf mein Bild auf dem Umschlag zu zeigen und zu rufen: »Verhaften und vierteilen Sie diesen Mann!«, möchte ich ein paar Zusatzinformationen geben. Natürlich handelt es sich bei den oben genannten Inhalten weder um Versatzstücke eines Stephen-King-Romans noch um Szenen aus den Schriften des perversen Grafen de Sade. Sondern aus den gesammelten Werken der Brüder Grimm.

Wer sich nicht mehr erinnern kann, möge deren Märchensammlungen aus dem Regal ziehen und sich die eine oder andere Erzählung zu Gemüte führen. Jungfräuliche Prinzessinnen, dornenumrankte Schlossruinen, sprechende Kater und Gold scheißende Esel in Ehren, aber vor allem wird darin geraubt, geschändet, geschlachtet und verbrannt. Manche Grimm'sche Grausamkeiten stellen locker die Texte der derbsten Death-Metal-Bands in den Schatten. Ich wage sogar zu behaupten, dass sich ein Großteil der blutigen Werke der neuzeitlichen Literatur, Musik oder Filmkunst die klassischen Märchen zum Vorbild genommen haben. Und genau deswegen eine solche Wirkung auf uns als Kinder wie auch noch als Erwachsene haben.

»Aber warum, Herr Deville, erzählen Sie unseren Kindern diese brutalen, veralteten Märchen?«, höre ich die Eltern anklagend fragen. »Solche blutrünstigen Geschichten, die unsere Kleinsten ängstigen und verunsichern?«

Meine Antwort: Das Kindergartenkind vermag es, sich eigene Bilder vom Erzählten zu machen, gerade genauso stark und eindrücklich, wie es das Kind selbst verträgt. Deswegen sage ich auch immer: »Hände weg von bebilderten Märchenbüchern oder gar Märchenfilmen!« Und ja, ich kann die vielen enttäuschten »Ooooochs« der Leserinnen und Leser dieses Buchs bis hierher hören, aber der Terminus »Märchenfilme« schließt auch das Werk »Drei Nüsse für Aschenbrödel« mit ein! Keine Ausnahmen! Denn nur durch das rein mündlich vermittelte Märchen ist das Kind in der Lage, diese eigenen Bilder zu erschaffen. Bilder, die es nicht erschrecken, sondern ihm erlauben, emotional an einem Märchen teilzuhaben. Das Kindergartenkind kann sich so in der Märchenwelt sicher und mutig in Gefilde vorwagen, die es ansonsten nie aufsuchen würde. Düstere Schlösser, verwunschene Wälder, Unterwasserwelten oder auf Wolken erbaute Städte. Um in solche psychedelischen Welten vordringen zu können, hat es der seiner kindlichen Fantasie beraubte Erwachsene bedeutend schwerer. Ohne eine schnöde und bescheuert aussehende 3-D-Brille, einen Bergmarathon oder zumindest bewusstseinserweiternde Drogen geht da nicht mehr viel. Und selbst alle drei Hilfsmittel kombiniert, führen nicht zu einem befriedigenden Ergebnis – ich habe es ausprobiert. Das Kind hingegen vermag bei einem gut erzählten Märchen die Realität vollkommen auszublenden. Rein durch seine unendliche Fantasie und mentale Schaffenskraft ist es sogar fähig, selbst in der Erzählung als Heldin oder Held zu interagieren, mit Zwergen, Prinzen und Einhörnern ebenso wie mit Hexen, Vampiren oder bösartigen Stiefmüttern. Es erschafft sich im Rahmen des Märchens sein ganz persönliches Abenteuer. Deswegen müssen wir uns nicht scheuen, die Grausamkeiten in den Märchen der Brüder Grimm so wiederzugeben, wie sie einst niedergeschrieben wurden. Ich kann mich nicht an einen Fall erinnern, in dem ein mir anvertrautes Kind bei einer Märchenstunde nicht klarkam. Nun gut – einmal vielleicht. Okay, vielleicht zweimal. Aber höchstens dreimal. Ich hatte wohl meine Erzählstimme einen Tick zu tief und zu unheimlich angesetzt, als der Teufel im Märchen auftauchte, um den Prinzen hinab in die Niederungen der Hölle zu reißen.

Und doch: Dieser eigenen Bilder sollten die Kinder nicht beraubt werden. Gerade dieses Erzählen von Angesicht zu Angesicht schätzen sie ungemein. Ohne störende Filter wie Bilder oder Requisiten – wobei ein paar künstliche Spinnweben aus Wolle sowie eine flackernde Laterne, die unheimliche, groteske Schatten über die Wände des Kindergartens wirft, durchaus ihren lohnenden Beitrag zum Erlebnis der Kleinen liefern können. Aber die wichtigsten Mittel des Märchenerzählers müssen seine Mimik, seine Gestik und vor allem seine Stimme sein. Er darf sich nicht zu schade dafür sein, Grimassen zu ziehen, in Zungen zu sprechen und seine Hände zu benutzen, um verzweigte Räuberhöhlen wie imposante Schlösser über seinen Zuhörern entstehen zu lassen. Kurz: Ein guter Märchenerzähler muss sich zum Deppen machen. Ich nehme mich davon nicht aus und gebrauche diese didaktische, theatralische Methode der Vermittlung von Inhalten sehr oft. Auch im Alltag weiß ich sie gezielt einzusetzen. Am Bankschalter wird mir mitgeteilt, dass ich meinen Dispo bereits wieder überzogen habe? Verzweifelt gebe ich das Aschenputtel in einer aufrüttelnden Performance und beknie dazu die Yuccapalme: »Bäumchen, rüttel dich und schüttel dich, wirf Gold und Silber über mich!« Die Zeugen Jehovas oder der Gerichtsvollzieher klingeln Sturm? Ihnen wird bucklig, böse und verschlagen die gar scheußliche Hexe aus Hänsel und Gretel öffnen: »Knusper, knusper Knäuschen, wer knuspert an meinem Häuschen?«

Ein besonderer Einsatz fand vor Kurzem bei dem Konzert einer kleinen Punkrockband statt, in der ich mit meinen bescheidenen rhythmischen Fähigkeiten die Schlagzeugfelle bearbeitete. Wir traten in einem dieser hässlichen Schweizer Wintersportorte auf, die anscheinend nur für Russen gebaut wurden. Und in welche sich eher selten krawallige, auf primitive Instrumente wie Gitarre und Schlagzeug gestützte Bands verirren. Dies wurde uns während der ersten Songs klar. Was auch immer die Après-Ski-Meute, die Minuten vor unserem Auftritt noch Schlager grölte, erwartete: Ein lärmendes Duo, das seine knapp zweiminütigen Krachhymnen über schwule Fernfahrer und Hitler verkloppende Kinder nur für sarkastische Bemerkungen über das Publikum unterbrach, gehörte wohl nicht dazu. Dementsprechend flogen bald die ersten Gegenstände auf die Bühne, jemand versuchte mich von meinem Schlagzeughocker zu zerren. Die ersten Zuhörer standen auf und versuchten, auf die Bühne zu klettern. Nachdem mich ein voller Bierbecher im Gesicht getroffen hatte, reichte es mir: Es war Zeit, ein ernstes Wörtchen mit den Anwesenden zu wechseln. Ich kam hinter meinem Schlagzeug hervor und stellte mich an den vorderen Bühnenrand, während mein Gitarrist und Bruder im Geiste mit seiner Gitarre weitere heranfliegende Bierbecher abwehrte. Da stand ich nun im Scheinwerferlicht und blickte in höhnische und feindselige Fratzen. Doch bevor ein weiterer Becher sein Ziel erreichen konnte, begann ich genau das zu machen, was ich vorher unzählige Male in der schummrigen Märchenecke des Kindergartens getan hatte. Ich gab die böse Zauberin aus »Dornröschen«, wechselte zum zornigen Riesen aus »Das tapfere Schneiderlein« und verwandelte mich schließlich in den Teufel aus »Die drei goldenen Haare«. Eine Darbietung als gewaltiger Bär aus dem Märchen »Brüderchen und Schwesterchen« rundete die Performance ab. Dabei rollte ich mit den Augen, fletschte die Zähne und ließ meine Trommelschläger als Zauberstab oder Dreizack durch die Luft zischen. Um den gewünschten Soundeffekt zu meinen gespuckten Verwünschungen in Richtung Publikum zu erreichen, stieß ich mir dazu das Mikrofon tief in den Rachen, was ein lautes Krachen und Rückkopplungen zur Folge hatte. Bei den Zeugen meiner Darbietung klappten darob Unterkiefer nach unten, der Becherregen verebbte augenblicklich. Das Schimpfen und Fluchen wich ungläubigen, zum Teil entsetzten Ausrufen. Ein schönes Standbild hätte das abgegeben. Ich, das fleischgewordene Rumpelstilzchen, schwitzend mit einem Mikrofonkabel aus dem Mund hängend auf der Bühne und das erstarrte Publikum davor. Aber da ich es nicht mit Kindergartenknirpsen, sondern mit einer Horde Spätpubertierender, die noch dazu bis unter den Scheitel mit Testosteron, Alkohol und anderen Substanzen angefüllt waren, zu tun hatte, hielt die Wirkung genau fünf Sekunden an. Dann brach die Hölle los. Die eben noch wie versteinert dastehende Menge machte sich nun daran, die Bühne zu entern, um Dornröschen, Schneiderlein und dem Bären das Fell über die Ohren zu ziehen. Geistesgegenwärtig drehte der Techniker das Licht ab. Bühne und Saal wurden in Dunkelheit gehüllt. Die Band konnte sich durch den Bühneneingang verdrücken, bevor der Lynchmob sie erreichte.

Aber zurück zu den Mädchen und Jungen und ihrem Spaß am Erleben der klassischen Märchen. Ich bemühe mich immer wieder, den Eltern klarzumachen, dass darin so viel mehr für das Kind steckt als die Blutrünstigkeit, die sie so irritiert. Aber manchmal sind Eltern taub für diese Botschaft – oder blind. Das kann zuweilen eigenartige Blüten treiben. Ich kann mich an einen Vater erinnern, der strikt dagegen war, dass sein Sohn im Kindergarten Märchen zu hören bekommt. Er fand sie primitiv, sie würden veraltete Werte und Rollenbilder vermitteln und seien gänzlich überholt. Auf der anderen Seite hatte er keine Mühe damit, seinen Sprössling Hollywood-Blockbuster sehen zu lassen, in welchen das Blut nur so spritzte und allenthalben ein Wohnblock, Auto oder zumindest ein Kopf explodierte, während sich leichtbekleidete Damen schützend an den metzelnden Filmhelden klammerten.

Da gingen die Brüder Grimm doch etwas subtiler vor. Zumal sie die Märchen ja nicht erfunden haben: Sie haben sich einfach mit Feder und Tinte neben Oma ans prasselnde Kaminfeuer gesetzt und dann aufgeschrieben, was das Mütterchen den Enkeln weitererzählt hat. Heute würde man das wohl als illegales Herunterladen bezeichnen, damals verstand man darunter Kulturbewahrung.

In diesen Märchen, die jahrhundertelang nur von Mund

zu Ohr weitergegeben wurden, spiegeln sich die großen Themen des Lebens wider, in Form uralter Archetypen und Symbole, zu deren wirklichem Sinn und wahrer Botschaft Kinder dank ihrer unverfälschten Intuition, Neugier und bedingungsloser Offenheit leichteren Zugang finden als wir Erwachsenen.

Nehmen wir den Wald, der ja fast in jedem Märchen vorkommt. Wir Erwachsenen denken vielleicht kurz ans Waldsterben und nehmen die Bäume als geschickt gewählte Location wahr, in welcher man seltsame Wesen ansiedeln kann – und durch den sich dann der im Märchen vorkommende Prinz kämpfen muss. Symbolisch jedoch steht der Wald in der Erzählkunst für das Unbewusste des besagten Prinzen. Dieses muss er durchqueren, überwinden, um am Ende eine Transformation durchmachen zu können. Und ist die persönliche Entwicklung, das »Zu einem besseren Menschen«-Werden, nicht immer mit einem mühsamen Prozess verbunden? Kinder verstehen diesen komplexen Sachverhalt intuitiv. Für Erwachsene mag vielleicht folgendes Bild verständlicher sein: Was für den Prinzen der Wald, ist für uns heute der Abschluss eines Abos im Fitnessstudio.

Auch die in den Märchen immer wieder vorkommenden Figuren besitzen eine tiefenpsychologische Kraft, die Kinder sofort und korrekt deuten können. Der hier schon genannte Wolf rennt nicht zufällig durch den Forst, um Großmütter und rot gekleidete Mädchen zu verspeisen. Er steht, wie überhaupt jedes Tier in der Märchenwelt, für die animalische, triebhafte Seite im Menschen. Für das Zügellose, das wilde Verlangen, mit dem jeder Mensch kämpfen muss. Und wogegen er schließlich doch verliert. Oder übersetzt: Der Wolf steht für das fünfte Bier auf der unerträglichen Familienfeier.

Und wo wir schon bei Familie sind, können wir auch gleich noch rasch eine Figur betrachten, die in so gut wie allen Märchen auftaucht, um Unheil zu stiften oder Zwietracht zu säen: die böse Stiefmutter. Nachzulesen zum Beispiel bei »Hänsel und Gretel«, »Schneewittchen« oder »Frau Holle«. Überhaupt herrscht bei den Brüdern Grimm eine höhere Müttersterblichkeit vor als in den ärmsten Regionen Afrikas. Und kaum ist die Königin, Ehefrau oder Geliebte unter der Erde, kommt eine abgrundtiefböse Stiefmutter daher, schnappt sich den Märchenpapa, bevor dieser nur den Trauerflor ablegen kann, und setzt die Brut ihrer verhassten Vorgängerin im Wald aus. Die Kinder, die staunend an den Lippen des Erzählers hängen, nehmen diese Figur, diesen Archetyp als Spiegel ihrer eigenen negativen Gedanken wahr. In dieser Figur können sie alle bösen Wünsche und schlechten Gefühle ablagern. Deswegen ist es so wichtig, dass diese Figur immer am Ende des Märchens grausam über die Klinge springt. Das hat eine reinigende Wirkung auf alle Zuhörer, besonders auf Kinder. Also egal, ob die alte Vettel von einem Mühlstein zerquetscht, glühende Schuhe angezogen oder von Raben die Augen ausgehackt bekommt:

Sie. Hat. Es. Verdient!

Keine Sorge, die Kinder verstehen das. Sie brauchen es sogar. In Erinnerung geblieben ist mir ein Kind, das beim Nacherzählen eines Märchens »Stiefmutter« mit »Schwiegermutter« verwechselte. Da dies bei einer Elternvorführung passierte, konnte ich genau sehen, wie einige anwesende Väter und Mütter nicht nur auflachten, sondern zustimmend mit dem Kopf nickten. Somit hat das Kind es geschafft, bei den Eltern den Symbolschlüssel zur Märchenwelt, wenigstens für einen Augenblick, wieder freizulegen.

Wer als Erwachsener seinen eigenen Zugang zu diesem Symbolverständnis überprüfen möchte, kann dies gern mit meinem interaktiven Märchen im nächsten Kapitel ausprobieren.

Vorerst hier aber noch meine Top 5 der grausamsten Märchen der Brüder Grimm – ob als Warnung oder Anregung, ist jedem Leser und jeder Leserin selbst überlassen.

5 »Hänsel und Gretel«
Der Klassiker. Das wohl bekannteste Werk der Grimms. Hexenverbrennungen, Kannibalismus und verlassene Kinder. Hier wird aus dem Vollen geschöpft.

4 »Schneewittchen«
Schwarzmagische Rituale, eine tote Prinzessin, die zuerst geschlachtet, dann aber von einem nekrophilen Prinzen gerettet wird. Und die glühenden Pantoffeln nicht zu vergessen! Schwarzes Pädagogenherz, was willst du mehr?

3 »Das eigensinnige Kind«
Ein weniger bekanntes Minimärchen, das es aber in sich hat. Ein Kleinkind stirbt und kehrt als Zombie zurück. Seine geschockte Mutter prügelt es daraufhin ins Grab zurück. Und der liebe Gott guckt dabei zu.

2 »Wie Kinder Schlachtens miteinander gespielt haben«
Auch dieses Märchen fällt überaus kurz aus. Zum Glück! In wenigen Sätzen wird eine ganze Familie dahingemetzelt. Die Kinder beobachten den Vater beim Schweineschlachten und ahmen ihn nach. Schweine sind

gerade keine zur Hand, aber wofür hat man jüngere Geschwister?

1 »Der Machandelbaum«
Hinter viel gottesfürchtigem Blödsinn verbirgt sich eine blutige Familientragödie um enthauptete Kinder, zu Gulasch gekochtes Menschenfleisch und gemeine Anschuldigungen. Und mittendrin natürlich: Die böse Schwiegermutter ... Stiefmutter! Ich meinte natürlich Stiefmutter.

WIE DER PRINZ DAS GLÜCK FAND ODER WIE DER TEUFEL DEN PRINZEN FAND

KINDER BRAUCHEN MÄRCHEN. UND AUCH ERWACHSENEN KÖNNEN DIE OFTMALS BLUTRÜNSTIGEN GESCHICHTEN DER BRÜDER GRIMM DAS LEBEN RETTEN – wenn sie zum Beispiel in schlechten Punkbands spielen. Alles nachzulesen im vorangegangenen Kapitel. Leider ist uns Erwachsenen die Kunst abhandengekommen, in die vor Symbolen und Archetypen vollgestopfte Märchenwelt einzutauchen. Im Gegensatz zu den Kindern, die oftmals so in eine Geschichte versunken sind, dass man sie regelrecht wachrütteln muss, um sie wieder in die Realität zurückzuholen. Einem Hypnotiseur nicht unähnlich, der in die Finger schnippt, um seinen Klienten zu »wecken«, benutze ich dazu einen Triangelschlag, puste die zu Beginn der Geschichte entzündete Duftkerze aus (Sandelholz-Cannabis kann ich empfehlen!), lasse jedes einzelne Kind durch einen mit Plastikblumen geschmückten Holzreifen steigen, dann durch einen aus Stoffbahnen genähten Tunnel kriechen und schließlich noch zehn abgezählte Schritte rückwärts durch den Kindergarten gehen, um auch wirklich den Ausstieg aus der Märchenwelt zu schaffen. Das mag nun ein wenig übertrieben klingen, aber nur so gelingt die Trennung zwischen Realität und der wundersamen Welt der fauchenden Drachen und mutigen Recken. Mehr als einmal bekam ich Anrufe von besorgten Eltern, die mir verstört berichteten, dass nicht etwa ihr Kind vom Unterricht zurückgekehrt sei, sondern Rumpelstilzchen, der böse Wolf oder die Prinzessin auf der Erbse höchstselbst! »Machen Sie sich keine Sorgen«, versuche ich in diesen Fällen zu beschwichtigen. »Ihr Kind hat nur die Ausfahrt in die Wirklichkeit verpasst. Bleiben Sie ruhig und halten Sie Ihr Kind vom Familienschmuck, Lebkuchen und den sieben Geißlein fern! Der Märchenexorzist ist bereits auf dem Weg zu Ihnen!«

Aber wäre es nicht schön, wenn auch wir Erwachsenen es selbst wieder schaffen würden, dermaßen tief in der Welt der Märchen zu versinken? Uns an jahrhundertealten Archetypen und seit Menschengedenken geltenden Symbolen hinabzuhangeln bis zum Grund einer Erzählung? Stattdessen werden unsere auf- und abgeklärten Geister immer wieder an die Oberfläche der grauen Realität gedrückt, wie eine dieser quietschgelben Badeenten. Das muss nicht sein! Der Schlüssel zur Symbolik der Grimm'schen Märchenwelt trägt ein jeder in sich. Man ist als Erwachsener bedauerlicherweise nur andauernd abgelenkt von Leasingverträgen, Steuerdokumenten, Diätplänen und Scheidungsunterlagen.

Das folgende interaktive Märchen soll dabei helfen, das Oberstübchen so richtig zu entrümpeln und für ein paar Minuten von allem fantasiefeindlichen Ballast zu befreien. So funktioniert's: In dem Märchen geht es um einen Prinzen, der sich auf den Weg machen muss. »Das fängt ja schon wieder gut an!«, höre ich euch Leserinnen und Leser rufen. »Warum darf immer der Prinz der Held sein? Warum kann nicht einmal eine starke, kluge Prinzessin sich mit Riesen,

Wölfen oder bösen Stiefmüttern, respektive Stiefvätern durchs Märchenland prügeln? Was werden denn da für veraltete Rollenbilder zementiert?« Ich kann nur raten, sich frei zu machen von derartigen rationalen Überlegungen. Wie wichtig diese Fragen und Diskussionen in unserer Welt auch sind, in der Welt der Märchen sind sie hinfällig. Es geht darin nicht um Rollenbilder, sondern um Symbole. Das Kind macht keine Unterschiede zwischen den Geschlechtern, während es sich ganzheitlich dem Märchen hingibt. Das Kind ist in diesem Augenblick das ganze Märchen und nicht nur Teile daraus. Jungs werden zu Rittern und Hexen. Mädchen zu Prinzessinnen und Magiern. Und alle gemeinsam zum rauschenden Wald, der geheimnisvollen Höhle im Gestein oder meinetwegen zum wiehernden Einhorn. Nur wir Erwachsenen stehen wie der Esel am Berg und stellen Fragen zu einer Dimension, zu der wir schon lange den Schlüssel verloren haben. Aber ebendiesen wollen wir mit diesem Märchen wieder in uns finden. Also macht euch locker, Herrgott noch mal, und lest weiter.

Diesen Weg, den der Prinz beschreitet, dürft ihr, liebe Leserinnen und Leser, von Zeit zu Zeit selbst bestimmen. Als Wegweiser dienen euch in die Handlung eingeflochtene Gegenstände, Lebewesen oder Zahlen, die der klassischen Märchensymbolik entspringen. Sie zu entschlüsseln ist wichtig. Denn sie geben Aufschluss darüber, wie sich der weitere Verlauf der Geschichte entwickeln wird. Es werden Symbole auftauchen, die für das Gute stehen, für das Licht, für den Erfolg. Aber auch solche, die das Böse, die Schatten, das Versagen symbolisieren. Wählt also mit Bedacht. Und lest dann bei dem entsprechenden Abschnitt weiter. Jede Entscheidung wird unabdingbare Folgen nach sich ziehen. Wer sich für einen Weg der dunklen Symbolik entscheidet, soll anschließend nicht klagen, wenn das Märchen brutal, blutrünstig und actionreich endet. Wer hingegen stets auf dem hellen Pfad wandelt, der wird dem Prinzen zu Glück und Erfolg verhelfen. Und sich selbst zu einem sterbenslangweiligen Märchen. Aber ich will euch auf diesem Abenteuer nicht beeinflussen. Höchstens da und dort ein paar Hinweise streuen, damit ihr Schritt für Schritt euren eigenen, inneren Symbolschlüssel wiederentdecken könnt. Also lehnt euch zurück, dämpft das Licht und entzündet eine Duftkerze. Oder wer's braucht, meinetwegen eine Hokuspokuszigarette. Die Reise geht los …

Es war einmal ein Prinz. Ein hübscher, lieber Kerl war das, 1
wenn auch nicht der Klügste. Ihm mangelte es an nichts. Aber er hatte keine Lust mehr auf Schloss, Kutschenfahrten und Schwanenfilet. Er sehnte sich nach Freiheit, nach Abenteuer und nach dem wahren Glück. An einem stürmischen Winterabend, die Nacht war soeben über das Land hineingebrochen und hatte Schnee und Eis ausgeschickt, um Wald, Wiesen und alles Leben erstarren zu lassen, trat der Prinz frohen Mutes vor seinen Vater, den König, und rief: »Oh Vater, Vater. Mir steht nicht mehr der Sinn nach Prunk und einem Leben in Saus und Braus. Ich werde noch heute Nacht in die große, weite Welt aufbrechen und mich auf die Suche nach dem wahren, dem inneren Reichtum, dem totalen Glück machen.«

Der König sah ihn besorgt an und erwiderte: »Nun gut, mein Sohn. Mir war nicht bewusst, dass du ein solcher Hippie bist. Von mir hast du das jedenfalls nicht. Aber wir wollen nicht schlecht über die tote Königin sprechen und deine Stiefmutter wird es freuen. Also will ich dich nicht aufhalten. Du bist alt genug. Aber schau nur rasch zum Fenster hinaus, du Tor. Siehst du nicht, wie Väterchen Frost die Welt im eisigen Griff hat? Hörst du nicht das Heulen und Knurren der Tiere, die hungrig durch den Wald schleichen? Und schau auf das blasse Licht des Mondes. Das bedeutet nichts Gutes. In Nächten wie diesen geht der Teufel höchstpersönlich um. Auf der Suche nach hübschen, lieben, nicht allzu klugen Prinzen. Brich lieber auf, wenn die Sonne am Himmel steht!«

Der Prinz hielt kurz inne. Dann traf er eine Entscheidung.

Jetzt seid ihr an der Reihe. Habt ihr die zwei mächtigen Symbole beim Lesen bemerkt? Hell und Dunkel – nur wenige Zeilen voneinander getrennt. Auf der einen Seite die Sonne: Sie steht für die Auferstehung, für das Neue. Für Mut und Zuversicht. Für Jugend und Tugend. Auf der anderen Seite hingegen der Mond: Er steht für die alles verschlingende, alles vergessen machende Nacht. Für die süße Gefahr und die im Verborgenen lauernde Verlockung. Für Spaß und Exzess. Aber entscheidet selbst.

Lauscht dazu kurz in euch hinein und lest dann beim entsprechenden Abschnitt weiter. Für »Sonne« bei Abschnitt 12. Für »Mond« bei Abschnitt 3. Und nicht schummeln. Ich merke alles! Schließlich bin ich Profi.

2 Prüfend blickte die Eule unseren Prinzen an. Dabei verengten sich ihre sonst untertellergroßen Augen zu Schlitzen. Dann führte sie ihren Schnabel ganz dicht an das Ohr des Jünglings und krächzte: »Oh Jüngling, Jüngling, Königssohn. Weißt du das nicht schon? Du bist nicht im Wald. Der Wald ist in dir!«

Kryptisch, rätselhaft und voller Anspielungen. So ist sie, unsere Sphinx des Waldes! Schnell die nächste Frage!

Unter Abschnitt 8 fragt der Prinz »Wo finde ich das wahre Glück?«.

Unter Abschnitt 7 hingegen lässt er die Fragerei sein und grübelt selbst über den Sinn des Lebens nach.

3

Wie gesagt. Er war nicht der Klügste, unser lieber, hübscher Prinz, und so stolperte er in den dunklen Winterforst, ohne Sinn, Verstand oder frische Unterwäsche. Bereits nach wenigen Augenblicken wurde er von der Dunkelheit verschluckt und weder Pfeifen noch Singen vermochte verhindern, dass ihm angst und bang wurde. Immer tiefer geriet er ins Gehölz. Scharfe, von den Bäumen hängende Eiszapfen und im Schnee verborgene Stachelranken zerfetzten sein güldenes Gewand und zogen blutige Striemen über seinen jugendlichen Körper. Leichenfingern gleich zerkratzten ihm Äste das edle Antlitz. Salzige Tränen quollen unter den zugefrorenen Lidern hervor und sorgten dafür, dass seine aufgeschrammten Wangen wie Höllenfeuer brannten! (*Ich hatte euch gewarnt, oder? Spätestens jetzt sollte auch der Letzte unter euch kapiert haben, dass die Märchenwelt kein Ponyhof ist!*) Und zu allem Unheil kam auch noch ein lautes Knurren näher und kreiste den Prinzen ein. Als er nur noch ein zitterndes Bündel war, riss er sein letztes Streichholz an. In dessen Schein sah er ein Tier vor sich im Schnee liegen. Eine Eule mit gebrochenem Flügel schaute ihn mit großen Augen an und flehte: »Oh Jüngling, Jüngling, Königssohn! Hilfst du mir, sei Glück dein Lohn! Huhu! Huhu!« Der junge Prinz wollte das verletzte Tier soeben aufheben, da kroch eine züngelnde Schlange zwischen den Felsen hervor und lockte: »Oh Jüngling, Jüngling, Königssohn! Folgst du mir, sei

Gold dein Lohn!« Der Prinz erschrak gar fürchterlich über das garstige Tier, da zischte die Schlange noch drohender: »Oh Jüngling, Jüngling, Königssohn. Nur zu deiner Information: Verfolgt wirst du von Klauen und Zähnen, die dich gern zur Mahlzeit nähmen! Also tu dir einen Gefallen, lass die Eule, flieh vor den Krallen und folge mir ratzfatz zu einem wundervollen Schatz!« In dem Augenblick erlosch die kleine Flamme am Hölzchen des Prinzen. Und er saß zwischen Eule, Schlange und fletschenden Reißzähnen im Dunkeln.

Spannend, oder? Wieder haben wir zwei Symbole. Diesmal in Form von Tieren. So steht die Eule als Wappentier der Gelehrten und Weisen für voraussehende Klugheit und Intelligenz. Und nicht etwa einfach für Harry Potter, wie viele Erwachsene immer wieder denken. Die Eule vermag sich dank ihrer guten Augen in jedem noch so finsteren Wald zurechtzufinden. Wenn sie nicht gerade notgeil einem Weibchen hinterherfliegt, in einen Baum kracht und mit gebrochenem Flügel im Schnee liegen bleibt wie das unglückliche Tier in unserem Märchen. Aber wenden wir uns der Schlange zu. Seit Anbeginn der Menschheit steht sie für die Sünde, ja für das Böse selbst. Kurz gesagt: Das Haustier aller Häretiker und Beelzebuben steht für Spannung, Action, Sex. Was darf's also sein? Welchem Tier soll sich der Prinz zuwenden?

Für Eule lest weiter bei Abschnitt 17.

Für Schlange geht's weiter bei Abschnitt 5.

4 Verwirrt stellte der Prinz seine nächste Frage: »Eule, Eule, habe ich bereits drei Fragen gestellt?« Die Eule sah ihn enttäuscht an und antwortete: »Du Volltrottel. Das war soeben deine vierte Frage. Ich mach mich vom Acker. Tschüssikowski, du Horst, und grüß mir die Hölle.« Mit diesen Worten erhob sie sich trotz geschienter Flügel in die Luft und flog über die Baumwipfel davon. Verdutzt sah ihr der Jüngling nach.

Im gleichen Augenblick fuhr ein Sturmwind durch den Wald und ließ die Bäume knacken wie morsche Knochen. Mit einem Schlag verstummten die Einhörner, Wichtel und Wolfsrudel. Dafür stieg das Wehklagen Tausender verlorener Seelen aus der Hölle empor. Der Waldboden tat sich vor den Augen des ängstlichen Prinzen auf und der Kluft entstieg eine drohende, schwarz behaarte Gestalt, mit scharrendem Pferdefuß, schwarzen Augen und gehörntem Haupt. Der Teufel persönlich stand jetzt vor dem Prinzen, der ob des Gestanks von Schwefel und Moschus fast das Bewusstsein verlor.

Donnernd erhob sich nun die Stimme des schwarzen Gesellen: »Ich habe keine Ahnung, wie du jetzt noch dein Glück finden sollst. Aber weißt du was? Wichtig ist nur, dass ich dich heute Nacht gefunden habe. Jüngling, Jüngling, Königssohn – Glut und Schwefel sei dein Lohn!« Mit diesen Worten hob er den Prinzen empor und schleuderte ihn böse lachend in den glühenden Höllenschlund. Ende.

Nun, ich gebe zu, dass dieses Ende etwas abrupt kam. Ich bin mir sicher, dass ihr ein solch grausames Schicksal für den bedauernswerten Prinzen nicht wolltet. Habe ich recht? Daher gewähre ich euch eine letzte Entscheidung. Dabei lassen wir mal den ganzen esoterischen Schnickschnack und Firlefanz um Symbole, verlegte Schlüssel und genderneutrale Einhörner beiseite. Entscheidet frei und nach gutem Gewissen – sollte man sowieso mehr machen im Leben. Nicht zuletzt ist es das, was ich den Kindern immer beizubringen versuche. Nichts ist vorgeschrieben. Nehmt euer Leben selbst in die Hand und macht daraus, was ihr wollt, ohne irgend-

welche Vorstellungen zu bedienen. Frohen Mutes voran. Und somit zurück zu der letzten anstehenden Entscheidung: Falls ihr, liebe Leserinnen, liebe Leser, ausrufen wollt: »Nein! So darf es nicht enden! Dem jungen Prinzen soll der Zufall zu Hilfe eilen, auf dass er nicht sofort in den glühenden Höllenschlund stürzt!«, dann lest weiter bei Abschnitt 9. Diejenigen unter euch, die auf keinen Fall auf das ganz dicke Ende verzichten wollen und die daraus resultierende Verantwortung nicht scheuen, lesen weiter bei Abschnitt 18.

5 »Jeder ist sich selbst der Nächste«, murmelte der nicht allzu kluge und nun auch nicht mehr allzu liebe Prinz in seinen noch nicht allzu vorhandenen Bart. Dann zuckte er nur mit den Schultern und warf das verwundete Eulentier in die Dunkelheit, dem unheimlichen Knurren entgegen. Und während hinter ihm das Federvieh von der zähnefletschenden Meute zerrissen wurde und sich der Schnee blutrot färbte, nutzte der Prinz den Augenblick zur Flucht und kroch auf dem Bauch der Schlange hinterher durchs Unterholz. Käfer und Würmer verfingen sich in seinem Haar, handtellergroße Spinnen krochen in seinen offenen Mund und legten schleimige Eierpakete unter seiner Zunge ab.

(Ja, was denn? Höre ich da etwa Wehklagen und Jammern aus den Reihen meiner Leserinnen und Leser? Ihr habt es doch in der Hand! In diesem Märchen gibt es sehr wohl jungfräuliche Prinzessinnen zu erlösen, halbe Königreiche zu gewinnen und Einhörner zu entdecken. Aber nein, ihr wart ja so gierig und habt die arme Eule im Stich gelassen! Also tut jetzt nicht so entsetzt! Falls es euch tröstet: Die meisten Kinder hätten sich auch so entschieden wie ihr gerade. Also weiter.)

Nach endlosem Kriechen durch Eis und Schnee fragte der Prinz schließlich die Schlange: »Oh Schlange, Schlange, sind wir endlich da?« Die Schlange drehte sich kurz um, fixierte ihn und antwortete: »Oh Jüngling, Jüngling, Königssohn, stellst deine erste Frage schon? Nun gut, hier sei die Antwort: Ja, ja.« Stunden später, der Prinz spürte vor Kälte kaum noch seine Arme und Beine, fragte er abermals die Schlange: »Schlange, Schlange, ist es noch weit?« Die Schlange hielt kurz inne und zischte dann: »Oh Jüngling, Jüngling, Königssohn, stellst deine zweite Frage schon? Nun gut, hier sei die Antwort: Nein, nein.« Wieder Stunden später, der Tag war gerade angebrochen und zum Schneefall gesellte sich noch ein frostiger Wind, versuchte der Prinz abermals, an eine verlässliche Information zum Stand der Dinge zu kommen. »Oh Schlange, Schlange. Wann hat denn der verdammte Wald nun ein Ende?« Nun stoppte die Schlange, richtete sich auf und zischelte dem Prinzen zu: »Oh Jüngling, Jüngling, Königssohn, stellst deine letzte Frage schon? Nun gut, hier sei die Antwort: Dieser Wald hat genau dort ein Ende, wo ich ein Ende hätte, würde ich mir selbst in den Schwanz beißen.« Und während sie das sagte, blitzten ihre kleinen schwarzen Augen boshaft. Nun reichte es dem Prinzen. So war das alles nicht gedacht. Was erlaubte sich dieses kriechende Scheusal überhaupt? Ihm brannte eine weitere, eine vierte Frage auf der Zunge.

Obacht! Habt ihr den symbolischen Charakter dieses Abschnitts bereits erfasst? Es geht um die Zahl Drei, die in Märchen allgegenwärtig ist. Die drei goldenen Haare des Teufels. Die drei Brüder. Dreimal versucht die böse Stiefmutter, Hänsel und Gretel auszusetzen. Drei Prüfungen muss das tapfere Schneiderlein bestehen. Nicht zu vergessen Justus, Peter und Bob. Außerdem ist Donald Trump zum dritten Mal verheiratet. Ihr seht: Alle, wirklich alle spannenden Geschichten beinhalten die Zahl Drei. Und überall gilt: Die Zahl Drei darf unter keinen Umständen gebrochen werden. Das hätte üble Folgen für den Protagonisten, denn die Drei ist eine heilige Zahl. Sie leitet den Helden sicher durch das Märchen. »Eins«, »zwei«, »drei« – und die Geschichte geht gut aus. Also könnt ihr euch denken, was es für Folgen hätte, wenn der Prinz eine vierte Frage stellt. Oder? Das könnt ihr doch nicht wollen. Oder etwa doch? Entscheidet euch.

Falls euch die Zahl Drei heilig ist oder wenn der Prinz einfach mal die Klappe halten soll, lest weiter bei Abschnitt 6.

Falls ihr wirklich dermaßen neugierig und schadenfreudig sein solltet, dass ihr die Antwort um jeden Preis wissen wollt, lasst ihn die vierte Frage stellen und lest dazu weiter bei Abschnitt 14.

6 Ja, auch ein dummer und herzloser Prinz vermag auf drei zu zählen und sich ausmalen, was ihm blüht, wenn er diese heilige Märchenzahl gedankenlos missachtet. So hütete der junge Königssohn seine Zunge und kroch weiterhin der Schlange hinterdrein. Denn schon damals im königlichen Kindergarten hatte er gelernt, was sich schickt und gehört. Trotzdem: Was mochte das listige Reptil mit seinen wirr klingenden Worten gemeint haben? Wo genau hatte eine Schlange ein Ende, wenn sie sich selbst in den Schwanz biss? Und wie sollte er das auf den Wald beziehen, den er gerade auf dem Bauch liegend durchquerte? Und während er noch darüber rätselte, merkte er nicht, wie er direkt und ohne symbolische Zweideutigkeiten zu Abschnitt 15 weiterkroch.

7

»Ich glaube, ich muss selbst herausfinden, wofür ich leben möchte«, sagte der junge Prinz bestimmt und setzte die Eule ab. »Dabei kann mir weder eine sprechende Eule noch eine tote Mutter helfen.« Und mit diesen Worten grub er sich eine Höhle in den feuchten Waldboden und setzte sich hinein.

Und wenn er nicht gestorben ist, dann sitzt er dort noch heute. Grübelnd über den unendlichen Wald, die Eule, den Teufel, seine Mutter und das blaublütige Schicksal an sich. Ende.

Na, das war wohl nix! Ihr habt anscheinend vergessen, dass es sich bei dieser Erzählung immer noch um ein Märchen handelt und nicht um eine anthropologische Abhandlung über die Zeit, den Lauf der Dinge oder die innere Existenz. In einem Märchen werden Entscheidungen gefällt und Wege gefunden, nicht Fragen gewälzt und die Seele geschunden. Es gibt nur schwarz und weiß. Gut und böse. Richtig und falsch. Alles andere ist die Wirklichkeit. Und genau der wollen wir schließlich entkommen, oder? Also reißt euch am Riemen und beginnt nochmals bei Abschnitt 1!

8

Das weise Eulentier plusterte sich wichtig auf und verkündete dann: »Oh Jüngling, Jüngling, Königssohn. Eure Frage ist ein Hohn. Denn das Glück, ihr habt es schon!« Dem Prinzen wurde es bei diesen Worten ganz leicht ums Herz. Sollte er bereits am Ziel seiner Reise sein?

Unter Abschnitt 16 stellt er schnell die nächste Frage.

Unter Abschnitt 7 hingegen lässt er die Fragerei sein und grübelt selbst über den Sinn des Lebens nach.

9 Wie es der Zufall wollte, stürzte der Prinz nicht sofort in den glühenden Höllenschlund, sondern blieb mit dem rechten Auge an einer hervorstehenden Wurzel hängen. Dort schwang er, einem blutüberströmten, schreienden Pendel gleich, über dem Abgrund hin und her. Und bevor ihn das Feuer von den Füßen her langsam verzehrte und ihm der Geruch von seinem eigenen verbrannten Fleisch in die Nase stieg, stieß er mit letzter Kraft ärgerlich hervor: »Oh Teufel, Teufel, sag, warum man mir ein solches Ende bereitet.« Der Teufel blickte höhnisch auf ihn herab und erwiderte: »Frag nicht mich. Die Leser haben dich geleitet!« Und dann entschwand er lachend in Schall und Rauch und ließ den armen Prinzen über der Glut zappeln.

Und wenn er nicht gestorben ist, dann hängt er dort noch heute. Ende. Definitiv.

Tja. So kann es gehen, wenn man mit der Symbolik der Märchen Schindluder treibt. Wer einmal vom rechten Weg abgekommen ist, findet nur schwer wieder zurück. Da nützt es nichts, wenn man am Schluss mit einer gnädigen Entscheidung alles wieder ins Lot bringen möchte! Aber immerhin zeigt dieses Ende, dass ihr den Schlüssel zum Märchenverständnis wieder entdeckt habt. Auch wenn dafür ein hoffnungsvoller, junger, angehender König, der die Märchenwelt hätte retten können, grausamst geopfert wurde.

10 Mit zusammengekniffenen Augen spitzte der junge Prinz die Lippen und presste sie dem Vogel auf den hörnernen Schnabel. Und als er die Augen wieder öffnete, war der Nachtvogel zu einer wunderschönen Prinzessin geworden. Glücklich darüber, nun alles zu besitzen,

was sein Herz begehrte, und befreit von seinen Flausen im Kopf, kehrte der junge Prinz mit seiner Auserwählten auf das väterliche Schloss zurück, übernahm Zepter und Bausparvertrag und führte fortan ein ordentliches und gesittetes Leben im Märchenreich.

Und wenn er dort gestorben ist, dann wohl aus Langeweile.

Ende.

Ich darf euch gratulieren. Ohne Zweifel habt ihr euren inneren Symbolschlüssel wiedergefunden. Sicher habt ihr den Prinzen allen Widrigkeiten zum Trotz in den sicheren Hafen der Vereinigung und königlichen Verantwortung gelotst. Genauso wie man es von Märchen gewohnt ist. Besonders kreativ ist das zwar nicht. Aber immerhin heult keiner am Schluss. Und das ist eine ganze Menge wert. Gerade im Kindergarten.

11

»Mutter wird schon wissen, was für mich richtig ist«, sprach der Prinz, ließ all die lächerlichen Abenteuerträume fahren, machte stattdessen ein prasselndes Feuer, lüftete seinen Pullover an einem Ast aus, brachte sein Krönchen auf Hochglanz und putzte sich die Nase. Und als Fuchs und Hase sich Gute Nacht sagten, nutzte er diese günstige Gelegenheit zu seinem Vorteil. Später, nun mit einer wärmenden Fuchsfellmütze und einem leckeren Hasenbraten im Magen, legte er sich in Wohlgefallen an die wärmende Glut und beglückwünschte sich selbst zu seiner Redlichkeit. Mitten in der Nacht schreckte er hoch. Um ihn herum knurrte und heulte es schauerlich in der Dunkelheit. Der Duft des Hasenbratens hatte ein Rudel Wölfe angelockt. Eiligst raffte er seine sieben Sachen zusammen und stolperte panisch in den dunklen Wald hinein. In seiner Not riss er sein letztes Streichholz an. In dem Schein sah er vor sich ein Tier im Schnee liegen. Eine Eule mit gebrochenem Flügel blickte ihn mit großen Augen an und flehte: »Oh Jüngling, Jüngling, Königssohn! Hilfst du mir, sei Glück dein Lohn! Huhu! Huhu!« Der junge Prinz wollte das verletzte Tier soeben aufheben, da kroch eine züngelnde Schlange zwischen den Felsen hervor und lockte: »Oh Jüngling, Jüngling, Königssohn! Folgst du mir, sei Gold dein Lohn!« Der Prinz erschrak gar fürchterlich über das garstige Tier, da zischte die Schlange noch drohender: »Oh Jüngling, Jüngling, Königssohn. Nur zu deiner Information: Verfolgt wirst du von Klauen und Zähnen, die dich gern zur Mahlzeit nähmen! Also tu dir einen Gefallen, lass die Eule, flieh vor den Krallen und folge mir ratzfatz zu einem wundervollen Schatz!« In dem Augenblick erlosch die kleine Flamme am Hölzchen des Prinzen. Und er saß zwischen Eule, Schlange und fletschenden Reißzähnen im Dunkeln.

Spannend, oder? Wieder haben wir zwei Symbole. Diesmal in Form von Tieren. So steht die Eule als Wappentier der Gelehrten und Weisen für vorausschauende Klugheit und Intelligenz. Und nicht etwa einfach für Harry Potter, wie viele Erwachsene immer wieder denken. Die Eule vermag sich dank ihrer guten Augen in jedem noch so finsteren Wald zurechtzufinden. Wenn sie nicht gerade notgeil einem Weibchen hinterherfliegt, in einen Baum kracht und mit gebrochenem Flügel im Schnee liegen bleibt wie das unglückliche Tier in unserem Märchen. Aber wenden wir uns der Schlange zu. Seit Anbeginn der Menschheit steht sie für die Sünde, ja für das Böse selbst. Kurz gesagt: Das Haustier aller Häretiker und Beelzebuben steht für Spannung, Action, Sex. Was darf's also sein? Welchem Tier soll sich der Prinz zuwenden?

Für Eule lest weiter bei Abschnitt 17. Für Schlange geht's weiter bei Abschnitt 5.

12

Der Prinz schlug sich mit der flachen Hand so heftig gegen die Stirn, dass sein Krönchen verrutschte. »Vater! Ihr habt ja so recht! Ich werde natürlich erst morgen früh aufbrechen. Was täte ich nur ohne euch!« Der weise König verdrehte die Augen. Und so ließ er seinen Sohn ziehen, sobald die ersten Sonnenstrahlen auf den Zinnen der Burg tanzten. Mit einem fröhlichen Lied auf den Lippen und einem vor Freude hüpfenden Herzen wanderte der junge Prinz schließlich durch den Märchenwald. Die Wärme ließ den Schnee schmelzen und befreite die Wege von Eis und Frost. So kreuzte der Jüngling sonnendurchflutete Lichtungen mit stolzen Einhörnern, die ihm würdevoll zunickten, und grüßte so manchen Wurzelzwerg, der vor seiner Höhle hockte und zufrieden ein Pfeifchen rauchte. Das Ränzlein des Prinzen war vollgepackt mit guten Sachen und so vermochten kein Hunger und kein Durst seine Laune zu trüben. Und doch fehlte ihm etwas. »Das eigentliche Glück, das große Abenteuer des Lebens«, sinnierte er. »Es ist wahrscheinlich nur abseits ausgetretener Pfade zu finden!« Mit diesen Worten machte er sich daran, den Waldweg zu verlassen und sich stattdessen durch das dunkle Gehölz zu schlagen. Da wurde er urplötzlich der Stimme der verstorbenen Königin, seiner geliebten Mutter, gewahr, die warnend aus den jenseitigen Schatten zu ihm sprach: »Oh Jüngling, Jüngling, Königssohn, schau, die Nacht, sie kommet schon. Das ist alles nicht geheuer, sei klug und mach ein Feuer, du warst noch nie ein Held, mehr Hase. Und bitte: putze dir die Nase!«

Verwirrt stand der Prinz nun da. Mit einem Bein im Unterholz und Mama im Kopf. Was sollte er jetzt bloß tun?

Genau an dieser Stelle trennt sich nun die Spreu vom Weizen. Hier treffen zwei Symbole aufeinander, die unterschiedlicher nicht sein könnten. Dort haben wir den dunklen Wald, der für das Unbewusste des Märchenhelden steht. Diesem muss er sich stellen, wenn er eine Transformation zu was auch immer durchlaufen möchte. Und da haben wir die treusorgende Übermutter, die für alles steht, was einem richtigen Abenteuer widerspricht: Ruhe, Sicherheit, Gesundheit, gebügelte Socken und ein sauberes Taschentuch.

Draufgänger oder Muttersöhnchen? Hui oder pfui? Held oder Hase? Die Entscheidung liegt bei euch.

»Mama!« findet ihr bei Abschnitt 11. »Drama!« hingegen unter Abschnitt 3.

13 Nervös ruckte die Eule mit ihrem Kopf hin und her, drehte ihn einmal um die eigene Achse, um dann aufgeregt dermaßen wild mit den Flügeln zu schlagen, dass die provisorische Schiene daran knackte. »Oh Jüngling, Jüngling, Königssohn, gewiss hundert Male schon. Ihn zu finden ist nicht schwer. Ihn abzuschütteln hingegen sehr!«

Kryptisch, rätselhaft und voller Anspielungen – so ist sie, unsere Sphinx des Waldes! Schnell die nächste Frage!

Unter Abschnitt 8 fragt der Prinz »Wo finde ich das wahre Glück?«.

Unter Abschnitt 7 hingegen lässt er die Fragerei sein und grübelt selbst über den Sinn des Lebens nach.

14

Der dumme, der wirklich sehr dumme Prinz stand auf, klopfte sich den Schnee von seiner zerschlissenen Hose und rückte das Krönchen zurecht. Dann stemmte er trotzig die dünnen Arme in die Hüfte und schleuderte der Schlange eine weitere, eine vierte Frage entgegen: »Oh Schlange, Schlange, so sag mir doch bitte, wie ich mein Glück finden soll, wenn ich ja doch seit Stunden nichts anderes mache, als auf dem Bauch einem hinterhältigen Reptil durch Schnee und Eis zu folgen?« Im gleichen Augenblick fuhr ein Sturmwind durch den Wald und ließ die Bäume knacken wie morsche Knochen. Mit einem Schlag verstummten die Vögel im Geäst und das Gewürm im Haar des Prinzen. Dafür stieg das Wehklagen Tausender verlorener Seelen aus der Hölle unter ihm empor. Die Schlange ließ höhnisch ihre gespaltene Zunge vor- und zurückschnellen. Dann richtete sie sich auf. Größer und größer wurde sie und verwandelte sich vor den Augen des ängstlichen Prinzen in eine drohende, behaarte Gestalt, mit scharrendem Pferdefuß, schwarzen Augen und einem gehörnten Haupt. Der Teufel persönlich stand jetzt vor dem Prinzen, der ob des Gestanks nach Schwefel gemischt mit einem Hauch Moschus fast das Bewusstsein verlor. Donnernd erhob sich nun die Stimme des schwarzen Gesellen: »Ich habe keine Ahnung, wie du jetzt noch dein Glück finden sollst. Aber weißt du was? Wichtig ist nur, dass ich dich heute Nacht gefunden habe. Oh Jüngling, Jüngling, Königssohn, Glut und Schwefel sei dein Lohn!« Mit diesen Worten hob er den Prinzen empor und schleuderte ihn böse lachend in den glühenden Höllenschlund. Ende.

Nun, ich gebe zu, dass dieses Ende wohl etwas abrupt kam. Ich bin mir sicher, dass ihr ein solch grausames Schicksal für den bedauernswerten Prinzen nicht wolltet. Habe ich recht? Daher gewähre ich euch eine letzte Entscheidung. Dabei lassen wir mal den ganzen esoterischen Schnickschnack und Firlefanz um Symbole, verlegte Schlüssel und genderneutrale Einhörner beiseite. Entscheidet frei und nach gutem Gewissen – sollte man sowieso mehr machen im Leben. Nicht zuletzt ist es das, was ich den Kindern immer beizubringen versuche: Nichts ist vorgeschrieben. Nehmt euer Leben selbst in die Hand und macht daraus, was ihr wollt, ohne irgendwelche Vorstellungen zu bedienen. Frohen Mutes voran.

Und somit zurück zu der letzten anstehenden Entscheidung: Falls ihr, liebe Leserinnen, liebe Leser, ausrufen wollt: »Nein! So darf es nicht enden! Dem jungen Prinzen soll der Zufall zu Hilfe eilen, auf dass er nicht sofort in den glühenden Höllenschlund stürzt!«, dann lest weiter bei Abschnitt 9.

Diejenigen unter euch, die auf keinen Fall auf das ganz dicke Ende verzichten wollen und die daraus resultierende Verantwortung nicht scheuen, lesen weiter bei Abschnitt 18.

15

Stunden später versuchte der Prinz abermals, an eine verlässliche Information zum Stand der Dinge zu kommen. »Oh Schlange, Schlange. Wann hat denn der verdammte Wald nun ein Ende?« Wieder stoppte die Schlange, richtete sich auf und zischelte dem Prinzen erneut zu: »Oh Jüngling, Jüngling, Königssohn, stellst deine letzte Frage schon? Nun gut, hier sei die Antwort: Dieser Wald hat genau dort ein Ende, wo ich ein Ende hätte, würde ich mir selbst in den Schwanz beißen.« Und während sie das sagte, blitzten ihre kleinen schwarzen Augen boshaft. Nun reichte es dem Prinzen. Auf derartige Déjà-vu-Erlebnisse hatte er absolut keinen Bock. Was erlaubte sich dieses kriechende Scheusal überhaupt? Ihm brannte eine weitere, eine vierte Frage auf der Zunge.

Ihr könnt euch denken, was es für Folgen hätte, wenn der Prinz abermals die vierte Frage nur herunterschlucken und brav der Schlange weiter hinterdreinkriechen würde. Oder? Das könnt ihr doch nicht wollen. Also entscheidet euch.

Falls euch die Zahl Drei heilig ist oder ihr einfach geil darauf seid, euch in der Unendlichkeit zu verlieren, lest weiter bei Abschnitt 6.

Ansonsten lasst ihn endlich bei Abschnitt 14 diese blöde Märchenregel brechen und die vierte Frage stellen. Denn ich weiß: In eurem dunklen Innersten wollt ihr es doch auch.

16

»Dann sag mir, Eule«, fuhr der Prinz beschwingt fort. »Was ist der Sinn des eigenen Strebens und Lebens?« Da schmiegte das Tier sanft sein Federnhaupt an seine schmale Brust und seufzte: »Oh Jüngling, Jüngling, Königssohn, die Liebe ist des Lebens Lohn. Und jetzt mach hin und küss mich schon!«

Nur ungern unterbreche ich diese delikate Szene. Ich will diesen intimen Moment gar nicht mit theoretischen Abhandlungen über den Symbolismus verderben. Ein Kuss ist schließlich ein Kuss. Nur so viel: Der Prinz ist volljährig. Die Eule auch. Also entscheidet selbst mit dem Kopf oder dem Herzen.

Der Prinz stellt unter Abschnitt 4 lieber noch schnell seine letzte Frage.

Unter Abschnitt 10 hingegen geht es zur Sache. Eul-lala!

17 Der junge Prinz mochte vielleicht nicht die hellste Kerze auf dem Kuchen sein, aber ein gutes Herz hatte er. Er drückte das versehrte Federtier fest an sich, machte zwei Schritte von der züngelnden Schlange weg, griff dann schnell einen faustgroßen Stein und warf diesen mit einem Kriegsschrei nach dem Reptil. Da er damals im königlichen Kindergarten nur ungenügend feinmotorisch gefördert worden war, verfehlte er die Schlange zwar, aber diese verkroch sich wütend zischend im Unterholz. Die Eule vermochte dank ihrer guten Augen dem Prinzen nun einen sicheren Weg durch die Nacht zu weisen. Und als der Morgen anbrach und die Sonne wieder lachte, schiente er dem Tier den gebrochenen Flügel mit einem Hölzchen. Dazu erzählte er ihr von seiner geliebten Mutter, dem Leben auf dem Schloss und seiner Briefmarkensammlung. »Du magst zwar ein Langweiler sein, oh Prinz«, gähnte die Eule. »Aber du hast mir mein Leben gerettet. Dafür werde ich dir drei Fragen beantworten.«

Habt ihr den symbolischen Charakter dieses Abschnitts bereits erfasst? Es geht um die Zahl Drei, die in Märchen allgegenwärtig ist. Die drei goldenen Haare des Teufels. Die drei Brüder. Dreimal versucht die böse Stiefmutter, Hänsel und Gretel auszusetzen. Drei Prüfungen muss das tapfere Schneiderlein bestehen. Nicht zu vergessen Justus, Peter und Bob. Außerdem ist Donald Trump zum dritten Mal verheiratet. Ihr seht: Alle, wirklich alle spannenden Geschichten beinhalten die Zahl Drei. Und überall gilt: Die Zahl Drei darf unter keinen Umständen gebrochen werden. Das hätte üble Folgen für den Protagonisten, denn die Drei ist eine heilige Zahl. Sie leitet den Helden sicher durch das Märchen. »Eins«, »zwei«, »drei« – und die

Geschichte geht gut aus. Also was soll der Prinz die Eule nun zuerst fragen?

»Hat dieser Wald einmal ein Ende?«, fragt der Prinz bei Abschnitt 2.

»Bist du schon einmal dem Teufel begegnet?«, fragt der Prinz bei Abschnitt 13.

18

Schier unerträglich lange hallten die Schmerzensschreie des jungen Prinzen von den schroffen Felsen des Abgrundes wider, als er in einer See aus flüssigem Feuer verging. Der Teufel weidete sich an diesem grausamen Schauspiel, indem er am Höllenschlund ein Picknick aus gebratenen Einhörnern und Eulen einnahm und dabei seine scheußlichen Pferdehufe in der brodelnden Lava badete. Nachdem er seinen Magen gefüllt hatte, machte er sich daran, denjenigen zu besuchen, der ihm diesen Spaß bereitet hatte ... Und auch wenn du noch nicht gestorben bist, steht doch der Teufel bereits hinter dir. Ende.

Wer sich auf das Spiel mit den uralten Symbolen der Märchenwelt einlässt, muss sich den Konsequenzen stellen. Und diese reichen aus dem Unbewussten oftmals weiter in unsere Realität hinein, als wir uns bewusst sind. Schön durftet ihr das erfahren. Und nun klappt das Buch zu und blickt euch schnell um – wenn ihr euch traut.

DIE LISTE ODER ELTERN IM KINDERGARTEN (4)

Einen Purzelbaum schlagen können. Die Zahlenbegriffe eins bis zehn beherrschen. Die Grundfarben kennen. Dreißig Sekunden auf einem Bein hüpfen. Zehn Tiere erkennen und benennen. In einfachen Worten das Wetter beschreiben. Wissen, wie man mit einer Schere und Leim umgeht. Fünf Kinderlieder kennen und mitsingen können. Drei Minuten ruhig und mit geschlossenen Augen still stehen. Was sich hier liest wie ein Test, mit dem die Fahrtüchtigkeit eines Betrunkenen ermittelt wird, sind Punkte aus einem ganzen Katalog an Eigenschaften und Fähigkeiten, die ein Kind beherrschen sollte, wenn es in die Schule eintritt. Oder anders gesagt: Das ist es, was ein Kind im Kindergarten gelernt haben sollte.

Diese Kataloge und Merkblätter zirkulieren alle paar Jahre wieder unter den Kindergartenlehrpersonen. Mal kommen sie als Arbeitsblätter daher, die die Kinder dann unter »Prüfungsbedingungen«, am Tisch sitzend, ohne zu sprechen und mit klaren Zeitvorgaben, lösen sollen, mal, wie oben erwähnt, als einfache Liste, in denen Dutzende von Eigenschaften aufgezählt werden und zum Abhaken einladen, sobald das Kind etwas davon erfolgreich ausführen kann. Vielleicht sogar unter »normalen« Bedingungen. Anders als in der Grundschule gibt es auf der Kindergartenstufe keine verifizierten Lehrmittel oder Themen, die abgearbeitet werden müssen, um damit einen Grundstein für das nächste Jahr zu legen. Es gibt zwar Richtlinien und angedeutete Lehrpläne, aber grundsätzlich wählt die Kindergartenlehrperson die konkreten Lerninhalte und auch Lerngefäße, Bücher, Lieder, Verse und Themen individuell aus. Natürlich mit dem Wissen und der Erfahrung, dass die wichtigsten Kriterien erfüllt werden müssen, um einen gelungenen Übertritt in die Schule zu gewährleisten. Auf dass die kommende Lehrperson einen mit Sorgfalt und Umsicht geschliffenen Rohdiamanten erhält, den sie dann in die Fassung der Gesellschaft einfügen kann. Und sich nicht mit einem groben Kieselstein herumplagen muss, den sie am liebsten bei Nacht und Nebel wieder vor dem Kindergarten ablegen möchte.

Daher sind auch diese immer wieder weitergereichten Listen keinesfalls als verpflichtend oder verbindend anzusehen, sondern jeweils nur Empfehlungen, auf die sich irgendein Kinderarzt, eine Schulleitung oder ein Kindergartenverband geeinigt haben. Vielleicht wurden sie auch einfach aus einem Erziehungsratgeber herauskopiert. Vielfach ist das nicht so klar. Selbstverständlich werden diese Tests von uns Kindergartenlehrpersonen strikt abgelehnt. Individuelles, spielerisches Lernen sollte doch an erster Stelle stehen. Und überhaupt ist es in höchstem Maße unethisch, bereits Fünfjährige auf diese Art und Weise über einen Kamm zu scheren, indem man sie nebeneinander auf einem Bein hüpfen lässt und dabei einen Countdown herunterzählt wie auf dem Kasernenhof. Nein! Und während wir das sagen, schütteln wir Kindergartenlehrpersonen den Kopf und singen dazu das Hohelied des Individuums.

Wenn aber keiner schaut, wenn die Dämmerung über das Schulgelände hereingebrochen und der Hausmeister schlurfend seinen letzten Kontrollrundgang beendet hat, schleichen geduckte Schatten über die leeren Flure, drücken sich um Ecken in Richtung Lehrerzimmer. Dorthin wo der Kopierer steht. Blickt man von außen auf die Schule, könnte man jetzt durch das Fenster Lichtblitze erhaschen, wenn heimlich, heimlich, die Vervielfältigungsmaschine angeworfen wird, die mit einem gleichgültigen Summen pädagogisch verwerfliche Dokumente hundertfach ausspuckt.

Ja, es ist die grausame Wahrheit und ich gebe es hiermit zu. reumütig neige ich mein Haupt und gestehe dem hohen Gericht: Auch ich habe mit diesen Tests gearbeitet. Habe ganze Klassenzüge zu Farbtafeln abgefragt, auf zehn zählen lassen, im Minutentakt Kreise, Quadrate oder Dreiecke ausmalen lassen und zum kollektiven Stillsitzen genötigt. In meinem ersten Unterrichtsjahr, ich war unerfahren und verzweifelt. Zu meiner Verteidigung: Es hat verdammt gutgetan. Und um an dieser Stelle noch ein paar mildernde Umstände herauszuschlagen: Ich war nicht der Einzige. Nahezu jeder Erzieher, jede mir bekannte Kindergärtnerin hat ab und an eine dieser Listen und einen dieser Tests zurate gezogen, wenn der Frühling übers Land kam und die ersten Eltern sich zum Übertrittsgespräch angemeldet hatten.

Die oben erwähnte Freiheit in unserem Beruf bringt zwar viele Vorteile und Möglichkeiten, sich kreativ und individuell auf die Klasse einzulassen, aber auch eine gewisse Orientierungslosigkeit. Eine Unsicherheit und gefährliche Zweifel an der Fähigkeit, jedes einzelne Kind das Jahr über genügend gefördert und unterstützt zu haben. Dazu ist es mir immer wieder passiert, dass ich gewisse Kinder schlichtweg nicht genügend auf dem Radar hatte. Aus dem einfachen Grund, dass sie sich immer und überall bestens einfügten, weder sozial auffällig noch kognitiv schwächer oder stärker als andere waren. Wahrscheinlich sind alle Kindergartenlehrpersonen mit »Sonderfällen« dermaßen beschäftigt, dass sie das eine oder andere Kind einfach so mitlaufen lassen. Und am Ende des Jahres, wenn man dann die Beobachtungsunterlagen, die man über das ganze Jahr zu jedem Kind führt, aus der Schublade hervorzieht, hat man unter manchem Namen nur stehen: »Erster Kindergartentag. Alexander macht ganz toll mit.« Und ansonsten ist das Dokument leer. Oder noch drastischer ausgedrückt: Zwischen Tür und Angel fragt die Mutter, wie es denn so mit Alexander laufe. Und man ertappt sich selbst dabei, dass man gerade keine Ahnung hat, von wem die Dame spricht. Natürlich: Kevin, Osim, Aurelia und Liselotte muss man auf dem Schirm haben, aber wer war schon wieder Alexander? Und hat dieser Alexander in den vergangenen Monaten irgendetwas gelernt? Hat er irgendwelche Defizite? Einen Sprachfehler vielleicht? Hält er den Buntstift richtig in der Hand? Kann er sich selbst die Schuhe binden oder die Würfelaugen ablesen? So kann man sich vielleicht vorstellen, wie froh man dann über solch einen Test ist, den man mit schlechtem Gewissen mit der ganzen Klasse durchführt. Man weiß zwar anschließend immer noch nicht, ob besagtes Kind sich selbst die Schuhe binden, aber immerhin, ob es dreißig Sekunden auf einem Bein stehen kann. Oder ob es ein Pferd von einem Hund zu unterscheiden vermag.

Interessanterweise kommen diese Tests bei den Elterngesprächen immer sehr gut an. Ein solcher Test macht schließlich etwas her. Auch optisch. Grüne Häkchen, rote Kreuze,

Minutenangaben, Punktzahlen und eine saubere, logische Auswertung. Das ist schon was anderes als ellenlange Erklärungen über Sozialkompetenz oder Grobmotorik. Dann doch lieber ein Test, da hat man es schwarz auf weiß. Schließlich wurde er unter Prüfungsbedingungen durchgeführt. Das mag sich übertrieben anhören, aber ich hatte immer wieder Eltern im Gespräch, die sich erst durch einen solchen Test oder eine Abhakliste davon überzeugen ließen, dass bei ihrem Sprössling nicht nur eitel Sonnenschein herrschte, was seine vorschulische Karriere anbelangte.

Und so hatte ich mich eines schönen Aprilmorgens wieder einmal dazu hinreißen lassen, den Kindern eine dieser Checklisten mitzugeben. »Was Ihr Kind im Kindergarten können sollte«, stand drohend darauf. Was man sich mitdenken musste, war: »Ansonsten wird es auf dem Pausenplatz ausgelacht, muss die erste Klasse wiederholen, verliert den Anschluss und landet später auf dem Arbeitsamt, wo es vor dem Schalter umfällt, während es versucht, dreißig Sekunden auf einem Bein zu stehen.« In dem Test waren fünfundzwanzig Eigenschaften in fünf Kompetenzbereiche unterteilt, über die ein durchschnittliches Kindergartenkind gegen Ende des Jahres verfügen sollte. Als Diskussionsgrundlage fürs Elterngespräch.

Ich hatte ein paar harte Brocken in meiner Klasse und fürchtete, mit meinen Argumenten und Beobachtungen allein nicht weit zu kommen. Daher empfand ich es als hilfreich, gewissen Eltern ein paar Anhaltspunkte mitzugeben. Sollten sie doch ruhig schon einmal selbst mit ihren Kindern die Checkliste durchgehen und einige erhellende Momente erleben. Ich würde dann ein paar Tage später mit der ganzen Klasse einige der Übungen im Turnunterricht ausprobieren, um so einen besseren Überblick zu bekommen, wer was konnte und wer nicht.

Am nächsten Morgen stand Osims Mutter vor mir in der Garderobe. Freundlich, aber bestimmt gab sie mir die gestern von mir ausgehändigte Liste zurück, fein säuberlich in eine Klarsichthülle gesteckt. Sie habe mit Osim die Übungen gleich nach dem Mittagessen gemacht. Osims Deutsch ist noch mangelhaft. Er ist auch keiner, der laut im Kreis unsere Lieder mitsingt. Osim murmelt eher eine Art Halbplayback darüber. Auch kann er weder besonders gut mit der Schere umgehen oder zeichnen, noch ist er ein besonderes Bewegungstalent. Kurz: Osim hatte nicht gut abgeschnitten, als es darum ging, auf der Liste anzukreuzen, was man denn schon könne. Das Gesicht von Osims Mutter wird ernst, als sie mir erzählt, dass ihr Sohn ein schlechtes Gewissen bekommen und sogar geweint habe, und sich nicht mehr in den Kindergarten traue. Jetzt wurde auch ich ernst und schämte mich, diese idiotische Liste so leichtfertig in Umlauf gebracht zu haben. Verlegen zog ich das Papier aus der Klarsichthülle, um die Resultate etwas differenzierter zu betrachten. Ich stutzte, als dahinter mehrere beschriebene Blätter zum Vorschein kamen. Der Ernst in ihrem Gesicht war einem stolzen Lächeln gewichen. Ich glaubte, sogar etwas Trotz darin lesen zu können. Dies sei eine Liste aller Dinge, die Osim gut könne. Sie habe sie mit ihm daraufhin angefertigt, um ihrem Sohn zu zeigen, dass er sehr wohl bereits vieles kann.

Ich überflog kurz die drei Blätter und zählte rund sechzig verschiedene Fähigkeiten und Eigenschaften. Darunter Dinge wie Kekse backen, einen Superhelden nachspielen, Fahrrad fahren, einen halben Liter Milch austrinken ohne abzusetzen, eine Melodie pfeifen, allein im Dorfladen einkaufen gehen, den Vater im Herumtollen besiegen, ein Feuer anzünden, die ersten drei Plätze der aktuellen Hitparade nachsingen, flüstern, aus Lego Raumschiffe bauen, Autos nur am Motorengeräusch erkennen oder die ältere Schwester hochheben und durchs Zimmer tragen. Besonders stolz aber sei er darauf, erzählte mir Osims Mutter, als ich die Seiten wieder sinken ließ, dass er es schaffe, fast jede fremde Katze auf der Straße zu streicheln, ohne dass diese vor ihm weglaufe. Und das sei doch auch etwas wert, oder? Nachdenklich nickte ich. Das war es allerdings. Denn um eine fremde Katze streicheln zu können, braucht es nicht nur eine sichere Hand-Augen-Koordination, sprich gute Feinmotorik, sondern auch besonderes Einfühlungsvermögen, die Fähigkeit, sich vorsichtig dem scheuen Tier zu nähern, und nicht zuletzt Mut. Und das sind alleine bereits fünf Punkte auf meiner jämmerlichen Checkliste wert.

An diesem Morgen ließ ich die Kinder alles aufzählen, was sie gut konnten, und hielt dies schriftlich fest. So entstanden zwanzig Listen mit den erstaunlichsten Fähigkeiten, die ich so nie bei den Kindern vermutet hatte. Dazu las ich Osims fabelhafte Eigenschaften vor, was diesen natürlich stolz wie Bolle machte. Die vorgedruckten Checklisten benutzten wir als Malpapier und legten den Mäusekäfig damit aus. Ansonsten fand ich keine Verwendung mehr dafür.

Trotzdem werde ich immer wieder gefragt, was ein fünfjähriges Kind denn nun können solle. Ich sage dann meistens nichts. Außer vielleicht, dass es nie schaden könne, wenn ein Kind es schaffe, eine fremde Katze zu streicheln. Denn das ist schon viel wert.

EIN FALL FÜR INSPEKTOR DEVILLE ODER STRAFEN IM KINDERGARTEN

ÜBER DAS ANGEMESSENE BESTRAFEN VON KINDERN SIND SCHON UNZÄHLIGE BÜCHER GESCHRIEBEN WORDEN. ZU RECHT. Denn nichts ist schwieriger, als einem Kind eine Strafe aufzubrummen. Und nichts ist unbefriedigender. Gerade wenn es sich um ein Kindergartenkind aus der eigenen Klasse handelt. Die Möglichkeiten des Strafens in einem Kindergarten erscheinen immens: Hunderte Farbstifte anspitzen, alle Brettspiele auf Vollständigkeit überprüfen, nach dem Frühstück die Tische abwischen sowie den Boden fegen, als Letztes nach Hause gehen, nachdem man alle Hausschuhe schön hingestellt hat, oder Legosteine nach Farben sortieren. Das Problem dabei: Alle diese Dinge werden vom typischen Kindergartenkind nicht als Strafe verstanden. Schlimmer noch: Das Kindergartenkind macht all das mit Vergnügen. Es liebt es, dem Kindergärtner zu helfen. Alle Kinder wollen gern den Boden fegen, alle wollen die Farbstifte spitzen. Und wer länger im Kindergarten bleiben darf als die anderen, jubelt und fühlt sich privilegiert.

Unter uns: Mit solchen Sanktionen bestraft der Erzieher

nicht die fehlbaren Kinder, sondern belohnt sich selbst. »Endlich ein paar Minuten Ruhe!«

Muss denn Strafe im Kindergarten überhaupt sein? Was könnte man alles für großartige Dinge mit der Energie tun, die man als Erzieher fürs Ermahnen, Tadeln, Bitten, Betteln und Bestrafen im Kindergarten aufwendet! Was für eine Verschwendung! Dazu kommt das schlechte Gewissen, das einen plagt, nachdem man wieder eine Strafe aussprechen musste. Denn der verantwortungsvolle und selbstkritische Kindergärtner weiß natürlich: Jedes Fehlverhalten seiner Schüler ist ein Beweis seiner eigenen Unfähigkeit.

Vielleicht ist es aber auch einfach das Wort »Strafe« selbst, das vielen sauer aufstößt, wenn sie es im Zusammenhang mit Kindergarten hören. Natürlich könnte man es auch etwas pädagogischer mit »Lernen aus den Konsequenzen« bezeichnen. Aber schlussendlich bleibt es schlicht und einfach eine Strafe. Also wie straft man? Und wann?

Eine Strafe sollte im besten Falle direkt mit dem fehlerhaften Verhalten im Zusammenhang stehen. »Auge um Auge, Zahn um Zahn« – um es drastisch auf den Punkt zu bringen. Und sie sollte nicht zu lange auf sich warten lassen. Denn das Kind vergisst schnell und nichts ist gemeiner als eine Strafe, die das Kind nicht mehr nachvollziehen kann. Im allerallerbesten Fall sollte der oder die Schuldige Gelegenheit haben, mit der Strafe einen Schaden wiedergutzumachen. Aber das ist dann schon pädagogische Wertarbeit der Spitzenklasse und ich bewundere jeden, der dies im Alltag hinbekommt. Tatsächlich ist es mir nur ein einziges Mal gelungen, eine solche Strafe zu verhängen – und das war nicht im Kindergarten.

Ein sogenannter Fan unserer Radaucombo The Failed Teachers machte sich einen Spaß daraus, während der Songs immer wieder die Bühne zu erklimmen, nur um mir begeistert sein Bier ins Gesicht zu schütten. Darauf verschwand er wieder im Publikum, um ein paar Minuten später abermals mit einem vollen Becher auf die Bühne zu steigen und dessen Inhalt über mir und meinem Schlagzeug auszuleeren. So ging das gewiss drei, vier oder fünf Mal. Schließlich ging er dazu über, das Bier erst zu gurgeln, bevor er es mir ins Gesicht spuckte. Damit war eine Grenze bei mir überschritten und ich beschloss, ihn zu bestrafen. Natürlich pädagogisch wertvoll. Als er wieder die Bühne erklimmen wollte, unterbrach ich kurz den Song, ergriff die Basstrommel meines Schlagzeugs und schleuderte sie dem bierseligen Störenfried entgegen. Dieser stürzte darauf rückwärts von der Bühne, nicht ohne sich mit dem soeben geholten Bier von oben bis unten einzusauen. Ich ergriff daraufhin das Mikrofon und forderte die Umstehenden auf, nun ihrerseits ihre Becher über ihm zu entleeren. Der Übeltäter würde jedem ein neues Getränk bezahlen, Geld habe er ja anscheinend genug dabei. Ansonsten würden wir das Konzert sofort beenden. Diese Drohung genügte – der am Boden liegende Delinquent nickte allen zu und erklärte, jedem ein Bier auszugeben. Wieder einmal hatte die Pädagogik obsiegt.

Jedoch leider nur in einem Kellerklub im Nirgendwo und nicht im Kindergarten, wo ich eines Tages ratlos an meinem Tisch saß und mir gemeinsam mit einem sechsjährigen Jungen darüber den Kopf zerbrach, wie man jemanden bestraft, der rund 150 Euro gestohlen hatte, nämlich er, und jemanden, der dies durch seine Dummheit ermöglicht hatte, nämlich ich. Denn genau dies war ein paar Tage zuvor passiert. Der jährliche Ausflug stand an und ich hatte die Eltern seit Wochen darum gebeten, ihren Kindern das Reisegeld mitzugeben. Diese kleinen Beträge, welche meistens in Umschlägen steckten, nahm ich entgegen, um sie in der Schublade meines Tisches zu sammeln.

Eines Morgens, ich wollte gerade wieder einen Umschlag in die Schublade legen, musste ich feststellen, dass diese leer geräumt worden war. Das gesamte Geld war verschwunden. Ich hatte sie nicht abgeschlossen, es musste ein Leichtes gewesen sein, das Geld herauszunehmen. Ich rief mir in Erinnerung, wer außer mir Zutritt zum Kindergarten hatte. Den Hausmeister sowie seine Frau, die die Schulräume reinigten, konnte ich wohl ausschließen. Ebenso die Musiklehrerin, die den Kindergarten einmal wöchentlich für ihre Unterrichtsstunde nutzte. Blieben eigentlich nur die Kinder meiner eigenen Klasse. Jedes von ihnen hatte wahrscheinlich leicht mitbekommen können, wo ich die Geldumschläge aufbewahrte, um in einem unbeobachteten Augenblick zuzugreifen. Und unbeobachtete Augenblicke gibt es genug während eines Kindergartenmorgens. Wer es schon einmal geschafft hat, mit bis zu vier Kugeln gleichzeitig zu flippern, ohne dass man eine davon verliert, hat vielleicht eine Vorstellung davon, was es bedeutet, die Übersicht in einem Kindergarten zu behalten. Flipperkugeln können allerdings nicht einfach den Flipperkasten verlassen, und im Gegensatz zu Kindern schreien sie nicht, stellen keine Fragen und sie müssen auch nicht aufs Klo. Kurz gesagt: Wahrscheinlich wäre es möglich gewesen, den gesamten Tisch samt Schublade zu klauen, ohne dass ich es gemerkt hätte.

Ich war geschockt. Dass Kinder hin und wieder etwas im Kindergarten mitgehen lassen, ist nichts Besonderes. Immer wieder einmal rufen mich Eltern an und beichten, dass ihre Tochter ein paar Puppenklamotten in die Kindergartentasche gestopft oder der Sohn einige bunte Glassteine habe mitgehen lassen. Überhaupt werden im Kindergarten Begrifflichkeiten wie »mein« und »dein« eher großzügig ausgelegt. Vor allem, wenn es um »dein« geht. Dabei ordnet das Kind Gegenstände und Spielsachen, die dem Kindergarten gehören, noch nicht einmal einer bestimmten Person zu. Und wenn, dann nur seiner eigenen. In einem Kindergarten wird die ganze Zeit signalisiert: Hier kannst du dich sicher fühlen. Hier darfst du sein, wie du möchtest, darfst tun und lassen, wozu du Lust hast, und dir nehmen, was du brauchst, um spielen, bauen oder basteln zu können. Und von »nehmen, was du brauchst« zu »mitnehmen, was du willst« ist es dann nicht mehr weit. Tatsächlich werden immer wieder Dinge mitgenommen, ich vermeide hier bewusst das Wort »gestohlen«, bei denen das Kind denkt, dass sie keinen Wert für den Kindergärtner oder die sonstige Aufsichtsperson haben. Was kann Herr Deville schon mit drei Puppenjäckchen oder ein paar glitzernden Steinchen anfangen? Und damit verschwinden diese Mitbringsel aus dem Kindergarten in der Hosentasche, der Frühstücksbox oder sogar den Pantoffeln, um unauffällig außer Haus gebracht zu werden. Vielfach ist es ja sogar so, dass diese Dinge nach ein paar Tagen wieder zurückgebracht werden. Falls die Eltern zu Hause kein allzu großes Drama um das vermeintliche Diebesgut gemacht haben, sogar ohne schlechtes Gewissen, sondern mit einer gewissen Selbstverständlichkeit und angedeuteter Großmut.

Aber 150 Euro war ein ganz anderer Schnack. Dass ein Kind Geld stiehlt, ist sehr ungewöhnlich, es ist mir vorher und nachher nie mehr passiert. Dass ein Kind aber Geld aus dem Kindergarten stiehlt, von dem es genau weiß, für welchen Zweck es verwendet werden sollte, wollte mir nicht in den Kopf. Ich fühlte mich schlecht und machte mir Vorwürfe. Gelegenheit macht anscheinend wirklich Diebe und ich hätte wohl die Schublade abschließen sollen. Wie sollte ich jetzt vorgehen? Ich entschied mich zuerst einmal abzuwarten und lagerte vorsorglich das weitere Geld an einem anderen Ort. Bereits am nächsten Tag verriet sich der Täter, als er mit unschuldigem Blick und scheinbar beiläufig von mir wissen wollte, wann einmal wieder Geld in der Schublade sei. Nach ein paar Minuten und den richtigen Fragen hatte ich den traurigen Fall gelöst. Ich war zwar nicht gerade Sherlock Holmes, aber der Dieb eben auch nicht Dr. Moriarty, sondern ein fünfjähriger, etwas schüchterner Junge aus meiner Klasse, der sich etwas Anerkennung verschaffen wollte. Dazu hatte er sich von einem etwas älteren Buben überreden lassen. Nach dem Kindergarten teilten sie den Betrag so gut es ging auf, um sich damit gemeinsam am nahe gelegenen Kiosk mit Süßigkeiten und Spielsachen einzudecken. Von dem Geld war nichts mehr übrig geblieben.

In den nächsten Tagen folgten zermürbende Gespräche mit den Eltern sowie der Sozialarbeiterin. Die Mutter des Jungen, der seinen fünfjährigen Kompagnon zu der Tat angestiftet hatte, leugnete jede Verantwortung ihres Sohns. Auch wollte sie von dem plötzlichen Geldsegen des Buben nichts mitbekommen haben. Für sie war ich überhaupt der Schuldige, schließlich hatte ich durch meine Gutgläubigkeit und das unbesonnene Geldversteck den Diebstahl erst möglich gemacht. Diese Anschuldigung bereitete mir ein paar schlaflose Nächte. Dennoch erklärte sie sich dazu einverstanden, dass ihr Sohn seine Strafe erhalten sollte. Ihre Vorschläge dazu umfassten Maßnahmen wie Fernsehverbot, Abwaschdienst oder Hausarrest. Ich empfand jedoch diese Strafen als zu fern vom eigentlichen Auslöser. Mein Ansatz war es, gemeinsam mit dem Kind eine Strafe zu finden, die es selbst akzeptieren konnte und als fair empfand.

So saßen wir beide, der Junge und ich, nachmittags zusammen im Kindergarten und grübelten, während draußen die anderen Kinder um das Haus tollten. Wir einigten uns schließlich darauf, dass er mit seiner Tat den Anspruch verwirkt habe, uns bei dem Ausflug zu begleiten. Aber auch ich sollte meinen Denkzettel erhalten. So zahlte ich das entwendete Geld aus meiner eigenen Tasche zurück in die Reisekasse. Etwas geknickt, aber erleichtert, eine Lösung gefunden und damit einen Schlussstrich unter die leidige Sache gezogen zu haben, gingen wir anschließend auseinander.

Ein paar Tage später war es so weit, der Ausflug stand an. Wie vereinbart musste der ältere Junge zu Hause bleiben, während der jüngere, eigentliche Dieb aufgrund seines Alters lediglich einen Morgen den Kindergarten nicht besuchen durfte. Er war sich der Tragweite seines Handelns nicht bewusst gewesen. Ich habe den Ausflug in nicht allzu guter Erinnerung. Ich musste viel an den Bestraften zu Hause denken und hoffte, dass es für ihn nicht zu hart sein würde, zurückbleiben zu müssen – obwohl dies ja genau der Sinn und Zweck der ganzen Sache sein sollte.

Umso erstaunter war ich am nächsten Morgen, einen strahlenden und fröhlichen Delinquenten im Kindergarten begrüßen zu können. Auf meine Frage, wie es für ihn denn nun gewesen sei, nicht mitkommen zu dürfen, ließ er mich wissen, dass die Strafe weniger schlimm als befürchtet gewesen sei, denn seine Mutter sei mit ihm in einen Vergnügungspark gefahren. Er habe einen tollen Tag verlebt. »Strafe muss definitiv sein«, dachte ich, »aber dummerweise trifft sie nicht immer den Richtigen.« Dann machte ich mich daran, die Nummer seiner Mutter herauszusuchen.

EIN KIND NICHT VON DIESER WELT ODER ALIENS IM KINDERGARTEN

»DU, HERR DEVILLE, ICH GEHÖRE NICHT HIERHER.« Dario, der mir eines Morgens diese Erkenntnis zur Begrüßung mitteilt, setzt seinen entschlossensten Gesichtsausdruck auf, um die Wichtigkeit seiner Aussage zu unterstreichen. Die Garderobe des Kindergartens brummt wie ein Bienenstock. Ununterbrochenes Plappern erfüllt den viel zu engen Raum und hallt von den mit unzähligen Zeichnungen und Basteleien behängten Wänden wider. Ich habe schlecht geschlafen, bin ausnahmsweise viel zu früh an meinem Arbeitsplatz erschienen, nur um jetzt von einer bleiernen Müdigkeit übermannt zu werden. Bevor die Kinder eintreffen würden, wollte ich mich kurz, ganz kurz nur, auf der Matratze in der Bücherecke langlegen. Und war augenblicklich eingeschlafen. Das Rufen der Kindermeute, die inzwischen Einlass begehrte, hat mich aus wirren Träumen gerissen. Schlaftrunken bin ich aus der Leseecke gestolpert, rasch habe ich im Spiegel der Puppenstube mein Haar sowie meine jetzt schon zerknitterte Kleidung gerichtet. Wie jeden Morgen habe ich den Schlüssel im Schloss gedreht, die Tür geöffnet und mich dem Kindergartenalltag gestellt. Verklemmte Reißverschlüsse, mitgebrachte Kuscheltiere und kalte Hände werden mir entgegengehalten, begleitet von unzähligen mündlich überlieferten Erlebnisberichten vom abenteuerlichen Schulweg.

Mein Schädel brummt und somit kann ich an diesem Morgen Darios Empfindungen durchaus nachvollziehen. »Du, Dario – ich gehöre ebenfalls nicht hierher! Jedenfalls nicht heute Morgen.« Aber Dario ist fünf Jahre alt. Und Ironie funktioniert bei Fünfjährigen nicht. Es hat etwas länger gebraucht, bis ich das kapiert habe. Auf Fragen wie »Herr Deville, warum müssen wir die neongelben Mützen auf unserem Waldspaziergang tragen?« flapsige Antworten zu geben wie »Damit euch der böse Wolf leichter findet!«, kann zu unerwarteten Reaktionen vonseiten der Jungen und Mädchen führen. Und dadurch zu spätabendlichen Telefonanrufen besorgter Eltern, die nicht verstehen, warum sich ihr Kind nicht wie sonst auf den Kindergartenausflug freut.

Also halte ich mich auch diesmal zurück und frage stattdessen: »Wie meinst du das? Kannst du mir das genauer erklären?« Ich erwarte eines der üblichen Probleme, die mir tagtäglich zugetragen werden: Ärger auf dem Schulweg, die bittere Erkenntnis, dass man anscheinend andere Superhelden mag als der beste Freund – oder der Klassiker: die baldige Ankunft des ersten Geschwisterchens, welche meistens einhergeht mit dem berechtigten Verdacht, dass man eventuell für längere Zeit nicht mehr die erste Geige im Orchester spielen wird. Für uns Erwachsene also nichts Weltbewegendes, für einen fünfjährigen Knirps jedoch oftmals Anlass für das Infragestellen des eigenen Individuums.

Dario, eine an sich schon etwas besondere Mischung aus den Archetypen »Aurelia« und »Osim«, weiß mich mit seiner Antwort dennoch zu überraschen.[4] »Ich komme von einem anderen Stern, Herr Deville. Und bald muss ich dorthin zurück. Nach Hause.«

Schon möchte ich ihm den Zeigefinger entgegenstrecken und mit schnarrender Stimme »E. T. nach Hause telefonieren!« intonieren, doch etwas in Darios ernstem Blick lässt mich innehalten. Ich bezeichne mich selbst keinesfalls als Pädagogen von Weltrang, aber ich behaupte dennoch, dass ich ziemlich schnell erkenne, ob ein Kind sich gerade einen Spaß mit mir erlaubt oder es ernst meint. Und Dario, das erkenne ich an jenem Morgen in der Garderobe des Kindergartens trotz meines Schlafmankos, meint es mit seiner Aussage verdammt ernst. Bevor ich darauf etwas erwidern kann, ist der vermeintliche Außerirdische aber schon an mir vorbei in den Tiefen des Kindergartens verschwunden.

An diesem Vormittag ertappe ich mich dabei, wie mein Blick immer wieder zum singenden, spielenden und Pausenbrot mampfenden Dario schweift. Diesmal achte ich jedoch nicht auf seine Kompetenzen im Umgang mit den anderen Kindern oder auf seine feinmotorischen Fähigkeiten, sondern auf eventuelle Hinweise auf extraterrestrische Auffälligkeiten. Da Dario aber weder mit mir unbekannten, technischen Apparaturen hantiert, um Kontakt mit grünen Männchen aufzunehmen, noch Anstalten macht, seinen leicht verunsicherten Kindergärtner mental zu infiltrieren

4 Geschätzte Leserinnen, geschätzte Leser, wenn ihr euch nun fragt, was zur Hölle Herr Deville mit Archetypen meint, sei euch geraten, zurück zum Kapitel »Kinder im Kindergarten« zu blättern, um euch noch ein wenig in die Theorie der Kindergartenpädagogik zu vertiefen. Von nix kommt nix.

oder gar zu verspeisen, vergesse ich diese vermeintliche Begegnung der dritten Art wieder relativ schnell.

»Schau, Herr Deville. Das ist das Universum. Hier habe ich eine Galaxie gemalt und genau da ist Taran. So heißt der Stern, von dem ich komme.« Einige Wochen sind seit dem Vorfall mit Dario vergangen, als mich derselbige wieder daran erinnert. Dario hat soeben im Freispiel eine große Zeichnung angefertigt. Stolz hält er mir sein Werk vor die Nase, ein auf den ersten Blick unübersichtliches Muster aus Punkten, Kreisen und Wirbeln. »Das ist das Universum. Hier habe ich eine Galaxie gemalt und genau da ist Taran.« Sein mit Farbe beschmierter Zeigefinger fährt wild über den Papierbogen, während er mir mit ernster Miene seine Erklärungen dazu unterbreitet. Tatsächlich entdecke ich auf den zweiten Blick eine Absicht hinter dem gezeichneten Chaos. Darios Zeichnung erinnert wirklich an eine Sternenkarte.

»Was ist Taran? Ein Planet?« Dario sieht mich mit einem Blick an, den ich eher von einem älteren Physikprofessor als von einem Kindergartenkind erwartet hätte. Abgeklärt, verständnisvoll und anscheinend solche Fehler gewohnt, korrigiert er mich geduldig: »Aber Herr Deville, das ist doch kein Planet. Taran ist ein Stern! Und von diesem Stern komme ich. Das habe ich dir doch schon einmal erzählt. Weißt du noch?«

Dario macht Anstalten, an seinen Arbeitsplatz am Zeichentisch zurückzukehren. Aber diesmal kommt er mir nicht so leicht davon, ich hake nach. »Stimmt! Das hast du mir erzählt. Daher kommst du also. Faszinierend.« Ich nehme die Haltung des hinterfragenden Mr. Spock an. »Aber sag mal: Was ist mit deinen Eltern? Mami und Papi? Kommen die auch von dort?« Gespannt warte ich auf die Antwort meines fünfjährigen Gegenübers.

Dario schüttelt verneinend seinen strohblonden Schopf und stützt sich auf meinem Pult auf. »Nein, nein. Die kommen von hier. Der Erde. Ich erkläre es dir. Ich wurde meinen Eltern damals nur ausgeliehen. Als Baby. Verstehst du? Aber bald werde ich wieder abgeholt. Dann gehe ich wieder nach Hause. Nach Taran.« Nochmals hält er mir seine Sternenkarte vors Gesicht und tippt mit dem Zeigefinger auf den entsprechenden Kringel. Ich muss mir ein leises Auflachen verkneifen, als ich mir vorstelle, wie das Urlaubsgesuch an die Behörden formuliert sein müsste, falls Dario wirklich bald mit dem Reiseziel »Taran, weit entfernte Galaxie« abgeholt würde. Aber wieder irritiert mich dabei Darios Blick. Ernst und entschlossen. Ich beschließe, das Spiel, und es *ist* ein Spiel, davon bin ich jetzt überzeugt, ein bisschen mitzumachen. Es folgt das detaillierte Verhörprotokoll:

Regierungsbeamter: »Wer hat dich denn ausgeliehen? Und warum?«
Außerirdische Lebensform: »Meine richtigen Eltern. Die von Taran. Ich soll lernen.«
Regierungsbeamter: »Was sollst du denn lernen?«
Außerirdische Lebensform: »Wie man hier spricht. Wie man hier spielt und alle Sachen macht.«
Regierungsbeamter: »Und wozu sollst du das lernen?«
Außerirdische Lebensform: »Taran wird bald explodieren. Darum müssen alle Kinder neue Dinge lernen, damit es weitergeht.«
Regierungsbeamter: »Und wie wirst du wieder abgeholt?«
Außerirdische Lebensform: »Mit einem Raumschiff natürlich.«

Dario geht zu seiner Schublade und entnimmt ihr eine weitere Zeichnung. Eine Zeichnung? Nein. Man darf mir ruhig glauben, wenn ich hier behaupte, schon so einige Kinderzeichnungen gesehen zu haben, welche Raketen, Raumschiffe oder Ähnliches darstellen sollten. Darunter einige sehr beeindruckende Exemplare, was die gestalterischen Fähigkeiten und Fantasie angeht. Aber Darios Zeichnung ist anders. Detaillierter. Technischer. Dario hatte nicht einfach eine Rakete gezeichnet, sondern einen verdammten Bauplan!

Routiniert erklärt er mir das darauf dargestellte Vehikel. »Hier siehst du die Schaltkreise, welche die Schubgeneratoren mit Energie versorgen. Das sind die Batterien. Die sind riesig und werden von der Sonne aufgeladen. Deswegen hat die Passagierkabine einen Strahlenschutz. Wegen der Hitze.« Aha. Höchste Zeit, die Befragung fortzuführen.

Regierungsbeamter: »Wirst du traurig sein, wenn du die Erde verlässt?«
Außerirdische Lebensform: »Nein. Wieso? Ich sehe doch dann meine richtigen Eltern wieder.«
Regierungsbeamter: »Werden deine jetzigen Eltern von der Erde nicht traurig sein, wenn du nach Taran zurückkehrst?«
Außerirdische Lebensform: »Nur am Anfang. Vielleicht eine Woche. Aber ich habe es ihnen schon gesagt.«

Da ich Darios Eltern eine Woche Trennungsschmerz unbedingt ersparen will, suche ich ein paar Tage später das Gespräch mit Darios Mutter. Kurz habe ich mir morgens überlegt, dazu mein »Forbidden Planet«-T-Shirt zu tragen, den Gedanken dann aber wieder verworfen. Ironie funktioniert oftmals auch bei Erwachsenen nicht. Als Einstieg in dieses etwas ungewöhnliche Gesprächsthema verzichte ich also auf Doppelbödigkeiten und komme direkt auf den Punkt.

Regierungsbeamter: »Und? Wie lebt es sich so mit einem Außerirdischen unter einem Dach?«
Leihmutter: »Es ist nicht immer einfach. Aber er wird ja bald abgeholt.«

Erst nach gefühlten Minuten bemerke ich, dass mir der Mund offen steht. Ich kann nicht fassen, was ich da soeben gehört habe. Darios Mutter lacht laut auf. Dann verstehe ich: Ironie funktioniert selbst bei abgebrühten Erziehern nicht immer! Darüber beschämt, aber gleichzeitig erleichtert, endlich eine kommunikative Ebene mit Darios Mutter gefunden zu haben, setzen wir das Gespräch fort. Ich erfahre, dass Darios Eltern dessen Äußerungen bezüglich interstellarer Auswanderungspläne erstaunlich gelassen zur Kenntnis nehmen. Zwar können sie sich nicht erklären, woher diese fixe Idee stammt. Dario hatte weder Bilderbücher noch Fernsehfilme zum Thema konsumiert, bevor er sich als außerirdisch outete. Weder Freunde noch Familienmitglieder brachten ihn mit der Materie in Berührung.

»Ich gebe zu: Ein bisschen unheimlich ist es schon.« Darios Mutter zuckt mit den Schultern und lächelt wieder. »Aber was sollen wir auch machen? Müssen wir überhaupt was machen?«

Ich lasse meinen Blick über die vor ihr ausgebreitete Sternenkarte und den Raumfährenplan schweifen. Dario geht gern in den Kindergarten. Er hat hier Freunde, beteiligt sich an allen Aktivitäten und macht einen zufriedenen und aufgeweckten Eindruck. Auch ist es nicht so, dass er seiner behaupteten Abreise ins All entgegenfiebert, im Gegenteil. Er lebt anscheinend ganz gern bei seinen »Leiheltern« auf der Erde. Ihn plagen keine Auswandergelüste und er wünscht sich nicht an einen anderen Ort. Er malt sich nur eine etwas abgedrehte Fantasiereise aus. Alles in allem ist Dario nur ein Fünfjähriger mit einem etwas ausgeprägten Spleen für Astronomie und interstellare Ausflüge. Ich nehme also seine weiteren Äußerungen im Kindergarten weiter interessiert zur Kenntnis, staune über seine Erzählungen und technischen Zeichnungen, die im Laufe der nächsten Wochen dann doch merklich seltener werden.

Und dennoch liegt etwas in seinem Blick, was mir einen sanften Schauer über den Rücken jagt. The Truth is out there.

Eines schönen Morgens ist Dario dann wirklich nicht mehr da. Er ist jedoch nicht auf Taran. Sondern in der ersten Klasse. Aber vom Kindergarten aus gesehen befindet sich diese ebenfalls in einer anderen Galaxie.

DAS KIND, DAS ZU VIEL WUSSTE UND DESWEGEN PANTOFFELSALAT LIEBTE

ODER

KREISSPIELE IM KINDERGARTEN

»HATSCHI-PATSCHI!«, »LANGWEILIG! DUNKELMUNKEL!«, »NEIN, NICHT DUNKELMUNKEL SPIELEN! BITTE PANTOFFELSALAT! HEUTE MUSS ES PANTOFFELSALAT SEIN!« Wir befinden uns nicht etwa auf einem Krautrockkonzert in den frühen Siebzigern, bei dem bekiffte Hippiefans aus der ersten Reihe der Band ihre Wunschtitel entgegenlallen, sondern im Kindergarten. Es ist kurz vor der Mittagspause. Ich habe die Gruppe nochmals zusammengerufen, um den Vormittag mit einem kooperativen Kreisspiel zu krönen, und dazu die Kinder nach ihren Wünschen gefragt. Kooperative Kreisspiele verhalten sich zum Kindergarten wie Punkrock zum Turnunterricht oder meinetwegen Alkohol zum Nikolaus: Sie machen den Dienst am Kinde für den Erzieher einfach erträglicher. Tatsächlich sind Kreisspiele schnell erklärt und machen Spaß. Falls das Kreisspiel dazu noch wirklich kooperativ ist, was nichts anderes heißt, als dass es weder Gewinner noch Verlierer gibt, kann man damit sogar einem Tobsuchtsanfall von Kevin vorbeugen. Was sich gerade nach einem anstrengenden Kindergartenmorgen äußerst nervenberuhigend auf den Pädagogen am Platz auswirkt. Und als Dreingabe lernen die Kinder bei diesen Spielen noch etwas. So unterteilt man dann auch Kreisspiele in verschiedene Untergruppen. Es gibt Kennenlernspiele, bei denen sich die Kinder die Namen ihrer Mitspieler merken müssen, wilde Reaktionsspiele, bei denen die Fein- oder Grobmotorik gefördert wird, oder Ratespiele, in denen der Kindergärtner die Kombinationsgabe seiner Schützlinge auf die Probe stellt.

Auch ich selbst profitiere immer wieder von einem flotten Kreisspiel. Mein Namensgedächtnis gleicht einem Sieb und ich bin schon froh, wenn ich Kevin, Aurelia, Osim und Liselotte richtig benennen kann. Nicht selten kommt mir so ein klassisches Kennenlernspiel gerade recht, wenn es mal wieder etwas hakt mit den Rufnamen der Kinder. Und nach einer etwas längeren Nacht hat mir auch schon so manches Fangspiel wieder in die Spur verholfen. Wer schon mal mit einem Kater von zwanzig kreischenden Fünfjährigen über den Schulhof gejagt wurde, die nach dem eigenen Skalp geifern, wird wissen, was ich meine. Um es kurz zu machen: Ich bin ein absoluter Anhänger der mannigfaltigen kooperativen Kreisspielwelt. Oder war es zumindest bis vor Kurzem. Denn ich bin mir plötzlich nicht mehr so sicher, ob sich das Lernen neuer Inhalte und Angewohnheiten nur auf die oben genannten Bereiche beschränkt. Oder ob dabei ungewollt noch andere Werte vermittelt werden. Auf einer anderen Ebene, einer, die dem erwachsenen Menschen meist verschlossen ist. Wer in diesem Buch bereits meine Ausführungen zum Thema

Märchen und ihre Symbolkraft gelesen hat, weiß, worauf ich anspiele. Das fünfjährige Kind beweist viel Feingefühl beim Aufspüren versteckter Inhalte, es kann sprachliche oder bildhafte Codes entschlüsseln, wo wir Erwachsenen den Wald vor lauter Bäumen nicht sehen, geschweige denn überhaupt so etwas wie einen Code vermuten.

Wenn ein Kind fähig ist, ohne Probleme eine tiefere Weisheit in einem einfachen, kurzen Märchen zu erkennen, dadurch dass es nur mit offenem Mund und staunend dem Erzähler lauscht, was mag dann ein körperliches Rangelspiel wie »Hatschi-Patschi« mit ihm machen? Welche Knöpfe werden da tief im Unbewussten gedrückt? Denn das Kind »spielt« ja nicht einfach ein Spiel. Es wird zum Spiel. Es nimmt nichts anderes mehr wahr in diesen Minuten. Die Spielregeln sind sein Gesetz und werden mit allem bisher Gelernten verknüpft. Kevin, Aurelia, Liselotte und Osim: Sie alle geben sich mit allem, was sie haben, voll und ganzheitlich in ein solches Spiel hinein. Nun gut, Osim vielleicht nicht, aber die anderen auf jeden Fall!

Spielen ist lernen. Spielen ist arbeiten. Spielen ist sein. Denn wie sagte schon Opa Schiller: Nur wo der Mensch spielt, ist er ganz Mensch. Und das gilt vor allem für das Kindergartenkind. Ach, wären nur wir Erwachsenen wieder einmal fähig, uns mit solch einer Leidenschaft in unser Tagewerk zu versenken. Was wäre alles möglich! Der Welthunger? Kein Problem mehr! Abrüstung? Gleich morgen! Mission Mars? Ein Katzensprung! Taschengeld für alle? Immer her damit! In diesem ganzheitlichen, kindlichen Spielen liegt eine verborgene Macht. Und somit eine gewisse Verantwortung im allzu leichtsinnigen Umgang mit Kreisspielen.

Aus dieser Erkenntnis heraus habe ich mir erlaubt, einen genaueren Blick auf diese weitverbreitete Spielform zu werfen. Um zu überprüfen: Was wird wirklich in diesen profanen Spielen vermittelt? Kann ich diese unbewussten Inhalte mit meiner punkigen antikapitalistischen, antiimperialistischen, antirassistischen Überzeugung überhaupt vereinbaren? Hier die schockierenden Resultate zu einem Thema, das schon viel länger in der Vorschulpädagogik hätte Einzug halten sollen:

Die gefährliche Verankerung fragwürdiger Werte und Inhalte im Unbewussten des Kindergartenkindes durch das kooperative Kreisspiel.

Name: Hatschi-Patschi
Gehört zur Familie der: Kennenlernspiele
Mindestanzahl Mitspieler: 6
Behauptete Lernziele: Namensgedächnis trainieren, Reaktionsfähigkeit verbessern
Unbewusst vermittelte Lernziele: Gewinnmaximierung auf Kosten der Umwelt

Spielablauf:

Die Spielleiterin bestimmt ein Kind, das den Raum verlassen muss. Sein Stuhl wird zur Seite gestellt. Anschließend wird ein im Kreis verbleibendes Kind geheim zum »Hatschi-Patschi« erkoren. Darauf wird das vorher bestimmte Kind wieder in den Kreis zurückgerufen. Dieses nimmt sich einen Ball und wirft ihn einem beliebigen Kind im Kreis zu und fragt dabei: »Wie heißt du?« Das angesprochene Kind fängt den

Ball und nennt seinen Namen, worauf es den Ball wieder an den Werfer zurückgibt. So geht das Spiel immerfort, bis der Werfer jenes Kind anspricht, das vorher zum »Hatschi-Patschi« bestimmt wurde. Dieses antwortet nun statt mit seinem richtigen Namen laut und deutlich mit »Hatschi-Patschi!«, worauf alle Kinder im Kreis aufspringen und den Platz wechseln müssen. Das Kind, welches keinen Stuhl mehr erwischt, muss seinerseits den Raum verlassen und das Spiel beginnt von vorn.

Erkenntnis:

Schon beim Überfliegen der Regeln dieses wirklich wilden Spiels dürfte selbst pädagogischen Laien klar werden: Bei »Hatschi-Patschi« werden keine Gefangenen gemacht. Der Spaß steht hier in keinem Verhältnis zum Kollateralschaden, den das Spiel anzurichten vermag. Der Stuhlkreis wird zur Arena, in der das Recht des Stärkeren zählt – egal wie reaktionsschnell man ist. Es wird gerempelt, geschubst, gestoßen und dabei geschrien. Mir selbst hat einmal ein Kind den Stuhl unter dem Hintern weggezogen, um sich hämisch lachend selbst daraufzusetzen! Vollkontakt-Pogo auf einem Punk-Konzert ist gegen eine Runde »Hatschi-Patschi« Ringelpiez mit Anfassen.

Aber: Namen werden bei diesem Spiel nicht vertieft! Die Mitspieler warten mit einer solchen Spannung und Konzentration auf die Nennung dieses einzigen, kuriosen Namens, dass es jeder andere Name, der zumindest nicht über die Vorsilbe »Hatsch« verfügt, nicht einmal ganz durch den Gehörgang schafft, geschweige denn irgendwo im Oberstübchen abgespeichert wird.

Aber das ist nur die oberflächliche Betrachtung dieses brutalen Spiels. Interessanter wird es, wenn man analysiert, was die Figur »Hatschi-Patschi« eigentlich symbolisiert. Könnte man sie nicht als eine Gestalt sehen, die ein geordnetes Konzept, den Kreis, vielleicht sogar die Welt, aus den Fugen bringt, ja, sie sogar zerstört? Und wenn der Stuhlkreis die Erde ist, könnte man dann »Hatschi-Patschi« als eine Katastrophe deuten, die die Welt bedroht? Aber »Hatschi-Patschi« ist kein Vulkan oder Meteorit, nein, dagegen spricht, dass es ja durchaus einen menschlichen Auslöser der Katastrophe gibt. Nämlich den Spieler, der den Ball in die Runde wirft. Da stellt sich also jemand in den Kreis und löst eine Reaktion aus, wieder und wieder. Mit dem klaren Wissen und Willen, etwas Gewaltiges damit auszulösen. Eine zerstörerische Kraft zu entfesseln und auf die Welt loszulassen. Vielleicht nicht bei diesem Ballwurf. Aber vielleicht beim nächsten. Oder übernächsten.

Und das macht Spaß! Überhaupt ist die Rolle des Ballwerfers der gefragteste Part in diesem Spiel. Immer wieder ertappe ich Kinder dabei, wie sie sich extra eben nicht darum bemühen, einen freien Stuhl zu ergattern, um so in die Rolle des Auslösers schlüpfen zu dürfen – in welchem ich nichts anderes erkenne als einen gewinnorientierten Konzern oder rücksichtslosen Despoten, der den Kreis, die Welt immer weiter bedrängt, ausbeutet und bedenkenlos herausfordert, bis »Hatschi-Patschi« den Kindergarten und mit ihm uns alle fröhlich lachend in den Untergang reißt. Und das, ohne dass wir unsere Namen gelernt hätten!

Mein Fazit: Tatsächlich gibt es bei »Hatschi-Patschi« am Ende nur Verlierer. Welch düsteres Spiegelbild zu unserer Weltlage! Ein äußerst bedenkliches Kreisspiel.

Name: Pantoffelsalat
Gehört zur Familie der: Ratespiele
Mindestanzahl Mitspieler: 8
Behauptete Lernziele: Merkfähigkeit verbessern, Mut beweisen
Unbewusst vermittelte Lernziele: Wissen ist Macht. Und diese Macht muss man nutzen.

Spielablauf:

Jedes Kind zieht einen seiner Pantoffeln aus und legt ihn in die Kreismitte. Der Spielleiter mischt den »Pantoffelsalat«, indem er ein großes Tuch über die Hausschuhe legt und sie dann darunter nochmals tüchtig durcheinanderbringt. Jedes Kind zieht nun der Reihe nach blind einen Pantoffel unter dem Tuch hervor und versucht diesen, seinem richtigen Besitzer zuzuordnen. Wurde der richtige Besitzer gefunden, muss dieser eine kleine Aufgabe bewältigen. Ein Lied vorsingen, auf einem Bein hüpfen, ein Tier nachspielen oder Ähnliches. Sobald alle Kinder wieder im Besitz ihres Pantoffels sind, ist das Spiel zu Ende.

Erkenntnis:

»Pantoffelsalat« ist ein Spiel, das bei allen Kindern einen hohen Stellenwert besitzt. Hingegen kenne ich nur wenige Kindergärtner oder Erzieherinnen, die in Begeisterung ausbrechen, sobald die Kinder es sich wünschen. Der Grund liegt auf der Hand oder besser gesagt: sitzt am Fuß. Es soll ja noch immer Leute geben, die behaupten, Kinder würden sehr gut riechen. Das mag vielleicht bis zu einem Alter von zehn

Monaten stimmen (von den Zeiten voller Windeln abgesehen), aber für das Kindergartenkind trifft das definitiv nicht mehr zu. Gerade was seine Füße anbelangt. Wenn dann noch die Eltern vergessen haben, ihm morgens frische Socken rauszulegen, und dazu noch wärmere Temperaturen herrschen, kann eine Kindergartengarderobe schon mal wie ein schlecht belüfteter Skischuhkeller riechen. Unter diesen Umständen wird der »Pantoffelsalat« dann schnell zum »Käsefondue«. Den Kindern ist das egal, sie sind ja dermaßen damit beschäftigt, darauf zu achten, welcher Hausschuh zum Vorschein kommt, dass sie nichts anderes wahrnehmen.

Da aber ich ebenfalls immer wieder lauthals von den Kindern dazu aufgefordert werde, ebenfalls einen meiner Pantoffeln dem Salat beizumischen, komme ich öfter in den zweifelhaften Genuss, mit bloßen Händen unter dem Tuch nach stinkenden Filzlatschen zu graben. Die Kinder selbst hingegen lieben das Spiel, wenn sie mit einem lauten, demütigenden »Iiigiiitt!« einen Schuh unter dem Tuch hervorziehen, sich kichernd über seine Farbe oder Aufdruck lustig machen, um ihn dann dem Besitzer mit spitzen Fingern und angedeutetem Ekel zu überreichen. Dieser schlüpft mit hochrotem Kopf hinein, lässt seine Strafaufgabe über sich ergehen, um dann selbst zur Tat zu schreiten. Und der Heidenspaß beginnt von vorn.

Was also vermittelt dieses an sich harmlose Spiel »Pantoffelsalat« wirklich? Der kognitive Effekt ist dabei, anders als behauptet, verschwindend gering. Das Zuordnen der Hausschuhe würde ein Dackel hinkriegen. Sogar ein Dackel ohne Nase. Die Kinder haben das absolute Auge für Details und können Kleidungsstücke oder Accessoires wie Haarspangen (»Liselotte!«), Plastikschwerter (»Kevin!«), angebissene Pausenbrote (»Herr Deville!«) oder eben Pantoffeln blitzschnell seinen Besitzern zuordnen. Wer das nicht glaubt, soll einmal versuchen, gegen einen Fünfjährigen Memory zu spielen – er wird sich wundern.

»Pantoffelsalat« macht dem Kind hingegen unbewusst klar: Du wirst beobachtet! Rund um die Uhr. Man weiß alles über dich. Was wir Erwachsenen dank Smartphone, freimütig im Netz verteilter Daten und neugierigem Nachbar bereits wissen, wird den Kindern hier spielerisch vermittelt. Was für uns unsere Krankengeschichte oder Bankverbindung ist, sind für das Kind die Hausschuhe. Sie sind das Persönlichste, was sie im Kindergarten haben. Das Verstecken unter einem Tuch nutzt gar nichts: Alles, wirklich alles kommt ans Licht, wenn die kleinen Hände erst einmal danach greifen, es vor allen Augen hervorzerren, um sich dann darüber lustig zu machen. Was für eine Schmach! Von der darauffolgenden »Strafe« noch ganz zu schweigen!

Kann man das als Erwachsener nachvollziehen? »Guten Tag, Herr Soundso. Wie Sie ja wissen, können wir von überall her Ihre Internetaktivitäten einsehen. Das wussten Sie nicht? Nun, so ist es aber. Gerade in den vergangenen Monaten haben wir ein paar explizite Mailwechsel bei Ihnen mitlesen dürfen. Sie haben doch nichts dagegen, wenn diese im genauen Wortlaut nach der Tagesschau öffentlich vorgelesen werden? Anschließend möchten wir Sie bitten, sich im Fußballstadion einzufinden. Auf dem Rasen vor der Haupttribüne. Die ganze Stadt wartet dort auf den Rängen auf Sie und wird interessiert Ihrer Entschuldigung lauschen. Danach singen Sie ein Lied. Oder ahmen einen Schimpansen nach. Ganz nach Belieben. Danke und auf Wiedersehen.«

Nach der Demütigung aber beginnt erst der kritischste

Teil des Spiels. Das Opfer dieses infamen Vorgangs wird wiederum seinerseits zum Denunzianten! Nur deswegen lässt es schließlich die Strafaufgabe stoisch über sich ergehen! Um dann selbst Henker spielen zu dürfen. Denn wer zwei Pantoffeln an den Füßen hat, gehört dazu! Gehört zum allwissenden Zirkel der Macht! Und alle anderen haben zu zittern.

Mein Fazit: »Pantoffelsalat« gehört ohne Frage auf die schwarze Liste der kooperativen Kreisspiele.

Name: Dunkelmunkel
Gehört zur Familie der: Reaktionsspiele
Mindestanzahl Mitspieler: 10
Behauptete Ziele: Zur Ruhe kommen, aufeinander hören
Unbewusst vermittelte Lernziele: Die Grundregeln des verschlingenden Kapitalismus

Spielablauf:

Die Spielleiterin löscht das Licht, sobald alle Kinder im Kreis sitzen. Wenn es still geworden ist, beginnt eines der Kinder das Spiel, indem es laut und deutlich »Eins!« ruft. Nun darf irgendein anderes Kind »Zwei!« rufen, ein weiteres »Drei!«. Und so weiter und so fort. Sobald es die Kinder als Gruppe geschafft haben, bis zehn zu zählen, gilt das Spiel als gewonnen. Jedoch dürfen nie mehrere Kinder gleichzeitig eine Zahl rufen. Ansonsten muss die Gruppe wieder bei Eins beginnen. Natürlich dürfen keinerlei Absprachen getroffen werden, wer wann welche Zahl ruft.

Erkenntnis:

»Dunkelmunkel« ist ein durch und durch teuflisches Kreisspiel. Schon allein dadurch, dass es genau das Gegenteil von dem bewirkt, was es eigentlich an Lernzielen verspricht! Die erste Schwierigkeit ergibt sich bereits aus dem Set-up. Denn wie heißt es im Spielablauf so naiv? »Die Spielleiterin löscht das Licht« und weiter: »Wenn es still geworden ist, beginnt eines der Kinder«. Sollte die Spielleiterin, gemeint ist in unserem Fall die Kindergärtnerin, tatsächlich im Dunkeln mit zwanzig Fünfjährigen darauf warten wollen, bis es »still geworden ist«, könnte man sie ebenso dazu auffordern, das Spiel zu starten, sobald die Adventszeit einmal ohne »Last Christmas« im Radio auskommt. Mit Verlaub: Es ist wahrscheinlicher, dass Weihnachten abgeschafft wird, als dass es in irgendeinem Kindergarten »still« wird, sobald die Lichter ausgehen und die Kinder im Dunkeln sitzen. Denn Kinder werden laut in der Dunkelheit. Nicht vor Furcht. Keinesfalls. Sondern aus demselben Grund, weshalb eine Horde vermummter Hooligans anfängt zu randalieren. Sie glauben, dass sie niemand identifizieren kann. Bei den Hooligans stimmt das – bei den Kindern eher nicht. Aber das ist ihnen in diesem Moment egal. Sie johlen, wippen, zwicken sich und quietschen mit ihren Stühlchen. Ich habe schon versucht, diese Hürde zu umgehen, indem ich den Raum nicht verdunkelte, dafür die Kinder einfach aufforderte, die Augen zu schließen. »Herr Deville! Herr Deville! Der Kevin blinzelt! Ich sehe es genau!« und ähnliche Diskussionen machten jedoch auch diese Methodik obsolet. Dazu kommt, dass das Spiel verflucht schwierig zu meistern ist. Ich hatte da mal eine Klasse, mit der ich es bis Ende des Schuljahrs nicht geschafft habe, weiter als bis »Fünf!« zu kommen!

»Dunkelmunkel« endete stets in Lärm und Chaos (und im Finstern angeschlagenen Schienbeinen). Aber ich trauere diesem Kreisspiel keine Minute nach, denn was damit den Kindern eigentlich beigebracht, eben unbewusst vermittelt wird, ist unverantwortbar: das oberste Gesetz des Kapitalismus. Nämlich darauf zu hören, was die Masse verlangt, um dann im richtigen Moment einzusteigen, indem man eine Zahl ruft, mitmacht, mitbietet. Die Kinder erkennen: Den Preis bestimmt die Nachfrage. Wenn man also früh mitmacht, ist man auf der richtigen Seite. Wer zu spät einsteigt, hat das Nachsehen: Denn mit aufsteigender Zahlenreihe wird die Wahrscheinlichkeit größer, dass andere, die bisher leer ausgegangen sind, plötzlich mitgehen wollen. Im Falle von »Dunkelmunkel« bedeutet dies, dass mehrere Kinder gleichzeitig eine Zahl rufen und somit das Spiel abrupt endet. Im globalen Kapitalismus bedeutet das: Die Blase ist geplatzt. Der Markt ist zusammengebrochen. Und du hast verloren.

Es würde mich nicht wundern, wenn der Kerl, der den Bitcoin erfunden hat, im Kindergarten ein regelrechter »Dunkelmunkel«-Meister war.

Anstelle eines Fazits eine Berichtigung. Ich musste gegen Ende des Jahres feststellen, dass die Gruppe, die es nicht ein einziges Mal geschafft hatte, bei »Dunkelmunkel« über »Fünf!« zu kommen, weder zu unaufmerksam noch zu unruhig war. Auch entwickelten sie nicht etwa eine kritische Haltung dem Kapitalismus gegenüber, wie ich zuerst hoffte. Der Grund war viel profaner: Die Kinder konnten allesamt noch nicht weiter als fünf zählen.

DER BOY ODER ELTERN IM KINDERGARTEN (5)

»MÖGEN SIE EIGENTLICH ROCKMUSIK?« Verdutzt sehe ich von meinen Notizen auf. Gerade wollte ich mit meinen Ausführungen über Kevins soziales Verhalten im Kindergarten beginnen. Sein Vater blickt mich neugierig an. Er versucht abzulenken, denke ich. Er versucht mit einem, wie er glaubt, mir angenehmen Gesprächsbogen die Stimmung etwas aufzulockern. Dabei bin ich entspannt. Es ist 1995. Ich bin noch Praktikant, die eigentliche Kindergärtnerin sitzt mit mir am Tisch. Gemeinsam haben wir das heutige Elterngespräch vorbereitet. Falls also jetzt jemand unentspannt sein sollte, dann Kevins Papa. Denn das soziale Verhalten seines Sohnes nimmt ein längeres Kapitel in unseren Beobachtungsbögen ein. Patsch! Der Vater schlägt sich mit der flachen Hand gegen die Stirn. Kurz befürchte ich, dass er mitsamt dem Holzstühlchen zu Boden stürzt. Und das alles nur, um dem heutigen Gespräch zu entkommen. Doch Stuhl und Papa bleiben standhaft. »Wie dumm von mir, was für eine Frage. Natürlich mögen Sie Rockmusik!«, fährt er fort und weist auf mein T-Shirt, als hätte er es erst jetzt bemerkt. Ich blicke an mir hinunter. Ich trage ein Tourshirt der Toy Dolls. Es zeigt den Sänger Olga, der breitbeinig grinsend vor einem mächtigen Gitarrenverstärker steht. »Gut kombiniert, Sherlock«, denke ich und nicke ihm als Antwort bestätigend zu. Dann ergreife ich meinen Kugelschreiber, um den nun folgenden heikleren Teil des Gespräches zu protokollieren. »Hören Sie auch U2?« Er lässt nicht locker. Ich bin mir nicht sicher, was er mit dieser Verzögerungstaktik bezwecken möchte. Glaubt er ernsthaft, dass wir jetzt gemeinsam ein bisschen über Gitarrenmusik plaudern, uns über unsere Lieblingsbands austauschen und darüber hinweg Kevins Sozialverhalten vergessen? Leicht verunsichert blicke ich zur Kindergärtnerin. Doch die verdreht nur die Augen. Von ihr kann ich keine Hilfe erwarten. Es ist mein Praktikum und somit mein Elterngespräch. Oder besser gesagt: Vatergespräch. Kevins Mutter ist heute nicht dabei.

»Kennen Sie die erste Platte von U2?«

Ich überlege kurz. »Boy?«

Ich bin wahrlich kein Fan. U2 sind mir einfach zu aufgeblasen, zu protzig. Bei ihren Songs liegt für mich immer etwas zu viel Pathos und Feuerzeugbenzingeruch in der Luft. Zugegeben, nach ein paar Bier und zwei, drei Hokuspokuszigaretten ist »Sunday bloody Sunday« schon dazu geeignet, sich auf der Tanzfläche in den Armen zu liegen, um sich mit Wildfremden zu verbrüdern. Aber ansonsten gibt mir diese Band gar nichts. Zufälligerweise befindet sich jedoch tatsächlich »Boy«, das Debütalbum, in meinem Besitz. »I will follow«, der erste Song darauf hat mir schon immer gefallen. Mit seinen flirrenden Gitarrenlinien und dem nach vorne drängenden Beat verweist er noch klar an die Punk- und New-Wave-Wurzeln von Bono und Co. Kein Vergleich zu den Stadionrock-Songs, die später folgten. Also nicke ich erneut und bereue es sofort. Die Miene des Vaters hellt sich augenblicklich auf und er strahlt mich an. Als er in die

Hände klatscht und sich nach hinten fallen lässt, erkenne ich in seiner zappeligen, unruhigen Art und Weise seinen Sohn.

»Sie werden es nicht glauben, aber das bin ich!« Begeistert blickt er zwischen der Kindergärtnerin und mir hin und her.

Ich schaue ihn verständnislos an, dann schiebe ich ihm meine Notizen über den Tisch. »Prima. Könnten Sie mir darunter ein Autogramm setzen, Bono? ›Für Dominic‹.«

Jetzt lachen wir zwar alle drei, aber ich habe das Gefühl, dass uns Papa Kevin genau da hat, wo er uns haben wollte. An der Angel. Und fern aller Diskussionen darüber, dass sein Sohn zwar letztens meine Hausschuhe gewässert und den Mäusen sein Pausenbrot verfüttert hat, aber auch nach einem Jahr kaum fünf Namen seiner Mitschüler kennt sowie über die Aufmerksamkeitsspanne eines knapp Dreijährigen verfügt.

»Nein, nein. Ich bin nicht Bono. So war das nicht gemeint.«

»Ach was! Glück gehabt«, denke ich, bin aber gleichzeitig gespannt, was jetzt kommen mag. Denn der Bassist oder Schlagzeuger von U2 wird wohl auch nicht hier vor uns sitzen.

»Ich bin der kleine Junge. Auf der Plattenhülle. Ich bin der Junge auf dem Cover. Der Boy von ›Boy‹ sozusagen!« Er lacht über sein etwas plattes Wortspiel.

Stolz verschränkt er die Arme vor der Brust und schaut drein wie ein Feldherr, der seine Truppen soeben erfolgreich in die Schlacht geführt hat. Während der Kindergärtnerin anscheinend weder U2 noch deren Alben etwas sagen, versuche ich mir sofort den Buben des Covers in Erinnerung zu rufen. Etwa fünf Jahre alt, mit nacktem Oberkörper, die Arme hinter dem Kopf verschränkt, blickt er seinem Betrachter mit ernstem, fast ängstlichem Blick entgegen. Man macht sich sofort Gedanken darüber, was diese großen, dunklen Augen wohl gesehen haben müssen. Bilder des irischen Bürgerkriegs kommen einem in den Sinn. Verwahrloste Hinterhöfe. Ausgebrannte Autowracks, zwischen denen Kinder Verstecken spielen. Das Unrecht einer ganzen Gesellschaft und die düstere Zukunft einer neuen Generation. Ich versuche, diesen Blick in den Augen meines Gegenübers zu finden, der anscheinend gerade Verwunderung mit Bewunderung verwechselt und breit grinsend unsere Reaktionen abwartet. Aber ich finde ihn nicht. Er scheint meine Zweifel zu bemerken. »Meine Mutter war eine kurze Zeit mit dem Fotografen zusammen. Einem Engländer. Ich bin in England aufgewachsen.« Es klingt wie eine Entschuldigung. Ich bin nicht überzeugt und mustere ihn weiterhin kritisch. Das Alter könnte stimmen. Die Augen und Haarfarbe ebenfalls. Sollte Kevins Vater wirklich …?

Nein. Das kann nicht sein. Der Junge mit dem melancholischen Blick, der einem bis in die Seele zu schauen scheint, ist heute sicherlich Künstler. Ein erfolgloser Musiker vielleicht oder ein verzweifelter Maler, der in einem ungeheizten Atelier in Dublin graue Landschaften auf Altkarton malt und sein letztes Geld für Farbe und Whiskey ausgibt. Aber sicherlich kein hibbeliger Elektronikfachverkäufer aus einer Schweizer Kleinstadt. Meine Gedanken drehen sich im Kreis, während sich der Vater nun über die musikalischen Qualitäten von U2 auslässt und dabei vor allem das Spätwerk der Band abfeiert. Ein weiterer Beweis für mich, dass er ein Aufschneider ist. Vielleicht ist das einfach seine Anbaggertaktik. Seine ganz persönliche Pick-up-Line. »Hallo. Schön dich hier zu treffen! Falls du U2 magst, solltest du mir mal tief in die Augen blicken. Wetten, dass du die schon mal gesehen hast?«

Gerade ist »Smells like teen spirit« von Nirvana erschienen. Auf dem ebenfalls weltbekannten Cover sieht man ein nacktes Baby durchs Wasser tauchen. Was wird dieser Junge wohl in 18 Jahren an irgendeiner Bar irgendeiner Frau erzählen? »Hallo! Wetten, du hast schon einmal meinen Pimmel gesehen?«

Großartig, wenn es wahr ist. Ansonsten traurig, wenn diese Lüge das Einzige ist, womit du beim anderen Geschlecht punkten kannst. Und wie lächerlich, wenn du mit so einer Geschichte versuchst, einem unangenehmen Elterngespräch aus dem Weg zu gehen.

»Kevin«, lässt uns jetzt der Vater weiter wissen, »sieht mir als Kind übrigens sehr ähnlich.«

Damit hat der Gute den Bogen jedoch überspannt und sich verraten. Mal davon abgesehen, dass Kevin blaue Augen und kurze rote Haare hat, traue ich es beiden, Vater und Sohn, nicht zu, für ein Fotoshooting auch nur eine Sekunde lang die Füße stillzuhalten. Somit habe ich meinen Einstieg ins Gespräch gefunden und klappe das Dossier Kevin auf. U2 sind an diesem Morgen kein Thema mehr.

Wieder zu Hause kann ich es mir dann doch nicht verkneifen, »Boy« aufzulegen und mir das Plattencover genauer anzusehen. Weder der Fotograf noch der Name des Coverboys finden sich darauf. Aber auch so merke ich, dass ich mich nicht getäuscht habe. Das abgebildete Kind hat keinerlei Ähnlichkeiten mit Kevins Vater. Und schon gar nicht mit Kevin selbst. Trotzdem nehme ich beim nächsten Mal die Platte mit in den Kindergarten und zeige sie in einer ruhigen Minute Kevin. Er kennt das Bild nicht. Und von U2 hat er noch nie was gehört. Immerhin.

So schlimm scheint es also noch nicht um ihn zu stehen.

DER BESTE JOB DER WELT

ODER

GEBURTSTAG IM KINDERGARTEN

DAS POSITIVE VORNEWEG: Der vier- bis sechsjährige Mensch, also das klassische Kindergartenkind, hat noch ein unverkrampftes Verhältnis zum eigenen Ehrentag. Ganz anders als der Autor – und seine Altersgenossen. Während sich der Ü-40-Mensch seine Geburtstage im Kalender mit der gleichen Farbe anstreicht wie den Termin beim Dentalhygieniker, springt das Kindergartenkind bereits eine Woche vor dem besagten Datum morgens eine Stunde früher aus den Federn – im Glauben, die Zeit würde damit schneller vergehen. Zum Leidwesen seiner Eltern. Die können sich dann immerhin an dem Enthusiasmus des Sprösslings erfreuen, mit dem sich der Kleine am Geburtstag das Täschchen umhängt und einem jungen Zicklein gleich singend und springend in den Kindergarten eilt. Denn da bereitet die Kindergartenlehrperson pflichtbewusst und mit Freude ein Fest, welches seinesgleichen im noch kurzen Leben des Geburtstagskindes sucht. Das weiß das Kind. Und das wissen, nein, erwarten die Eltern. Schließlich wurde es so am Elternabend besprochen. Sobald dort das Wort »Geburtstag« fällt, entstehen bei den Erzeugern romantische Bilder im Kopf. Ich habe es x-mal gesehen. Der Blick der Eltern geht zur Decke, als suchten sie im Geiste nach Stellen, an denen ich am Ehrentag ihres Kindes die aus Pappmaschee selbst gebastelten Lampions in Piratenschiffform aufhängen werde. Wo sich von Hand ausgeschnittene und dann bemalte Luftschlangen meterweise entlangschrauben werden. Ein leicht debiles Lächeln huscht über die verhärmten Gesichtszüge, wenn sie die Luft hörbar durch die Nase einziehen, um die olfaktorischen Essenzen der Wunderkerze, die Herr Deville am Tag X entzünden wird, aus ihrer kindlichen Erinnerung zu kramen:

Geburtstag.

Im Kindergarten.

Die Lippen zu einem stummen »Happy Birthday« bewegend, drehen sie den Kopf samt Oberkörper plötzlich ruckartig hin und her, um Ausschau zu halten nach dem geheimen Ort, an dem Herr Deville das Geschenk verstecken wird. Das Geschenk! Kurz verdunkelt sich das Antlitz der in Gedanken schwelgenden Eltern. Das schlechte Gewissen meldet sich. Sie ahnen: Herr Deville wird sicher wieder *das* Geschenk auftreiben: Pädagogisch wertvoll, biologisch abbaubar und ohne Zuckerzusatz. Während sie wieder nur irgendwelche Weltmeer verseuchende, waffenbestückte oder mit künstlichem Blondhaar bepflanzte Scheußlichkeiten aus Plastik auf ihrem Zettel stehen haben. Und aus genau dieser negativen Gefühlsregung entert eine weitere Empfindung die Psyche der vor mir zusammengekrümmt auf den kleinen Kinderstühlchen wie große Raubvögel hockenden Elternteile:

Neid.

Blanker Neid.

Purer, blanker Neid ist es, den man in den Augen der Eltern

sehen kann, sobald man ihnen eröffnet, dass man im Kindergarten die Geburtstage ihrer Sprösslinge feiert. »Feiern darf!«, wie manche Außenstehende wohl ausrufen möchten. Denn was kann es, denken sich diese, Schöneres geben, als einen Kindergeburtstag organisieren und feiern zu dürfen? Und das gleich gut zwanzig Mal im Jahr? Und dies während der Bürozeiten! Das heißt, während jeder mit einem rechtschaffenen Beruf Gebäudefundamente mauert, im Akkord Schlachtvieh ausnimmt, Strafzettel verteilt oder Fabrikarbeiter wegrationalisiert. Während dieser Zeit darf die Kindergartenlehrperson Luftballons aufblasen, Geburtstagslieder anstimmen und leckeren Kuchen mampfen. Und wird auch noch dafür bezahlt! Wird mit Liebe und Zuneigung seitens der Kinder überschüttet! Was für eine erfüllende Tätigkeit das doch sein muss. *Besonders* an Geburtstagen! Nein, klagen darf er nicht, der Erzieher, die Kindergärtnerin. Frohlocken und jubilieren sollen sie, sobald sie morgens das Unterrichtsheft aufschlagen und lesen: »Heute Geburtstag von Kevin feiern!«

In diesen Situationen muss ich mich beherrschen, um nicht von meinem Stühlchen aufzuspringen und mich, wie Sid Vicious in San Francisco beim letzten Konzert der Sex Pistols, in die erste Reihe des Publikums zu werfen. Ich will die Eltern rütteln und schütteln, mich vor ihnen auf den mit Farbklecksen verzierten Kindergartenboden werfen und rufen: »Ihr habt keine Ahnung, wie hart und entbehrungsreich die Arbeit mit euren Bälgern ist! *Gerade* an Geburtstagen!« Dann stelle ich mir vor, wie ich tatsächlich aufspringe und mich durch die verdutzten Eltern drängle. Mütter rücken protestierend zur Seite, dösende von Nachtschicht, übermäßigem Handykonsum oder beidem gepeinigte Väter schrecken hoch und nehmen die klassische Abwehrhaltung ein. Ich kämpfe mich in die gegenüberliegende Ecke des Kindergartens und zeige anklagend auf eine schwere Truhe, die ich in den letzten Sommerferien auf dem Flohmarkt mit meinem Geld gekauft und zu Hause liebevoll im Schweiße meines Angesichtes mit Glitzersteinen beklebt habe. Zuvor wurde sie noch mühsam abgeschmirgelt und mit in den Lungen brennender Lackfarbe mehrere Male in einem ansprechenden Goldton lackiert – von meiner Mutter! Denn ich kann ja wohl nicht alles allein machen, Herrgott noch mal! Aber das nur nebenbei. Ich zeige also auf dieses Objekt, dieses herrlich anzusehende Tabernakel, und verkünde in Richtung der verschreckten Eltern: »Tataaaaaaa! Für viele ist dies nur die güldene und mit Edelsteinen verzierte Geburtstagswundertruhe des Herrn Deville! Für ihn selbst jedoch ›Die Box der Pandora!‹.«

Aber da nicht alle Anwesenden genug mit der griechischen Mythologie vertraut sind, wische ich die Bemerkung mit einer abfälligen Handbewegung fort. Ich schreite nochmals durch die staunende Herde der Mutter- und Vatertiere, um an einen kleinen Bilderrahmen zu gelangen, der über meinem Pult an der Wand hängt. In diesem, hinter Glas vor grabschenden Kinderhänden geschützt, ruht der Schlüssel zu besagter Kiste, welche die Schrecken einer zünftigen Geburtstagsfeier enthält. Der Weg zurück führt an großen Augen und offenen Mündern vorbei. Die Truhe öffnet sich knarrend. Ich stelle mir weiter vor, wie ich unter »Ahhhs« und »Oooohs« deren Inhalt präsentiere: ein samtener Sack, mit silberner Kordel verschnürt. Beides habe ich unter Klagelauten einem libanesischen Teppichhändler entrissen. Anno dazumal im Ausverkauf. Als ich für einige Jahre in Berlin ... aber lassen wir das. Ich hebe das edle Bündel, das Herzstück eines jeden

Geburtstagsfestes, über meinen Kopf, um die anwesenden Eltern sehen, nein, spüren zu lassen, mit welchem materialistischen Aufwand hier gearbeitet wird! Dann öffne ich ihn ehrfurchtsvoll und entnehme ein geheimnisvoll aussehendes Stück Pergament. In Wirklichkeit einen einfachen Bogen Zeichenpapier, den ich mit einem gebrauchten Schwarzteebeutel betupft und anschließend an den Rändern mit einem Feuerzeug angesengt habe. Alter Kindergartentrick. Ich zeige auf das zusammengerollte Papier, nutze die jetzt maximale Aufmerksamkeit der Eltern. Und beginne mit meinem Vortrag.

»Rituale: Feierliche, vorgegebene Ablaufhandlungen mit einem hohen Symbolgehalt. Für uns Erwachsene oft mystisch besetzte Ereignisse. Denken wir nur an Aufnahmezeremonien von Geheimgesellschaften oder die Papst- oder meinetwegen alljährlichen Misswahlen. Aber lasst uns nicht zu weit weggehen von unserem Alltag – auch hier spielen Rituale eine große Rolle. Das meditative Innehalten nach dem Aufstehen, bei welchem eine Kerze entzündet wird, während der Teekessel pfeift zum Beispiel.« Der Schichtarbeiter unter den anwesenden Eltern nickt andächtig. »Oder der tägliche Eierlikör, kurz bevor die Kinder aus der Schule zurückkehren.« Ertappt blicken sich einzelne Mütter unsicher um. Ich lasse mich davon nicht irritieren und fahre fort. »Rituale spielen eine wichtige Rolle im Erleben eines Kindergartenkindes. Denken wir an den Advent mit seinem genau festgelegten Ablauf von vier zu entzündenden Kerzen. Auch das ein Ritual, welches den Kindern eine klare Linie, eine Orientierung bietet in dieser für sie aufregenden Zeit. Und nicht zuletzt für uns leidgeplagte Erwachsenen.« Diesmal zustimmendes, wissendes Nicken von allen im Raum. Inklusive mir selbst.

»Und so integriere ich Rituale im Kindergartenalltag, um den Kindern Sicherheit zu geben. Einen Startpunkt. Einen Endpunkt. Um Haltung einer Sache gegenüber zu vermitteln und klare Linien aufzuzeigen. Alles Dinge, die sie außerhalb des Kindergartenbetriebes anscheinend nicht geboten bekommen.« Schlagartig hört das Nicken auf. Augenpaare verengen sich zu Schlitzen. Unruhe macht sich unter der Hörerschaft breit.

Schnell fahre ich fort. »Auch der Geburtstag Ihres Kindes wird mit einem Ritual begangen. Dem sogenannten Geburtstagsritual. Ein komplexer Ablauf, der einiges von mir als Kindergartenlehrperson fordert. Vorbereitung. Geduld. Nerven … Energie – ich meine natürlich Energie.« Ich räuspere mich und entrolle den Pergamentstreifen. Beeindruckt blicken die Anwesenden auf das Papier. »Schauen Sie und staunen Sie: Sage und schreibe siebzehn Punkte gilt es nämlich zu absolvieren, um das Verlangen nach dem Hochlebenlassen des eigenen Selbst des Kindes zu stillen! Siebzehn!« Zur Erinnerung. Das findet alles nur in meinen Gedanken statt. Ich sitze ja immer noch den Eltern gegenüber. Neid in ihren Augen ablesend. »Sie glauben mir nicht? Nun gut, nun gut! Gehen wir ein paar Punkte gemeinsam durch!«

Einem Magier gleich greife ich hinter mich in die Schublade, in welcher sich alles befindet[5], und ziehe ein ausgestopftes Exemplar des Perdix Perdix, Rebhuhn, daraus hervor. Die Zuhörerschaft, welche soeben noch skeptisch geschaut hat, bringt ihre Verblüffung nun durch ein gedehntes »Häää?!« zum Ausdruck. Nicht weniger überrascht bin ich selbst. Ich

---

5 In jedem Kindergarten gibt es eine solche Schublade, aus der die Kindergartenlehrperson anscheinend alles zaubern kann.

stopfe das makabre Objekt in die Schublade zurück, die vielleicht einmal aufgeräumt werden sollte. Ein weiterer Versuch fördert schließlich das Gesuchte zutage: eine Heftklammerpistole. Aus der Hüfte pinne ich das Pergament an die Wand. Ich darf das, ich bin Profi. Ein weiterer Griff in die Schublade verhilft mir zu einem Zeigestab, dessen Ende ich nun auf die erste Zeile des Pergamentes führe.

»Punkt eins: ›Das Geburtstagskind muss raus!‹«, doziere ich. »Was hart klingt, ist harmlos. Um die Spannung zu erhöhen, verlässt das Geburtstagskind den Raum, um in der Garderobe zu warten.« Die Spitze des Zeigestabes rutscht eine Zeile nach unten. »Punkt zwei: ›Das Spalier!‹. Je zwei Kinder stehen sich an der Eingangstür zum Gruppenraum gegenüber. Zusammen rufen wir das Geburtstagskind herein, welches dann unser Spalier durchlaufen darf, während die Kinder ihm mit von mir vorher ausgeteilten Seidentüchern huldvoll zuwinken!« Dass dieses wilde Gefuchtel öfter in Raufereien endet, erzähle ich natürlich nicht. Deswegen überspringe ich »Punkt drei«. Dieser lautet folgernd: »Das Geburtstagskind trösten!« Ich fahre fort: »Nächster Punkt: ›Geburtstagslied singen!‹.« Ein Vater beginnt leise, ein eingeschüchtertes »Happy Birthday« anzustimmen, worauf ich mit dem Zeigestab auf den mit Plastikplane überklebten Basteltisch schlage, was den Papa zum Schweigen bringt. »Eben nicht! ›Happy Birthday‹ ist rechtlich geschützt. Wer singt, zahlt. Und da die stolzen Eltern des Geburtstagskindes oft anwesend sind und alles mitfilmen, riskiere ich ein Monatsgehalt, wenn das herauskommt. Nein, nein. Da muss man sich schon ein bisschen mehr Mühe machen und tiefer in der Kindergartenlyrik forschen. Ein ›Heute feiern wir ein Fest, wie herrlich, dass du bei uns bist‹ ist zum Beispiel besser geeignet. Wenn auch nicht bei jedem Kind.« Ich achte nicht auf die irritierten Blicke der anwesenden Eltern, sondern gehe Punkt für Punkt durch, um aufzuzeigen, wie viel Mühe und Zeit einem ein solches Fest abverlangt.

Punkt fünf: »Die Krönung«. Das Geburtstagskind wird zum König ausgerufen und darf auf dem eigens dafür hergerichteten Geburtstagsthron Platz nehmen. Punkt sechs: »Glückwünsche«. Die Kinder übergeben dem König einen Glitzerstein, den ich ihnen zuvor aus der goldenen Truhe gereicht habe. Dazu formulieren sie einen Wunsch, der sich für das Geburtstagskind erfüllen soll. Verzückt betrachten dabei jeweils die anwesenden Eltern dieses Schauspiel. Es ist ja auch herzerwärmend, wenn dieser Minihofstaat sich in einer Reihe aufstellt, um seinem König wirklich schöne und, auf ihre Weise, doch, doch, poetische Wünsche ins Ohr zu flüstern. »Ich wünsche dir ein Leben lang viele Freunde.« Oder: »Ich wünsche dir, dass du dieses Jahr nie krank wirst und immer mit uns spielen kannst.« Und: »Ich hoffe, dass für dich jeden Tag die Sonne scheint.« Aber woher zaubern die Kinder diese Formulierungen? Das muss natürlich geübt werden! Bevor da nicht eine didaktisch versierte Persönlichkeit wie zum Beispiel ich diesen Punkt spielerisch mit den Kindern behandelt und durchspricht, werden die Wünsche ein wenig anders und vor allem materialistischer vorgetragen. »Ich wünsche dir fünfzig Stormtroopers der Imperialisten von Lego Star Wars, damit du Han Solo so richtig kaputt machen kannst!« Oder: »Ich wünsche dir ganz viel Schokoeis mit Smarties. Jeden Tag.« Da muss man ganz vorne anfangen, den Unterschied zwischen »Ich wünsche *dir*« und »Ich wünsche *mir*« erklären zum Beispiel.

In meiner Vorstellung dämmert an diesem Punkt den ersten Elternteilen in der lauschigen Runde, dass wirklich mehr hinter der Organisation eines Kindergeburtstags steckt, als sie dachten. Der Neid in ihren Augen weicht einer anderen Empfindung: Bewunderung. Falsch, nein. Es ist nur Mitleid. Aber genau da will ich sie haben. Punkt sieben: »Das Geburtstagsspiel«. Natürlich kooperativ! Keine Gewinner. Wenn schon, verlieren alle. Um die Gruppensolidarität zu stärken. Und um den Bezug zur Weltlage spielerisch herzustellen. Punkt acht: »Der Jahreskreis«. »Hierbei geht es um das Bewusstwerden des eigenen Alters. Die Kinder sollen in unserer schnelllebigen Zeit ein Gefühl dafür vermittelt bekommen, was es heißt, älter zu werden. Sie sollen erfahren, was es mit dem abstrakten Begriff *Zeit* auf sich hat und wie schnell oder wie langsam sie verrinnt.« Während ich dies sage, wird mir auf einmal selbst bewusst, wie krass wir Kindergartenlehrpersonen drauf sind. Was wir da für philosophische Ansätze raushauen. Einfach so! Wahnsinn! Ich klopfe mir innerlich selbst auf die Schultern. Da ich aber nur Fragezeichen in den Gesichtern meiner Zuhörer sehe, pfeife ich auf jegliche Zurückhaltung und klopfe mir ganz physisch auf die Schulter. Vor allen. Das sieht zwar etwas lächerlich aus, aber dafür von mir selbst überzeugt.

Jetzt bemerke ich, dass meinen Zuhörern eine kleine Bewegungssequenz ganz guttun würde. Also schiebe ich mich in meiner Gedankenwelt wieder durch die Elterngruppe hindurch nach vorn. In Windeseile lege ich lange bunte Kartonstreifen, die von mir mit den einzelnen Monatsnamen beschriftet wurden, kreisförmig auf dem Boden aus. »Der Jahreskreis!«, rufe ich aus und beginne, von Strahl zu Strahl zu hüpfen, während ich singend die einzelnen Monate abzähle. Mir ist bewusst, dass dies idiotisch aussieht, aber in meinem Beruf hat man eh alle Scham über Bord geworfen, wenn man richtig in die Materie der vorschulischen Erziehung eintauchen möchte. Außerdem: Was tut man nicht alles, um ein wenig Verständnis und Achtung für seine Arbeit zu ernten! Kurz stelle ich mir vor, wie ich nun die Eltern dazu nötige, ebenfalls, jeder seinem Alter entsprechend, den Strahlenkranz hüpfend zu umrunden und dabei klatschend sein Alter laut mit allen anderen mitzuzählen. Denn eins ist sicher: Wer mehr als dreißig Mal den verfluchten Jahreskreis umhüpft hat, bekommt sehr wohl ein Gespür dafür, wie schnell die Zeit vergeht und wie alt er wirklich ist. Punkt neun wird ausgelassen: Ich möchte den Ärmsten nicht auch noch den Geburtstagstanz zumuten. Also referiere ich weiter über die feierliche Zeremonie des Geschenkeüberreichens. Heikel. Denn hier gilt es geschickt, die materialistische Erwartungshaltung des Geburtstagkönigs zu überlisten. Da muss man sich schon eine sehr überzeugende Rahmengeschichte zurechtlegen, um das durchschnittliche Kindergartenkind für einen einfachen bunten Glasstein oder Buntstift zu begeistern. Denn mehr gibt das Budget nicht her. So ein Geburtstagshofstaat mag ja euphorisch und energiegeladen sein, aber sein Bruttosozialprodukt lässt doch schwer zu wünschen übrig.

Zum Schluss lasse ich meine Zuhörerschaft an dem Frust teilhaben, der sich breitmacht, wenn die Eltern des Geburtstagskindes den selbst gebackenen Geburtstagskuchen auspacken. Hat jemand soeben den Witz bemerkt? Selbst gebacken – dass ich nicht lache! Nicht nur, dass es sich dabei meistens um eine schlichtweg nicht ohne anschließendes Großreinemachen zu essende Industrietorte handelt, die offeriert wird. Nein, nein. Trotz meiner immer wieder gepredigten Faustregel »Ein Schokokuchen von Unterarmlänge ohne Schnickschnack reicht völlig aus!« werden zur kleckernden Sahneschnitte auch gern noch tütenweise Fruchtgummitiere, Kartoffelchips und weitere köstliche Klebrigkeiten herangekarrt. Literweise flankiert von der berühmten braunen Kapitalistenbrause. Bei den Knirpsen werden da natürlich Endorphinausschüttungen vom Feinsten bewirkt. Bei den Eltern anscheinend auch. Anders kann ich mir diese alljährliche Zucker-Mobilmachung nicht erklären.

Zum Finale meines kleinen Vortrags mache ich einen imaginären Zeitsprung: Ein verlassener Kindergarten. Das Lachen und Schreien der Kinder hat sich auf den Pausenplatz verlagert. Die Party ist vorbei. Die Schlacht geschlagen. Inmitten von Luftschlangen, Konfetti und cremeverschmierten Pappbechern lehnt der Erzieher erschöpft und verschwitzt am offenen Fenster. Raucht eine trostspendende Zigarette. Hält kurz inne. Für einige Minuten nur. Dann krempelt er die Ärmel nach oben, greift nach Wischmopp und Desinfizierungsmittel und macht sich daran, das Chaos zu beseitigen. Wenn der kleine Geburtstagskönig schon längst zu Hause eingeschlafen ist, den Glasstein oder Buntstift fest umklammert, und die Nacht hereinbricht, erst dann schließt Herr Deville den Kindergarten zu.

Still. Einsam. Müde.

Aber ungebrochen.

Ich stehe mit geschlossenen Augen und ausgebreiteten Armen vor den Eltern. Einige haben Tränen in den Augen. Das Mitleid ist der Bewunderung gewichen. Ich stelle mir vor, wie ein einzelner Vater, der Schichtarbeiter vielleicht, nein, ganz sicher der Schichtarbeiter, sich erhebt und beginnt, rhythmisch in seine schwieligen Hände zu klatschen. Weitere folgen seinem Beispiel, bis der kleine Kindergarten an diesem Abend erfüllt wird von Applaus und anerkennenden Zurufen.

Doch wie gesagt: Alles nur in meiner Fantasie. Dieser Vortrag hat nicht stattgefunden. Und wird es wahrscheinlich nie.

In der Realität sehe ich an diesem Abend bloß den Neid in den Augen der mir gegenübersitzenden Eltern und höre sie sagen: »Hach, Herr Deville, Sie haben es gut: Sie dürfen Geburtstag feiern. Zwanzigmal!«

Kurz, ganz kurz nur, muss ich an Sid Vicious denken. Dann aber sage ich: »Sie haben ja so recht. Ich habe den besten Job der Welt.«

DAS GRINSESCHWEIN IM KOFFER ODER DENTALHYGIENE IM KINDERGARTEN

KALTER SCHWEISS STEHT MIR AUF DER STIRN. Mein Blick wandert unruhig im Raum umher. Draußen vor dem Fenster geht das Leben unverschämterweise einfach so seinen Gang, ohne sich um mich und meine augenblickliche Situation zu scheren. Rastlos blicke ich zu den weiß getünchten Wänden, an denen sich gerahmte Fotos italienischer Landstriche und abstrakte Kunstdrucke den Platz streitig machen. Dann zum Aquarium, bei dem ich mir noch nie sicher war, ob es überhaupt Fische oder nur schleimige Algen beheimatet, und schließlich zu meinen Schuhspitzen, die nervös im Takt des dudelnden Lokalsenders tippeln. Mein Blick geht wieder hoch zum Tischchen in der Zimmermitte, auf dem eine Gratiszeitung und mehrere Klatschmagazine ausliegen und auf gelangweilte Leser warten. Es ist mir unbegreiflich, wie man seelenruhig in einer Zeitschrift blättern kann, während doch jeden Moment die Türe aufgehen könnte und man seinen Namen hören muss. Ausgerufen von einem dieser blonden Engel in Weiß mit dem perfekten Lächeln. Ein Lächeln, das eine ganze Reihe perfekter, wie Perlen auf einer Kette aufgereihter

Zähne entblößt. Oh Gott, wie ich Zähne hasse. Wenn ich schon nur die auf den hier ausgelegten Broschüren abgebildeten gebleckten Beißerchen sehe, krampfen sich meine Finger in die ledernen Riemen des Chromstahlsessels, in welchem ich gerade sitze und ängstlich dem Surren und Blubbern lausche, das aus dem Behandlungszimmer nebenan zu mir ins Wartezimmer dringt. Wie ich Zahnärzte hasse! Wobei das vielleicht etwas hart formuliert ist. Ich hasse in erster Linie den Besuch bei Zahnärzten. Der Zahnarzt selbst ist ja nur jemand, der anderen Menschen anscheinend gern in das Allerheiligste blickt, den Mund, die intimste Körperöffnung, die es gibt – um darin herumzustochern, zu kratzen und im schlimmsten Fall zu bohren! Wie kann man nur! Ach was, ich bleibe dabei: Ich hasse auch Zahnärzte. Aber nicht ohne Grund. Meine eigene dentale Biografie gleicht einer Tragödie in bisher drei Akten.

Der erste Akt: *Das schwarze Grinsen*. Meine Eltern haben mir als Kleinkind täglich einen teuflischen Früchtetee verabreicht, von dem leider nicht bekannt war, dass er einen stark erhöhten Zuckergehalt aufwies. Die Firma wurde anscheinend verklagt und erhielt empfindliche Geldstrafen. Ich dagegen schwarze Milchzähne. Etwa zur gleichen Zeit trat in England Johnny Rotten mit einem ebenfalls schadhaften Gebiss die Punkwelle los und erntete dafür Respekt und Legendenstatus. Für mich begann hingegen ein Spießrutenlauf über die Schulhöfe und eine bis heute andauernde Tour de Schmerz durch Zahnarztpraxen.

Der zweite Akt: *Auf Beton gebissen*. Rund zwanzig Jahre später stand ich in Berlin mit einer lauten Band im Rücken als Sänger auf der Bühne, um meinen Vorbildern gerecht zu werden. Und weil es der Habitus der Punkbewegung so verlangt, gehörte ein enger, körperintensiver Kontakt zum Publikum unbedingt dazu. Aus diesem Grund beschloss ich voller Euphorie an diesem denkwürdigen Abend, mich von einem der Boxentürme kopfüber in die versammelte Menge zu stürzen. Unsere Band war in der Stadt jedoch ziemlich unbekannt. Die erwähnte Menge bestand in Wahrheit nur aus einer Handvoll Nachtschwärmer, die sich vor die Bühne verirrt hatten und so gar keine Lust zeigten, einem als Totenkopf geschminkten Schreihals als Landebahn zu dienen. Die Folge meines Sprungs waren eine Gehirnerschütterung, eine zertrümmerte Kniescheibe sowie als Krönung eine ganze Reihe abgebrochener Zähne. Nach vier Monaten konnte ich wieder ohne Krücken um die Häuser ziehen. Doch noch über Jahre hinweg schwitzte ich die Zahnarztstühle voll, um mir von fachkundigen Händen mithilfe von Zangen, Meißeln und Spritzen mein Gebiss wieder geraderücken zu lassen.

Der dritte und bis jetzt letzte Akt: *Say Cheese!* Ich habe regelrecht Angst vor Zähnen. Vor dem Spiegel putze ich sie stets mit geschlossenen Augen. Und auf Fotos zeige ich höchstens ein etwas irr wirkendes Grinsen, was daraus resultiert, dass ich es vermeide, meine eigenen Zähne zu zeigen. Zum Ausgleich reiße ich dafür meistens die Augen übertrieben auf, was sich auf Bewerbungsfotos für eine Stelle als Kindergärtner nicht besonders gut macht, wie ich erfahren musste.

Als praktizierender Kindergärtner stellte ich entsetzt fest, dass die Kinder nach der bekannten und zur Genüge erforschten oralen Babyphase anscheinend eine mir bis dahin unbekannte dentale Phase durchmachen. Gerade wenn die ersten Milchzähnchen zu wackeln und auszufallen beginnen, hat das Kindergartenkind das unbändige Bedürfnis, mit seinen

Zeigefingern seine Mundwinkel bis zum Gehtnichtmehr auseinanderzuzerren, um ein schauerliches Bild zu entblößen. So war es mir fast allmorgendlich vergönnt, direkt nach dem Händeschütteln und einem begeisterten »Herr Deville! Schau mal hier!« auf kleine, locker sitzende Zahnreihen, blutrote Krater bereits ausgefallener oder ausgerissener Zähnchen und kreuz und quer aus dem Zahnfleisch hervorbrechende Schaufelzähne zu blicken. An besonders glücklichen Tagen wurden mir von den Kindern Zündholzschachteln zur Ansicht entgegengestreckt, in welchen die ausgefallenen Milchzähne gesammelt und wie eine Reliquie im Bekanntenkreis herumgereicht wurden. Und überhaupt haben Kinder ein total unverkrampftes Verhältnis zu ihren Beißwerkzeugen. Egal in welchem Zustand sich diese gerade befinden. Andauernd wird schallend gelacht, gegähnt, gesungen und sonst wie der Mund aufgerissen, um den Blick auf Reihen von Zähnen zu öffnen. Ein Albtraum für einen Zahnphobiker erster Güte, wie ich es bin (und wie ihn sich ein Edgar Allen Poe nicht besser hätte ausdenken können).

Im Kindergarten ist das Thema Zähne Pflicht – allein schon wegen der Reinigung. Das ist auch nötig, wenn man mitbekommt, was Kinder so in ihrer Pausenbrotbox dabeihaben. Man wird es nicht für möglich halten, aber gewisse Eltern lassen sich vom Verpackungshinweis »Enthält eine Extraportion Milch!« davon überzeugen, dass ein Schokoriegel die ideale Pausenverpflegung für den Nachwuchs darstellt. Oder auch eine Tüte Chips. Sind ja schließlich auch nur Kartoffeln, die ja wiederum zur Familie der Gemüse gezählt werden. Also gesund sein müssen. Eine Dose Cola belebt Geist und Körper und prickelt so erfrischend. Also rein in die Frühstücksbox damit. Schokocroissants, so weiß man, sind leicht und bekömmlich und enthalten wertvolle Fette wie Butter, Butter und nochmals Butter. Und das süße Gebäck aus Weißmehl, Ei und Zucker hat man schließlich selbst gemacht und ist auch noch vegetarisch! Zum Ausgleich dafür wird es mit der guten Doppelrahmstufe beschmiert. Der gemeine Apfel wird durch künstlich gesüßten Früchtequark ersetzt und das Knäckebrot durch ein Stück Kuchen.

Als Kindergärtner ist man deswegen dazu verpflichtet, allmorgendlich erst einmal den Zöllner zu geben. »Guten Morgen, Kinder! Hat jemand was zu verzollen? Nein? Niemand? Dann du, du und du dahinten mal die Plastikboxen öffnen!« Schließlich ist Kontrolle besser als eine Wurzelbehandlung im Vorschulalter. Ich kann mich an ein Kind erinnern, das jeden Morgen das Gleiche in seiner Pausenbrotbox mitführte: ein in Plastik verschweißtes, südländisches Feingebäck, das mit einer süßen, honiggleichen Konsistenz gefüllt war. Natürlich machte ich das Kind darauf aufmerksam, dass ich es nicht dulden würde, dass ein solcher Süßkram in meinem Kindergarten verzehrt werde. Außerdem solle es doch an seine Zähne denken. Ich ließ es also die Box wieder zuklappen und versorgte es notdürftig mit meinem gesunden Pausensnack, während ich als gutmütiger Zöllner hungern musste. Daraus resultierte, dass das Kind am nächsten Tag zwei solcher süßen Scheußlichkeiten mit sich führte. Ich zog die Ware daraufhin ein und ließ sie in einer Schublade in meinem Schreibtisch verschwinden. Stattdessen legte ich einen Zettel in die Box, auf den ich eine freundliche Ermahnung sowie eine gut gemeinte Empfehlung in Sachen gesunde Zwischenmahlzeiten hinterlegte: »Liebe Eltern. Bitte verzichten Sie im Interesse der Zähne Ihres Kindes und Ihres eigenen Geldbeutels in Zukunft auf das Mitgeben solch gezuckerter

Frühstücks-Snacks. Ein Apfel oder eine Karotte erfreuen Kind und Gebiss. Glauben Sie einem Profi. Mit gesunden Grüßen, Herr Deville.«

Am nächsten Tag fand ich nichtsdestotrotz die gleiche Süßigkeit in der Box vor und hinterlegte daher erneut eine Notiz. Dieses Mal etwas knapper und klarer im Ton. »Nieder mit dem Kuchen! Esst mehr Früchte!« Es half nichts. Meine Tischschublade füllte sich mit süßem Gebäck. Nach ein paar Tagen traf ich die Mutter des Jungen und stellte sie zur Rede. Diese reagierte verdutzt. Sie habe ihren Sohn gefragt, ob ihm das Frühstück schmecke, was dieser immer begeistert bejaht habe. Tatsächlich hatte sich der Junge aber auf meinen Ersatzsnack bezogen, den ich ihm jeweils im Tausch gegen das Gebäck gereicht hatte. Dieses übrigens werde von seiner Großmutter eingepackt, die kein Deutsch verstehe. Die Mutter hat meine Zettel nie zu Gesicht bekommen. Somit war das Rätsel gelöst und ich händigte ihr lachend alle Gebäckteile aus, die unterdessen eine ganze Tüte füllten. Alle bis auf eines. Schließlich musste ich mich davon überzeugen, dass die süße Leckerei tatsächlich ungesund war. Und außerdem hat auch einmal ein Zöllner Hunger. Die Dinger schmeckten verboten köstlich.

Genau wegen solcher Geschichten ist es in den Kindergärten üblich, dass mehrere Male im Jahr eine Fachkraft vorbeischaut, um mit den Kindern die Zähne zu putzen. Die hinter vorgehaltener Hand als »Zahnhexe« bezeichnete Person führt dazu meist eine lustige Handpuppe mit, um mit der Kindergruppe in Kontakt zu treten und sie spielerisch von der Wichtigkeit des Zähneputzens zu überzeugen. Nach der Ausgabe der Zahnpasta werden schließlich im Klassenverbund die Zahnreihen geschrubbt. Die Zahnhexe bringt stets ein riesiges Plastikgebiss mit, an dem sie der ganzen Klasse die korrekten Kreisbewegungen vorführt, die die Kinder mit ihrer Zahnbürste im eigenen Mund nachmachen sollen.

Ich selbst habe mir in dieser Zeit jeweils eine kurze Auszeit gegönnt. »Zwanzig Kindern beim Zähneputzen zusehen« stand eindeutig nicht im Stellenprofil, als ich mich damals als Kindergärtner beworben hatte. Man kann sich also meinen Schrecken vorstellen, als ich eines Tages nichtsahnend an meinem Arbeitsplatz eintreffe und von der bereits anwesenden Schulleiterin darüber informiert werde, dass die für diesen Tag angemeldete Fachfrau wegen Übelkeit wieder nach Hause gegangen sei. Freundlicherweise habe sie jedoch ihren Koffer mit ihren Utensilien dagelassen. Mir schwant Böses.

»Du weißt«, sagt die Schulleiterin, »wie ernst die Mundhygiene an dieser Schule genommen wird. Und du hast ja schon ein paarmal zugesehen, oder?« Dazu zeigt sie auf den weißen Plastikkoffer mit dem Zahnmännchen-Sticker. »Kriegst du das hin?«

Als Antwort beginnt mein Herz zu rasen. Meine Handflächen schwitzen. Stammelnd beichte ich mein dentales Trauma, das ich seit frühster Kindheit in drei Akten durchlebe. »Bitte erspare mir einen vierten Akt in dieser Tragödie. Bitte. Ich kann das nicht tun. Eher ersetze ich den Verkehrspolizisten. Oder meinetwegen nochmals den Nikolaus. Aber bitte nicht die Zahnhexe!«, jammere ich auf dem Schulflur.

»Einen weiteren Polizisten brauchen wir an unserer Schule nicht und den Nikolaus darfst du seit letztem Jahr eh nicht mehr geben. Es tut mir leid, Dominic. Heute machst du mit deiner Klasse die Zahnhygiene. Du schaffst das.« Unerbittlich tätschelt sie meinen Handrücken und geht weiter.

Im Gruppenraum verstecke ich den Koffer der Zahnhexe hinter dem Schreibtisch und bemühe mich, ihn zu vergessen. Jedoch verfügt das Kindergartenkind über ein untrügliches Auge für Details und Unregelmäßigkeiten. So fällt ihm zum Beispiel sofort auf, wenn du eine neue Frisur hast, eine Schramme vom Wochenende im Gesicht trägst oder ein paar besonders ramponierte Kinderzeichnungen abgehängt hast, um sie unauffällig zu entsorgen. Nichts entgeht seinem Blick. Schon gar nicht ein weißer Koffer hinter deinem Schreibtisch, der dort nicht hingehört.

»Die Zahnhexe kommt! Die Zahnhexe kommt!«, lässt Aurelia die ganze Gruppe wissen und zerrt den Koffer hinter meinem Tisch hervor. Zwanzig Kinder rennen los, um ihre Zahnbecher und Bürsten aus dem Regal zu holen. Ich versuche sie noch zurückzuhalten, aber ihre grenzenlose Begeisterung über die erwartete dentale Spaßaktivität lässt mir keine Chance. Ich bin geliefert.

»Wo ist das Grinseschwein?«, fragt mich Aurelia ungeduldig und bleckt dazu ihre Zähnchen wie ein Kannibale zum Festtagsschmaus.

»Das ist heute leider krank«, erwidere ich mit hängenden Schultern. Erst als Aurelia ungeduldig auf den Koffer zeigt, weiß ich, dass sie keinesfalls die Fachfrau für Dentalhygiene gemeint hat, und öffne ihn mit bösen Vorahnungen. Jubel brandet in den Rängen auf, als uns allen ein großes Plüschschwein mit einem grotesken, riesigen menschlichen Gebiss in der Schnauze entgegengrinst.

»Hallo, Kinder!«, lasse ich das Schwein sagen, indem ich seinen Kopf hin und her bewege und sein schauerliches Gebiss dabei auf- und zuklappe. »Ich bin es. Die Schmunzelsau!«

»Grinseschwein! Das ist das Grinseschwein«, korrigiert mich Liselotte geduldig. »Und jetzt müssen wir alle eine Tablette nehmen und in den Spiegel sehen«, fährt sie fort und zeigt auf eine kleine Schachtel, die ebenfalls im Koffer liegt.

Ich nehme sie heraus und sehe, dass sich darin tatsächlich kleine Tabletten befinden, die ich noch von meiner eigenen Schulzeit kenne. Und seither fürchte. Im Mund lösen sie sich auf und setzen eine blaue oder rote Farbe frei, die an den Karies verfallenen Stellen haften bleibt und somit klar sichtbar machen soll, wie schlecht man wieder die Zähne geputzt hat. Schnell stecke ich die Tablettenschachtel wieder in den Koffer zurück.

»Heute gibt es keine Tabletten, Kinder!«, sagt die Plüschsau und greift sich stattdessen die übergroße Zahnbürste aus dem Koffer. »Zahnpasta! Zahnpasta!«, skandieren die Kinder und schlagen mit ihren bunten Zahnbürsten dazu rhythmisch gegen die Becher. Besagte Zahnpasta ist anscheinend in den Farben Rot oder Blau zu haben, und somit vergehen schon einmal zehn Minuten, bis ich mit dem Plüschschwein einmal im Kreis herumgelaufen bin, um jedem Kind die gewünschte Farbe aus der jeweiligen Tube auf die Bürste zu drücken.

Rot oder Blau?

Blau oder Rot?

Ich komme mir vor wie der Pillen verteilende Morpheus aus dem Film Matrix. Dann ist es schließlich so weit. Mit roter oder blauer Paste beschmierte Zahnbürsten warten darauf, auf Dutzende, ja Hunderte von gefletschten Milchzähnen zu treffen. Und ich mittendrin. Für einen kurzen Moment spiele ich mit dem Gedanken, schreiend aufzuspringen, das grinsende Schweinemonster weit von mir zu schleudern und mich wimmernd im Büro der Schulleiterin zu verkriechen. Doch ich bleibe stark und lasse das Grinseschwein laut und deutlich »Aaah« sagen, indem es die Kiefer auseinanderklappt. »Aaaah«, kommt es mir von den Stühlen entgegen und zwanzig kleine Münder werden aufgerissen. Ich versuche, nicht zu genau hinzusehen, und mache mich stattdessen daran, mit der überdimensionalen Bürste der Sau die Fresse zu polieren. Begeistert machen die Kinder mit. Dabei schlucken und schmatzen sie, husten und prusten und spucken immer wieder einen Schwall Schaum in ihre Becherlein. Einige recken ihre Köpfe in meine Richtung, um mir ganz genau zu präsentieren, wie gut sie die hohe Kunst der Zahnreinigung bereits beherrschen. Dabei rinnt ihnen Spucke und farbiger Zahnpastaschaum aus den Mundwinkeln, der auf ihre Hände, Hosen und Pantoffeln tropft. Dazu strahlen mich die Kinder an, blecken die Zähne und sehen dabei aus wie tollwütige Hundewelpen. Ich nicke krampfhaft begeistert von links nach rechts, um die mir entgegengestreckten Mundhöhlen nicht genauer betrachten zu müssen, und mache mich dann daran, mit der Zahnbürste die untere Kauleiste des Plüschschweines zu bearbeiten. »Erschtennen! Erschtennen!« Von links spritzt Speichel und Schaum über meine Schuhe und die Plüschsau auf meinem Arm. Tadelnd blickt mich Liselotte an. Ich gebe den Blick nach links weiter, wo Kevin, sich keiner Schuld bewusst, geräuschvoll in seinen Becher spuckt, um dann sein Anliegen nochmals zu wiederholen.

»Erst oben innen, Herr Deville. Erst innen putzen, nicht außen!«

»Stimmt gar nicht!«, widerspricht ihm Liselotte. »Erst unten innen!«

Immer mehr Kinder mischen sich nun schäumend in die Diskussion ein, in welcher Reihenfolge nun die Zähne richtig geputzt werden müssen.

Das Schwein und ich haben jetzt keine Lust mehr. »Jeder putzt jetzt noch, wie er möchte, bis ich bis dreißig gezählt habe!«, verkündet die Sau und beginnt zu zählen.

Die Kinder im Kreis versuchen, die ihnen zu verbleibende Zeit so effektiv wie möglich zu nutzen. Immer schneller rucken die Bürsten zwischen den Zähnen hin und her und verspritzen Zahnpasta auf alle Seiten. »25 ... 30!« Ich beschließe, die Sache etwas zu beschleunigen, bevor die ersten Bürsten im Rausch der Reinigung abgebissen werden. »Und jetzt alle Becher auswaschen, bitte!« Ich bereue die Worte, gleich nachdem das Grinseschwein sie ausgesprochen hat.

Zwanzig Kinder mit schäumendem Mund.

Zwanzig bis zum Rand mit Spucke gefüllte Becher.

Und genau ein Waschbecken.

Das Schwein und ich schlagen uns die Hände beziehungsweise Klauen vor die Augen, um nicht auf das Chaos schauen zu müssen, das nun über den Kindergarten hineinbricht.

Stunden später gebe ich den Koffer wieder im Büro der Schulleiterin ab. »Na also«, sagt sie zufrieden. »War doch nicht so schlimm, oder?« Ich grinse nur, ohne meine Zähne zu zeigen, und reiße dafür meine Augen für einen Tick zu weit auf.

»Herr Deville? Sie sind dran!« Die Stimme der Zahnarzthelferin reißt mich aus meinen Erinnerungen. Wie ein Delinquent auf dem Weg zum Schafott erhebe ich mich aus dem Designerstuhl. »Ist die ganze Kindergartenklasse für die jährliche Zahnkontrolle anwesend?«, fragt der lächelnde Engel in Weiß und entblößt dabei eine Reihe perfekter

Zähne. Ich nicke und deute auf die zwanzig Kinder, die seelenruhig in einer Ecke des Wartezimmers in Bilderbüchern blättern oder im grünen Wasser des Aquariums nach Fischen suchen.

»Glück gehabt«, denke ich erleichtert und wische mir die schweißnassen Hände an der Hose trocken. »Für heute bin ich noch mal davongekommen.«

ALL JOBS ARE BASTARDS ODER VERKEHRSERZIEHUNG IM KINDERGARTEN

ALS KINDERGÄRTNERIN ODER ERZIEHER HAT MAN WAHRLICH GENUG GRUND ZU SCHIMPFEN: über die verständnislosen und Turnbeutel vergessenden Eltern, die miese Bezahlung oder die immer neuen gesellschaftlichen Probleme, die plötzlich von Pädagogen gelöst werden sollen, weil alle anderen kapitulieren. Und manchmal auch einfach nur über die neue Gruppenzuteilung, die einem wieder einmal ein halbes Dutzend Kinder der Sorte Kevin für die nächsten beiden Jahre beschert hat.

Aber natürlich gibt es wunderbare Seiten an diesem Beruf. Der Laie mag dabei an all die Geburtstage mit Gesang, Tanz und Kuchenschlacht denken, die es in einem Kindergarten im Laufe des Jahres zu feiern gibt. Vielleicht glaubt der eine oder die andere, dass man alle besuchten Kinofilme, die ab vier Jahren freigegeben sind, von den Steuern absetzen kann. Aber das meine ich nicht. Denn wie es wirklich ist, zwanzigmal im Jahr mit durch überzuckerte Sahnetorte aufgeputschten Fünfjährigen Geburtstag zu feiern, kann man an anderer Stelle in diesem Werk nachlesen. Und zum Kinoargument fällt mir nur ein, dass ich keine Kindergärtnerin kenne, die sich freiwillig Animationsfilme ansieht. Laute Musik direkt aus der Eurodiscohölle, schnatternde Mickymausstimmen und explodierende Köpfe hat man nach einem harten Arbeitstag im Kindergarten, Hort oder Klassenraum bereits zur Genüge verabreicht bekommen.

Ich gebe zu: Das war etwas übertrieben – Discohits aus den Neunzigern gibt es in meinem Kindergarten nicht zu hören. Das fünfjährige Stammhirn reagiert zwar anscheinend äußerst positiv auf stumpfe Plastikbeats und hochgepitchte Refrains, aber da können die Kinder noch so betteln und flehen: In Sachen Musik bleibe ich hart. Da es immer wieder vorkam, dass Kinder mitgebrachte CDs mit entsprechendem Liedgut in den kindergarteneigenen Player einlegten, um dazu wild umherzuhüpfen, musste ich entsprechende Maßnahmen ergreifen – und den CD-Player durch einen Plattenspieler ersetzen. DJ Bobo oder Scooter auf Schallplatte aufzutreiben, ist für einen Fünfjährigen nicht leicht.

Darauf hat ein Vater einmal seinem Sohnemann wirklich die neueste Schallplatte der Toten Hosen in den Kindergarten mitgegeben. Ich vermute: um seine Credibility bei mir zu verbessern. »Papa hat gesagt, dass du das sicher so gern hörst wie er.« Die Toten Hosen haben zwar ihre Daseinsberechtigung im großen Kanon der Punkrockgeschichte, keine Frage, dies gilt aber nur bis zu dem Werk »Ein kleines bisschen Horrorshow« von 1988. Alles danach Kommende war und ist meiner bescheidenen Meinung als Musikdiktator nach auf die Massen getrimmter Schlagerpop. Im schlimmsten Fall Deutschrock mit beängstigend bierseligem Schunkelfaktor. Das kriegt alles einen Daumen nach unten und wird in der Arena meinen Löwen vorgeworfen. Als Löwen agierten in diesem Fall die Kindergartenkinder, denen ich das Abspielen der Platte zwar großmütig erlaubte, jedoch nur unter der Bedingung, dass sie es fertigbrachten, die mitgebrachte Vinylscheibe selbst aufzulegen. Nachdem die Knirpse es nicht geschafft hatten, der schwarzen Scheibe mehr als ein Kratzen und Knacken zu entlocken, und sie dazu mehrere Male fallen ließen, machte ich mir langsam Sorgen um die Plattenspielernadel. Daher ließ ich die nun doch arg in Mitleidenschaft gezogene Schallplatte mit einem teuflischen Grinsen wieder in der Kartonhülle verschwinden und legte stattdessen einen alten Klassiker der Toy Dolls auf. Stimmungsmusik? Einfache Melodien? Hochgepitchte Stimmen? Sehr gern, aber bitte mit Niveau. Man gestatte mir an dieser Stelle, meine ganz persönliche Top 3 der besten Toy-Dolls-Songs für den pädagogisch wertvoll gestalteten Kindergartenalltag aufzulisten:

3 »No particular Place to go«
Cover eines uralten Rock'n'Roll-Songs, dem hier flott die Falten ausgebügelt werden. Kinder schwören auf den mehrstimmigen Refrain!

2 »Harry Cross«
Rasend schnelle Strophen über den Helden einer populären britischen Fernsehserie, die schließlich in einen herrlichen Mitsing-Refrain münden! Da bleibt kein Stein auf dem anderen.

1 »Nelly the Elefant«
Der Klassiker. Ein Zirkuselefant hat den Rüssel voll und haut ab. Und jetzt alle: »Ooooooooooooooooh!«

Aber was ist es nun, was mich an meinem Beruf immer wieder überwältigt? Es ist die Begeisterung, die einem von den Kindern entgegengebracht wird. Dazu muss man nicht einmal etwas besonders Spektakuläres bieten. Die bloße Anwesenheit der Lehrperson wird von der Kindergruppe bereits grenzenlos gefeiert. Wo andere Persönlichkeiten auf der Bühne vor einem geifernden Publikum Feuerwerk im eigenen Hintern abfackeln (Hank von Helvete) oder radikal allen tollen Dingen auf Erden entsagen und dabei lächerliche Kostüme tragen (Papst), muss der Kindergärtner einfach nur da sein. Zuneigung und ungeteilte Aufmerksamkeit sind ihm sicher. Diese positive, einem zugewandte Energie bestärkt und erquickt das Pädagogenherz auf einzigartige Weise und hilft über so manche Durststrecke hinweg.

Umso schwieriger wird es, wenn man als Kindergärtner auf diese morgendliche Dosis Bestätigung verzichten muss – weil man sie zum Beispiel mit jemand anderem zu teilen hat. Zugegebenermaßen kommt es nicht oft vor, dass sich ein anderer Erwachsener als der Erzieher selbst in das Krisengebiet Kindergarten wagt. Kein Wunder! Denn hier herrschen andere Gesetze. Andere Regeln. Gesellschaftliche Konventionen sind ausgehebelt. Körperliches Distanzgefühl ist an diesem Ort fehl am Platz. Es wird angetatscht, ausgelacht, ohne Hemmungen ausgefragt und frech geduzt. Rang und Namen sind wertlos in einer Welt, in der jedes nach Einsicht flehende Argumentieren einfach niedergekichert wird. Herbert Grönemeyer hat in seinen wilden Jahren noch »Kinder an die Macht!« gefordert. Aber er hatte keine Ahnung – Herbert war nie hier, in den Kindergärten, zumindest nicht in letzter Zeit. Hier in den Niederungen der menschlichen Zivilisation, wo noch das Recht des Frecheren gilt und ich schon viele Erwachsene geschockt und gebrochen habe Reißaus nehmen sehen. »Kinder an die Macht!« Da kann ich nur lachen. Herbert und all die anderen selbsternannten »Im-Herzen-noch-Kind-Gebliebenen« würden sich umgucken, wenn alle Pädagogen zur gleichen Zeit streiken und die singenden, hüpfenden und Seifenblasen spuckenden Horden unbegleitet in die Dörfer und Städte losgelassen würden. Die plündernden Banden in Paris, Los Angeles und Hamburg? Das war noch gar nichts. Außer Erziehern weiß niemand, was es bedeutet, einem Mob gegenüberzustehen, der nichts anderes verlangt als Zuckerwatte für alle, unbegrenzte Aufmerksamkeit und einen Handshake mit dem Osterhasen. Dem echten aber gefälligst.

Einhalt bieten können nur Kindergärtnerinnen und Kindergärtner. Als solcher bist du die tägliche Orientierungshilfe in den ersten wichtigen Jahren außerhalb des Elternhauses. Der Stern, zu dem man aufschaut. Nach dir kommt in der Hierarchie lange niemand mehr. Gewiss, der Nikolaus weiß ebenfalls zu beeindrucken, aber eben nur zwischen November und Weihnachten. Aber gleich nach dem heiligen Mann im roten Mantel, sogar noch vor Oma und Opa, kommt noch jemand anderes, zu dem das Kindergartenkind aufschaut. Den es grenzenlos bewundern kann und achtet. Dessen Worten es verzückt lauscht und der ihm allein durch seine Anwesenheit Respekt einflößt: der Polizist.

Von klein auf kennt das Kind die Männer und Frauen in den schicken Uniformen und den nervös blinkenden Lämpchen auf dem Autodach als Garant für Spannung und Action. Nicht umsonst wird es von Vati jeweils mit einem »Schau! Die Polizei!« auf das mit überhöhter Geschwindigkeit und einem quäkenden Tatütata dahinbrausende Fahrzeug aufmerksam gemacht. Das Kind erfährt früh, dass nur der Polizist Mami zu ungewöhnlichen Handlungen wie Fluchen, wildem Gestikulieren, im Falle eines drohenden Strafzettels sogar zu erbarmungswürdigendem Flehen verleiten kann. Das Kind weiß: Der Polizist ist ungemein wichtig. Er ist für alles zuständig und anscheinend in allen Lebenslagen einsetzbar. Er kontrolliert Fahrräder, Hundebesitzer und den Mann mit den langen Haaren und der zerrissenen Jeans in der Einkaufspromenade. Er wird gerufen, wenn Räuber gesichtet wurden, Katzen verschwunden sind oder Kinder den Teller nicht leer gegessen haben. Der Polizist darf sich überall und jederzeit Zutritt verschaffen, ohne vorher die Schuhe ausziehen zu müssen. Und er trägt eine Pistole. Und ein Funkgerät. Und Handschellen. Und ein Laserschwert. Mindestens. Was der Polizist sagt, ist wahr und wichtig. Sein Wort steht über allem. Egal wo. Sollten sich der Polizist und Herr Deville zufälligerweise einmal gleichzeitig am selben Ort befinden und nicht einer Meinung sein, hätte immer der Polizist recht. So die Überzeugung des Kindergartenkindes.

Tatsächlich ist mein Verhältnis zu Polizisten eher ein gespaltenes. Und das, obwohl ich, wie ich zugeben muss, persönlich noch nie schlechte Erfahrungen mit den Damen und Herren Gesetzeshütern gemacht habe. Und Gelegenheit dazu hätte es zur Genüge gegeben. Zum Beispiel damals, als ein paar Freunde und ich es für eine gute Idee hielten, morgens um fünf Uhr mit einem Luftgewehr von einem Balkon inmitten der Stadt auf einen Turm aus Bierbüchsen zu schießen, den wir auf der anderen Straßenseite errichtet hatten. Auf dem Dach eines dort geparkten Taxis. Sogar als wir uns weigerten, den daraufhin von einem besorgten Passanten alarmierten Beamten die Haustüre zu öffnen, und sie stattdessen mit Erdnüssen bewarfen, behielten diese einen klaren Kopf und zeigten erstaunlich viel Geduld und ja, ich muss es zugegeben, pädagogisches Feingefühl mit uns betrunkenen Idioten.

Nun ist es aber so, dass jemand wie ich, der durch die Punkszene sozialisiert wurde, vom ersten Lied an, das aus dem Kassettenrekorder dröhnte, eine polizeikritische Haltung indoktriniert bekam. So findet sich auf nahezu jedem dem Punkmetier zuzuordnenden Tonträger mindestens ein Lied, das wahlweise gegen den »Polizeistaat«, die »Cops«, die »Bullenschweine«, die »Boys in blue« wettert oder sich zumindest über den »Sportverein Grün-Weiß« lustig macht. Und natürlich waren es genau Songs wie »Polizei SA-SS«, »Copkiller«, »Pflasterstein flieg« oder »Police bastard« die man als 13-jähriger, pickliger Kleinstadtpunker am lautesten mitgrölte, dazu Sangria aus der Tetrapackung kreisen ließ und sich dabei unglaublich anarchisch und no-future-mäßig vorkam.

Ich lief zwar wohl aus Überzeugung bei der einen oder anderen Demo vorneweg, darüber fantasierend, wie ich es gleich der uniformierten Staatsmacht zeigen würde. Sobald diese aber auftauchte und sich uns dabei mehr gelangweilt als aggressiv entgegenstellte, wusste ich dann auch nicht mehr so genau, was ich eigentlich zu tun hatte. Pflastersteine schmeißen war nicht so mein Ding. Es war mir sowieso ein Rätsel, wo man die herholte. Und nachdem ich mich bei dem Versuch, Benzin aus einem Mopedtank abzusaugen, übel verschluckt hatte, kamen auch die Molotowcocktails nicht mehr infrage. Worüber ehrlich gesagt weder ich noch meine Freunde unglücklich waren – eine Schweizer Kleinstadt in den frühen Neunzigern war halt nicht Kreuzberg 1986. Also beließen wir es dabei, ein mäßig originelles »Helm ab, Hirn rein!« in Richtung der vielleicht fünfzehn Polizisten zu skandieren. Dazu schüttelten wir bedrohlich die Faust, sodass die

Nietenarmbänder am dürren Handgelenk nur so klimperten. Den Schlachtruf »All cops are bastards!« hatte ich für mich schon länger in »All jobs are bastards!« umgedeutet. War mir doch egal, ob Polizeibeamter, Konditor oder meinetwegen Bademeister. Ich war jung, Punkrocker und fand alle doof. Ein gesundes Misstrauen gegenüber der Polizei habe ich mir dennoch bis heute bewahrt. Sobald die Damen und Herren dieses Vereins auf der Bildfläche erscheinen, bekomme ich ein schlechtes Gewissen. Dieses Gefühl habe ich ansonsten nur, wenn ich die Praxisräume meiner Dentalmedizinerin betrete. Oder mit meiner Mutter telefoniere.

Als Kindergartenlehrperson, so dachte ich mir bei meiner Berufswahl, ist die Wahrscheinlichkeit gering, es mit der Polizei zu tun zu bekommen. Umso mehr staunte ich, als ich in den Wochen nach den großen Ferien durch ein Schreiben darauf aufmerksam gemacht wurde, dass der Kindergarten demnächst Besuch von einem Polizisten bekäme. Mit den Kindern würde dieser einen Morgen lang die Verkehrsregeln spielerisch behandeln und das korrekte Überqueren der Straße üben. Zuerst ärgerte ich mich über diesen ungefragt erfolgenden Einbruch in meinen kleinen Kosmos. Bis auf ein paar Matchbox-Autos in entsprechender Lackierung sah ich meinen Kindergarten als polizeifreie Zone an. Bald jedoch begann ich mich darauf zu freuen, zusehen zu dürfen, wie zwanzig Fünfjährige einen Uniformierten innerhalb weniger Minuten zum Verzweifeln bringen würden. Mit seinen Befehlen und zackigen Gesten würde der arme Kerl an diesem Ort keinen Eindruck schinden können. Zwar entsprach auch ein dörflicher Kindergarten nicht Kreuzberg im Jahre 1986, aber er kam – was Energie, Impulsivität und unkontrollierbares Chaos anbelangte – dem schon erstaunlich nahe. In meiner Vorstellung zumindest.

Natürlich bereitete ich die Kinder auf den Besuch vor. Ich will nicht sagen, dass ich sie unnötig aufputschte oder in irgendeiner Form Stimmung gegen die Polizei machte. Schließlich bin ich Profi. Alles, was ich erwähnte, war lediglich, dass auch der Polizist nur ein Mensch aus Fleisch und Blut sei und keinesfalls ein Halbgott in Uniform. Dass man seinen Anweisungen zwar Folge leisten, sich aber nicht scheuen solle, das eine oder andere zu hinterfragen. Auch sei ich jederzeit da und keiner brauche Angst zu haben vor dem fremden Mann mit Mütze auf dem Kopf und Pistole am Gurt. So ermutigte ich Aurelia dazu, den Polizisten am besten gleich mit unzähligen sinnigen und unsinnigen Fragen zu löchern. Außerdem stellte ich Kevin in Aussicht, sich ausnahmsweise direkt neben unseren Gast setzen zu dürfen, um dessen Mütze und Pistole ganz genau in Blick nehmen zu können. Das würde dem staatlich verordneten Eindringling bestimmt gewaltig zu schaffen machen, während er versuchte, seinen gewiss langweiligen und didaktisch katastrophalen Vortrag zu halten. Und wenn dieser dann kurz davor war, die gesamte Übung abzublasen, um weinend und unter Blaulichteinsatz den Tatort fluchtartig zu verlassen, genau dann wäre ich als pädagogische Lichtgestalt zur Stelle und würde die Meute mit sanften Worten und beruhigenden Gesten wieder bändigen. Und dem Polizisten meine Schulter zum Anlehnen anbieten. Ihn an der Hand nehmen und mit ihm sicher die Klippen des ungezügelten, kindlichen Wahnsinns umschiffen. Einfach indem ich seine Lektion zu einem guten Ende bringen würde.

Ich gebe offen zu, dass ich in der Nacht vor dem Polizeieinsatz im Kindergarten vor lauter Vorfreude kein Auge zutat. Beschwingter als sonst kam ich tags darauf im Kindergarten an. Zu Hause hatte ich noch vor dem Spiegel verschiedene

T-Shirts anprobiert und mich für eines mit dem relativ harmlosen Aufdruck »Destroy the System!« entschieden, welches ich für den hohen Besuch auftragen wollte. Jetzt war ich gerade dabei, den Stuhlkreis herzurichten, als ich hörte, wie die Eingangstüre geöffnet wurde. Gespannt und Hände reibend nahm ich Aufstellung. Markierte Präsenz. Ein mir nicht unsympathisch erscheinender Polizist in den mittleren Jahren betrat den Kindergarten. Lässig eine Sporttasche über der Schulter, aus dessen geöffnetem Reißverschluss ein knuffiger Hund aus Plüsch hervorlugte, reichte er mir lächelnd die Hand. Das Lächeln verbreitete sich zu einem Lachen, als mir ein lang gezogenes »Ooooch!« entglitt. Keine Mütze! Keine Dienstwaffe! Das sollte ein Polizist sein? Der Polizist, der heute ein Stück des harten Pädagogenbrotes schmecken sollte? Das war ja lächerlich. Nicht einmal das schlechte Gewissen wollte sich bei diesem netten Herrn einstellen. Auf meinen ratlosen Blick erklärte er, dass seiner Meinung nach eine Waffe in einem Kindergarten nichts verloren habe. Außerdem sei doch die Gefahr zu groß, dass sich die Kinder mehr für die Pistole als für den Inhalt der Lektion interessieren würden. Dazu blinzelte er mir verschmitzt zu. Ich nickte enttäuscht. Der Teil des Plans mit Kevin würde heute also nicht aufgehen. Aber noch wollte ich mich nicht geschlagen geben. Bei allen anfänglichen Sympathien: Polizist bleibt Polizist! Ganz gleich, ob er mit einer Waffe Respekt oder mit einem Stoffhund Zuneigung einfordern wollte. Ich fragte ihn, ob ich mit einem kurzen kooperativen Spaß den Morgen beginnen sollte, um ihm damit einen perfekten Einstieg zu bieten. Tatsächlich hatte ich vor, mit dem berüchtigten Kreisspiel »Hatschi-Patschi« gleich zu Beginn die Kinder etwas wilder als gewohnt in den Morgen zu geleiten. Der freundliche Polizist winkte jedoch ab. Er habe bereits etwas anderes vorbereitet. Dabei platzierte er die Umhängetasche neben seinem Stuhl, nachdem er den dämlichen Hund ganz darin hatte verschwinden lassen. Dann öffnete er die Fenster und schenkte sich ein Glas Wasser ein – er fühlte sich augenscheinlich wie zu Hause. Wusste er denn nicht, was ihn gleich erwarten würde? Handelte es sich vielleicht um seinen ersten Einsatz als Verkehrspolizist an der Vorschulfront?

Wir hatten noch etwas Zeit vor dem großen Ansturm der kleinen Menschen und kamen auf seine Berufswahl zu sprechen. »Als junger Kerl wollte ich nur zur Polizei, weil man sich frühmorgens keine Gedanken machen muss, was man anziehen soll«, erzählte er und schüttelte dabei lachend den Kopf. »Können Sie sich das vorstellen? Ich war so was von naiv.« Ich stimmte gequält in das Lachen mit ein und verschränkte dabei etwas verschämt die Arme über meinem »Destroy the System!«-Shirt. Schließlich sei er einfacher Streifenpolizist geworden, fuhr er fort. Aber das habe ihm irgendwann keine Freude mehr bereitet. »Als Polizist ist man einfach immer und überall unerwünscht und nicht gern gesehen. Dankbarkeit gibt es praktisch keine. Egal zu welchem Einsatz man gerufen wird«, sinnierte er. Nur bei Kindern erlebe er Wertschätzung. Deswegen habe er eine Weiterbildung zum Verkehrserzieher besucht und unterrichte seither Kindergartenkinder. »Das macht mir Spaß. Das ist etwas Sinnvolles. Aber wem erzähle ich das?«, sagte er und schlug mir auf die Schulter. »Trotzdem sehe ich natürlich, dass man als Polizist immer Polizist bleibt.« Ich fühlte mich ungemein bestätigt. Aber der Herr ohne Mütze und Waffe wurde mir immer sympathischer in seiner Offenheit und Ehrlichkeit. Während sich der Polizist noch ein wenig in seine mitgebrachten Unterlagen einlas, entwickelte ich tiefsinnige Gedanken zum Thema Vorurteile und wie wir alle nicht davor gefeit sind.

Schließlich erinnerte uns die Schulglocke daran, die Kinder einzulassen. Diese stürmten dann gewohnt enthusiastisch, aufgekratzt und erwartungsvoll die Szenerie. Kevin riss dabei mehrere Stühle um und jagte wie ein tollwütiger Hund durch den Kindergarten auf der Suche nach der ersten morgendlichen Dosis Action. Osim setzte sich geradewegs in den Kreis und blickte gelangweilt in der Weltgeschichte umher, während sich Aurelia direkt neben ihn setzte und sogleich ohne Luft zu holen auf Osim einredete. Liselotte hingegen versuchte sich zu mir hinter den Tisch zu zwängen, um einen Blick ins Unterrichtsheft zu erhaschen, wo ich weniger regelmäßig als eigentlich verlangt die einzelnen Lernziele und Lektionen schriftlich festhielt. Der Rest der Kinder füllte langsam, aber stetig laut und aufgeregt schnatternd den Raum. Alles also wie gehabt. Ich scheuchte Liselotte an ihren Platz, lehnte mich in meinem Stuhl hinter dem Tisch zurück und beobachtete gespannt unseren persönlichen Kindergartencop. Wie würde er vorgehen? Wie das Interesse bei den Kindern wecken?

Der Einstieg in eine Lektion, die ersten Minuten sind das Wichtigste. Wenn du hier nicht ordentlich ablieferst, keine griffige Rahmengeschichte aufziehst, ohne Mitsinghymne in den Tag startest oder vergisst, gleich zu Beginn ein paar flotte, spaßige Bewegungssequenzen einzubauen, dann kannst du dir sicher sein, dass sich nach spätestens fünf Minuten alle Aufmerksamkeit auf Aurelia oder Kevin konzentrieren wird. Während Aurelia stets mit einer lustigen, wirren Geschichte zu punkten vermag, geht Kevin gleich in die Vollen, sobald er gemerkt hat, dass es mit deiner Energie heute nicht weit her ist.

Nach einem lockeren, aber animierenden Einstieg muss dir anschließend der nahtlose Übergang in den Hauptteil, das Herzstück der Lektion, gelingen. Hier werden die Inhalte vermittelt. Egal ob es sich dabei um ein Lied mit mehreren Strophen, eine Bastelanleitung oder Bildbetrachtung über Vampire handelt. Hier wird gearbeitet. Der Spaß darf dabei natürlich nicht zu kurz kommen. Spielerisch müssen die Kinder an die Materie herangeführt werden. Und dennoch: Eine Liselotte, deren Sprach- und Denkentwicklung schon etwas fortgeschrittener ist, muss sich hier ebenfalls ihrem Intellekt angemessen angesprochen fühlen. Ansonsten übernimmt sie ruckzuck den Laden und du brauchst am nächsten Tag gar nicht mehr im Kindergarten zu erscheinen. Zur Auflockerung können die Kinder in Kleingruppen etwas gemeinsam erarbeiten, herausfinden oder herumtüfteln.

Bevor dann jedoch die Hütte brennt, heißt es, die Angelschnur einzuziehen und den ganzen zappelnden Fang wieder in den Stuhlkreis zu befördern. Jetzt nochmals die letzten Reserven an Konzentration mobilisieren. Ein schnelles und lustiges Spiel, das die Koordination und den Bewegungsapparat fordert, presst noch den letzten Tropfen an Aufmerksamkeit aus den Knirpsen heraus. Dann wiegt man sie und sich selbst in einen passenden Ausklang, der die Lektion ruhig und bedächtig abrundet. Man sieht sich gemeinsam an, was man vollbracht hat, reflektiert ohne zu werten, und bevor man es sich versieht, ist schon wieder eine Stunde um. Die Kinder haben gelernt, sich die Schuhe zu binden, können Affenlaute nachahmen oder vielleicht einen Vers über einen Menschenfresser, der sich in sein Mittagessen verliebt hat, fehlerfrei nachsprechen. Auf jeden Fall ist die Gruppe wieder eine Evolutionsstufe aufgestiegen. Das ist es, was ein ausgebildeter und furchtloser Erzieher im Kindergarten tagtäglich macht.

Jetzt hingegen interessierte es mich brennend, was ein von seinem bisherigen Berufsleben enttäuschter Streifenpolizist zu tun gedachte, um für echte Begeisterung im Kindergarten zu sorgen. Ich war überzeugt davon, dass der arme Kerl hier eine weitere Lektion in Demut zu lernen hatte. In dem Augenblick tat er mir fast leid, der an sich sympathische Polizist. Wie er so dastand inmitten der lärmenden Kinder. Ganz ohne Hut und Waffe.

Vier Stunden später lag ich niedergeschlagen auf der geblümten Matratze in der Leseecke des Kindergartens und starrte die Decke an. Die Kinder waren längst nach Hause gegangen. Ebenso der Polizist. Vorher hatten sie ihn jedoch noch fast verschlungen mit ihrer ungefilterten Zuneigung. Einen wildfremden und dazu unbewaffneten Polizisten hatte die Gruppe kompromisslos ins Herz geschlossen, während ich mich mit dem abgeschlagenen zweiten Platz begnügen musste. Neben ihm war ich ungefähr so interessant und innovativ gewesen wie die neueste Single der Toten Hosen. Verständlich, wie ich zugeben musste. Der Polizist hatte den Kindern einen großartigen Morgen beschert und nach allen Regeln der Vorschulpädagogik abgeliefert.

Er startete die Lektion, indem er lauthals eine Polizeisirene nachahmte. Die Kinder waren sofort bei ihm und stiegen mit ein. Er ließ sie gewähren und dazu gleich noch als Polizeiwagen durch den Kindergarten rasen. Dann teilte er die Klasse in zwei Gruppen auf. Die einen agierten als Fußgänger, die anderen weiter als Autos und umgekehrt. Zebrastreifen und andere Markierungen wurden auf dem Boden angebracht, Ampeln aus Schuhschachteln gebaut. Irgendwann kam sogar der schäbige Stoffhund aus der Umhängetasche zum Vorschein und lockte die Gruppe wieder in den Stuhlkreis zurück, wo bereits Arbeitsblätter auslagen, die gemeinsam betrachtet und gelöst wurden. Danach verkündete Poppy – Osim hatte dem Hund einen Namen geben dürfen –, dass er jetzt Gassi gehen wolle. Begeistert folgten ihm die Kinder in die Garderobe und von dort nach draußen auf den Gehweg. Hier ließen sie sich bereitwillig von Hund und Polizist in die hohe Kunst des Straßenüberquerens einführen. Als Höhepunkt hielt der Polizist sogar noch einen zu schnell heranfahrenden Sportwagen an, in dem er sich todesmutig auf die Straße stellte, die eine Hand erhoben, mit der anderen Poppy haltend. Vor der versammelten Klasse tadelte er den Verkehrssünder, ließ es aber großmütig bei einer Verwarnung bleiben. Die Kinder jubelten, Poppy bellte, der Polizist und der Sportwagenfahrer lächelten um die Wette und ich stand abseits und fragte mich, womit ich das verdient hatte.

Ein Jahr später war es wieder so weit. Der Besuch des Verkehrspolizisten wurde angekündigt. Als ich die Tür öffnete, stand da jedoch ein mir unbekannter Polizist. Etwas älter und weniger sympathisch. Dafür mit Pistole. Sofort kam das vertraute Gefühl des schlechten Gewissens in mir hoch. Und Erleichterung. Scheinbar ohne großes Interesse fragte ich ihn, was aus dem anderen Beamten geworden sei. »Ach, der! Der ist aus dem Polizeidienst ausgetreten«, antwortete mein neuer, etwas mürrischer Polizist. »Der macht jetzt eine Ausbildung zum Physiotherapeuten.« Vom Polizisten zum Physiotherapeuten.

»All jobs are bastards!«, sagte ich zu mir selbst und begab mich zur Türe, um die tobenden Kinder einzulassen. »All jobs are bastards!«.

LEKTIONSAUSSTIEG

In welchem die Kindergartenlehrperson
das während der Lektion erlangte Wissen
mit der Gruppe nochmals durch eine kurze, aber prägnante
Sequenz vertieft, indem sie ihre letzten Kraftreserven
mobilisiert und immer wieder innerlich wiederholt:
Es. Ist. Gleich. Geschafft.

VOM VATER, DEN ICH IN EINEN PELZMANTEL STECKTE UND DER DARAUFHIN SPURLOS IM WALD VERSCHWAND ODER ABSCHLUSSFEST IM KINDERGARTEN

DAS UNDANKBARE AM BERUF DER KINDERGARTENLEHRPERSON IST DIE FEHLENDE BESTÄTIGUNG FÜR DAS TÄGLICH GELEISTETE. Ja, ja, natürlich, ich höre schon alle widersprechen: Wie kannst du so etwas sagen? Was ist mit dem Leuchten in den Augen der Kinder, wenn du ihnen ein Märchen erzählst? Was ist mit dem glockenhellen Lachen der Schar, wenn du sie im Spiel über den Pausenplatz jagst oder einen furzenden Maulwurf imitierst? Was mit dem stolzen Lächeln, das sie zeigen, wenn sie im Turnunterricht das erste Mal allein eine Kletterstange erklimmen?

Reicht dir das etwa nicht, Dominic?

Ganz ehrlich? Nö.

Denn ich bin auch nur ein Mensch und sehne mich daher

manchmal nach einem einfachen anerkennenden Schulterklopfen, gekoppelt mit einem geraunten »Das war großartig, Alter!«. So in der Art, wie das sicherlich Anwälte bei After-Work-Partys zu tun pflegen, wenn sie von geglückten Deals erzählen, um anschließend einander mit teuren Spirituosen zuzuprosten. Oder wie eine Klempnertruppe, deren Lehrling die Ursache für den Wasserrohrbruch gefunden hat, und die ihn nun hochleben lässt. Ehrliche Bestätigung für ehrliche Arbeit.

Die Kindergartenlehrperson hingegen wird zwar vergöttert – aber eben nur von den eigenen Schützlingen. Und darauf kann und darf sich der Lehrkörper nichts einbilden. Natürlich lieben die Kinder ihn. Einfach dafür, dass er täglich für sie da ist. Dass er ihrem Geplapper ernsthaft zuhört. Mit ihnen lacht. Sich als Erwachsener auf eine Stufe mit ihnen stellt. Manchmal sogar so sehr, dass sich sein Niveau schleichend dem eines Fünfjährigen angleicht. Die Kindergartenkinder erfreuen sich an jeglicher Tätigkeit, die die Erzieherin oder der Erzieher in ihrem Beisein ausführt. Und wenn jeder schräge Blockflötenton eifrig beklatscht und auch die hässlichste Bastelvorlage bestaunt wird, sinkt der Anspruch an sich selbst ins Bodenlose. Wenn man da nicht aufpasst, genügt im Umgang mit anderen Erwachsenen plötzlich das simpelste Lob. »Schöne Socken trägst du heute« oder »Fein haben Sie da unterschrieben, Herr Deville«. Mir will das nicht reichen. Ich brauche mehr. Natürlich könnte man sich hin und wieder von anderen Kindergartenlehrpersonen ein Lob abholen. Aber ein »Die Malvorlage mit den Hasen ist dir wirklich toll gelungen« hebt das Selbstwertgefühl nicht gerade entscheidend. Wenn also Kinder und Leidensgenossinnen nicht das Gewünschte liefern können, müssen andere ran – und zwar: die Eltern.

Doch wie soll man diese mit der eigenen Leistung im Kindergarten konfrontieren? Auf die Kinder kann man nicht hoffen. Gefragt, was man denn so Tolles bei Herrn Deville im Kindergarten mache, antworten sie unisono: »Spielen.« Zwar ist es für einen Pädagogen wohl das größte Kompliment, wenn sein Unterricht von den Kindern als Spielen wahrgenommen wird. Doch führt diese Antwort ganz sicherlich nicht dazu, dass die Eltern eines Abends mit einer Belohnungsflasche Wein vorbeischauen. »Ganz toll gespielt, Herr Deville!«

Bleibt also nur die gute, alte Elternaktivität, wenn die Erziehungsberechtigten sehen sollen, was Tag für Tag im Kindergarten geleistet wird. Dazu eignet sich besonders gut das alljährliche Abschlussfest vor den Sommerferien. Hier kommen Groß und Klein für einen Abend zusammen, um des vergangenen Jahres zu gedenken. Für gewöhnlich mit einem gemeinsamen Abendessen im Kindergarten oder auf dem Pausenhof. Ein paar kooperative Spiele, bei welchen Mama und Papa mitmachen können, ohne sich völlig zu blamieren, dann »Tschüss, bussi, bussi, einen schönen Sommer!« und basta. Einfach, schmerzlos und ohne viel Aufwand. Aber halt! Werden mit solcherart Veranstaltungen nicht gerade die festgefahrenen Klischees und Vorstellungen der Eltern zementiert? Dass im Kindergarten nur gespielt und höchstens mal gesungen wird? Hier wäre doch die Chance, den Erzeugern zu zeigen, wie der Kindergarten wirklich ist. Um am Ende ein wenig echte Anerkennung zu bekommen – und nicht bloß ein paar von Weißwein und Hitze verschwommene Worte des Dankes und einen feuchten Händedruck. Oder den Klassiker aller Abschiedsgeschenke in der Kindergartenbranche: ein Badetuch, auf welches alle Kinder etwas gemalt haben. Grauenhaft. Ich habe sogar mal ein Badetuch zum Abschied erhalten, auf dem die Fotos aller Kinder aufgedruckt waren! Wer soll sich denn bitte damit abtrocknen, wenn er nackt aus der Dusche steigt? Ich habe es meiner Mutter geschenkt, die es seither als Hundedecke nutzt.

Ich versuche, bei diesen Festen stets etwas Besonderes zu bieten. Ein von den Kindern aufgeführtes Freilufttheater im Stadtpark. Ein Open-Air-Kino mit selbst gemalten Eintrittskarten und Popcorn, eine Ausstellung mit von der Klasse angefertigten Kunstwerken – mit anschließender Versteigerung, versteht sich.

Erinnert sich noch jemand an den Horrorfilm »Blair Witch Project«? Teenager filmen sich in wackligen Einstellungen selbst, wie sie sich hoffnungslos in einem Wald verirren, um dabei wahnsinnig zu werden. Und am Ende natürlich sterben. Großartig. Und sehr inspirierend für mich. Jedenfalls damals, als wieder einmal das Jahresabschlussfest vor der Türe stand. Ich war überzeugt davon, dass sich diese Story, dramaturgisch leicht abgeschwächt, als Rahmenhandlung für diesen letzten Abend eignen würde. Warum nicht Eltern, Kindern und Geschwister in den nahe gelegenen Wald locken, um dort gemeinsam ein ganz spezielles Abenteuer zu erleben? Schnell hatte ich mir eine krude Story zusammengereimt, um für die nötige Motivation zu sorgen. Ich kann mich heute nicht mehr ganz an die Details erinnern, aber es war wohl eine wilde Mischung aus Räuber Hotzenplotz und erwähntem Gruselstreifen. Bereits am Nachmittag hatte ich in einem nahe gelegenen Waldstück lichtreflektierende Folie an Bäume gepinnt und so verschiedene Wege gekennzeichnet. Sobald diese kleinen Wegweiser von einer Taschenlampe angestrahlt wurden, musste man nur den Lichtreflexionen folgen, um schließlich zu einem Versteck zu gelangen. Die Kinder, welche in meiner

Geschichte als Hexen und Zauberer fungierten, mussten mithilfe eines Elternteils diese versteckten Orte im Wald aufsuchen, um dort verschiedene Kochzutaten zu finden. Froschaugen, Spinneneier, Hühnerfüße, das Übliche halt. Zurück bei der Feuerstelle würden diese dann zu einer wohlschmeckenden Suppe, sprich Zaubertrank, zusammengebraut. Ein schönes, einfaches Spiel – fast zu einfach. Das könnte man doch steigern, habe ich mir gedacht. Und hier kam der verwunschene Bär ins Spiel. Er sollte die Hexen und Zauberer erschrecken und ihnen die Zutaten abjagen. Erwähnte ich bereits, dass die Rahmenhandlung etwas abstrus war? Egal. Für die Rolle des Bären hatte ich einen jungen Vater begeistern können, der sich bereits bei anderen Elternaktivitäten dadurch bewährt hatte, dass er immer ein paar Dosen Bier oder zumindest einen Flachmann dabeihatte.

Am Abend schließlich wartete ich mit den Kindern und ihrem Anhang am Waldrand auf den Sonnenuntergang. Mein Bär versteckte sich ganz in unserer Nähe und wartete auf seinen Einsatz. Dann hieß es: Taschenlampen an und los! Als alle Kinder und Eltern losgelaufen waren, um den reflektierenden Wegzeichen in den Wald zu folgen, warf sich der auserwählte Papa den alten Kunstfellmantel über, welchen ich für diesen Zweck von meiner Mutter ausgeliehen hatte. »Achte bitte darauf, dass du die Kinder nicht zu sehr erschreckst!«, ermahnte ich ihn nochmals, ganz in der Rolle des verantwortungsvollen Pädagogen. Der Vater nickte etwas zu heftig mit dem Kopf und grinste: »Ja, ja. Die Kinder sind ja nicht aus Pappe.« Dann zottelte er ins Unterholz, um kleine Hexen und Zauberer zu jagen.

Ich blieb allein zurück, um, wenn nötig, als Schiedsrichter zu fungieren. Inzwischen war es vollkommen dunkel geworden. Da und dort erhaschte ich einen umherirrenden Lichtkegel im Wald. Ich hörte das Knacken von Ästen, das Kichern von Kindern und das unterdrückte Fluchen der stolpernden Eltern. Dann ein erster Aufschrei! Mit Genugtuung stellte ich fest, dass der mottenstichige Mantel meiner Mutter seine Wirkung nicht verfehlte.

Die ausgedachte Geschichte nahm rasant an Fahrt auf und der Adrenalinpegel stieg. Und erfreut stellte ich fest: nicht nur bei mir. Kinderschreie hallten durch den Forst, Eltern riefen die Namen ihrer Zöglinge, aufblitzende Taschenlampen rissen da und dort die Dunkelheit entzwei, um tanzende Schatten in das Gehölz zu werfen. Ich fragte mich gerade, ob der Pelz tragende Jäger vielleicht des Guten zu viel war, da brach wie von Hunden gehetzt eine Gestalt aus dem Wald heraus und stürzte schwer vor mir ins nasse Gras. Erschrocken wich ich zurück und richtete den Strahl meiner Stablampe auf das japsende Bündel. »Das sind keine Kinder! Das sind wilde Tiere!«, keuchte der Bär vor mir. »Die haben mit Steinen nach mir geworfen! Jemand hat mich mit einem Stock geschlagen! Schau, ich bin verletzt!« Betroffen leuchtete ich der Bestie ins Gesicht. Eine feine Schramme zog sich über seine Stirn. Ich schalt den wimmernden Papa einen Feigling, einen Waschlappen, und nötigte ihn, sich sofort im Wald den nötigen Respekt zu verschaffen. In meiner schönen Geschichte musste das Biest die Zauberer und Hexen jagen – und nicht umgekehrt. Alles andere würde der Dramaturgie des Abends erheblichen Schaden zufügen. Außerdem hatte ich keine Lust, mich am nächsten Tag im Kindergarten ausfragen zu lassen, warum der Bär ein solcher Angsthase gewesen sei. Das alles erklärte ich der traurigen Gestalt im Fellmantel, die daraufhin nickte, einen Schluck aus ihrem Flachmann nahm und mit neuem

Mut in den Forst der Finsternis zurückschlich. Gespannt wartete ich ab, ob meine Ratschläge fruchteten. Schließlich erfüllte ein unheimliches, heiseres Brüllen die nächtliche Umgebung. Das Kinderschnattern verstummte augenblicklich. Ich war zufrieden. Nun würde der Bär zeigen, dass mit ihm nicht gut Kirschen essen ist! Dann aber brach die Hölle los: Das Schreien der Kinder ging in ein begeistertes Jagdgeheul über. Wie ein Pygmäenstamm im Blutrausch brachen die Knirpse durch das Gehölz, um das weidwunde Tier zu fangen, ach was: um es auf der Stelle zu erlegen. Lichtkegel tanzten zwischen den Bäumen und immer wieder konnte ich eine gehetzte Gestalt im Fellmantel erkennen, auf die ein Hagel von Steinen, Tannenzapfen und Trinkflaschen niederging. Ich rief der fliehenden Bestie vom Waldrand aus zu, in welche Richtung sie laufen sollte, doch meine Ratschläge gingen im Kreischen und Lärmen der mit Stöcken bewaffneten Jagdgesellschaft unter. Nach einer Ewigkeit verstummten die Rufe und wichen einem Kinderlied. Für mich klang es wie ein unheilvoller Singsang, der angestimmt wurde, um die Götter des Waldes zu besänftigen. Nach und nach traten die Kinder aus dem Unterholz, die Gesichter gerötet und verschwitzt, fröhlich lachend und plappernd. Einige schwangen noch ihre Jagdwerkzeuge. Zwei ältere Geschwister hatten ein undefinierbares Knäuel auf lange Stecken gewickelt. Im Schein meiner Taschenlampe erkannte ich den Fellmantel. Vom Träger hingegen keine Spur.

Damit war für die Kinder und Eltern die Mission erfolgreich beendet: Die Bestie war besiegt worden, der Zaubertrank schmeckte vorzüglich und noch Jahre später erzählte man sich von dieser Nacht im Wald. Und der spannenden Jagd nach dem Bären.

Besagter Vater meldete sich übrigens telefonisch am nächsten Tag bei mir. Nachdem er sich des Mantels entledigt hatte, war er eine Weile durch das Unterholz geirrt, um einen großen Bogen um die Kinder zu machen. Schließlich hatte er aber den sicheren Heimweg gefunden und konnte dort seine Blessuren pflegen.

Wie heißt es doch so schön: Pelz tragen tötet.

DAS DEFEKTE RÄDCHEN IM SYSTEM ODER ELTERN IM KINDERGARTEN (6)

AUFREGEN. SICH IMMER NUR AUFREGEN. Zu den Lieblingsbeschäftigungen eines jeden Kindergärtners gehört es sich aufzuregen. Nicht aus Böswilligkeit, sondern eher zur Psychohygiene. Denn es gibt wohl kaum einen anderen Beruf, in dem einem so viel an Verständnis abverlangt wird. Einen Beruf, in dem man dermaßen in Geduld geprüft wird und man beide Augen so oft zusammenkneifen muss, dass man davon Muskelkater in den Lidern bekommt. Da gehört es zum Selbstverständlichsten, dass sich der geplagte Kindergärtner hin und wieder aufregen darf. Nicht selten müssen dabei die lieben Eltern als Grund herhalten.

Denn viele Eltern sehen im Kindergarten immer noch eine Art Kindertagesstätte oder Krabbelgruppe. Damit möchte ich diese Institutionen auf keinen Fall herabsetzen, aber die Ansprüche werden dennoch etwas höher angesetzt, sobald die Kindergartenstufe erreicht wird. Tatsächlich kann man einen Kindergarten als regelrechten Betrieb und die Kindergartenlehrperson als dessen Manager verstehen. Damit dieser Betrieb trotz rund zwanzig Fünfjähriger, von denen jeder einzelne davon überzeugt ist, der eigentliche Manager dieses Ladens zu sein, tatsächlich funktionieren kann, ist es unabdingbar, dass Eltern und Kindergartenlehrperson eng miteinander zusammenarbeiten. Dass sie einander vertrauen können. Sich jeder als ein wichtiges Rädchen im System versteht. Tatsächlich ist es aber vor allem die Kindergartenlehrperson, die bis zu einem gewissen Grad auf das Interesse, das Mitdenken und die aktive Mitarbeit der Eltern angewiesen ist, um nicht zwischen den Zahnrädern des Betriebes gnadenlos zermalmt zu werden.

Deshalb gibt sie den Eltern Jahrespläne mit und verteilt knallbunte Blätter mit gedruckten Erinnerungen. Sie ruft die Eltern an, schickt SMS, übt mit den Kindern Eselsbrücken, damit sie die Botschaft überbringen, beklebt laminierte Briefmappen, die dann den Knirpsen mit selbst geknüpften Kordeln umgehängt werden. Alles nur, damit die Herren und Damen Erziehungsberechtigten es auch nicht vergessen, verschlafen oder schlicht später abstreiten können: Nämlich dass es bald einen Elternabend gibt, man doch bitte an die Bastelmaterialien denkt, der müffelnde Inhalt des Turnbeutels wieder einmal gewaschen wird oder am nächsten Tag der seit Wochen angesagte Ausflug auch wirklich stattfindet. Dass am Dienstag wegen einer Lehrerfortbildung die Kinder schulfrei haben und tags darauf der Termin beim Schulzahnarzt fällig wird. Dass man noch dringend eine Begleitung für den Museumsbesuch sucht, sowie, dass das Kind wieder einmal neue Hausschuhe benötigt. Denn von jedem dieser kleinen, bescheidenen Anliegen hängt es ab, ob der Betrieb für einen weiteren Morgen im Chaos versinkt oder sich sein Management um die Dinge kümmern kann, für die es bezahlt wird: Dafür zu sorgen, dass die Kinder möglichst individuell gefordert und gefördert werden können.

Und genau hier liegt unglaublich viel Potenzial zum Aufregen. Denn man wird es kaum für möglich halten, aber trotz all dieser vorbeugenden Maßnahmen, die der gewissenhafte Kindergärtner trifft, trotz zahlreicher Elternaktivitäten und Infoabende, bringen es gewisse Väter und Mütter immer und immer wieder fertig, durch Vergesslichkeit, Verpeiltheit oder schlichtes Desinteresse den Betrieb Kindergarten regelrecht zu sabotieren. An ein Exemplar dieser Spezies kann ich mich noch ganz genau erinnern. Der eigentlich ganz sympathische Vater zweier Kinder, die kurz nacheinander den Kindergarten besuchten, brachte es kaum fertig, einmal etwas nicht zu vergessen. Natürlich obwohl er jeweils schriftlich kurz vorher nochmals erinnert worden war. Weder dachte er daran, den Sohn rechtzeitig in den Kindergarten zu schicken, noch ihn wieder abzuholen. Die Tochter stand ohne Turnbeutel vor der Halle, abgegebene Elternbriefe fanden sich ungelesen Wochen später in der Kindergartentasche wieder. Der Vater erschien zu spät zum Bastelabend, an dem das Muttertagsgeschenk fertiggestellt werden sollte. Oder er wurde mit den Kindern an der Hand gesichtet, wie er orientierungslos über das Schulgelände irrte. Weil er den Startpunkt des alljährlich stattfindenden Laternenumzugs vergessen hatte. Dabei hätte gerade dieser Vater es besser wissen müssen. Schließlich war er selbst Erzieher. Was habe ich mich aufgeregt! Was habe ich mich geschämt!

Denn dieser Vater war ich.

LEKTIONSNACHBEREITUNG

In welcher die Kindergartenlehrperson
die Unterrichtssequenz nochmals reflektiert
und analysiert, Beobachtungen zu den einzelnen
Kindern schriftlich festhält, um anschließend
mit einer Zigarette im Mundwinkel in der Raucherecke
der Schule über den ganzen pädagogischen
Wahnsinn abzulästern.

»VERMISSEN SIE DEN KINDERGARTEN, HERR DEVILLE?« ODER EPILOG

UNRUHIG WÄLZE ICH MICH IN MEINER BETTSTATT HIN UND HER. Meine bessere Hälfte schläft neben mir längst den Schlaf der Gerechten. Tochter und Sohn liegen nebenan, haben sich wahrscheinlich bereits wieder von der lästigen Decke freigestrampelt, während sie im Traum neben Darth Vader in die Schlacht ziehen oder im Süßigkeitenland das All-you-can-eat-Buffet leer futtern.

»Vermissen Sie den Kindergarten, Herr Deville?«

Vor ein paar Stunden wurde mir diese Frage gestellt und seither hält sie mich wach.

Ich hatte gerade einen Auftritt mit meinem neuen Bühnenprogramm absolviert, mich in lächerlichen Monsterkostümen mit dem Publikum geprügelt, mit einem Baseballschläger eine pädagogisch wertvolle Rhythmiklektion abgehalten und mich schließlich zu scheppernder Musik in die Stuhlreihen geworfen. Das Übliche halt. Verschwitzt, ausgelaugt, aber glücklich, dass auch dieser Auftritt ohne schwerere Verluste (Zähne, Kniescheiben, Würde) vonstattengegangen ist, habe ich mich anschließend in die bereits halb leere Bar des Theaters begeben, um mir noch ein bisschen auf die Schultern klopfen zu lassen. Ja, das ist zugegebenermaßen etwas erbärmlich, aber schließlich ist der Applaus das Brot des Künstlers. Und das Schulterklopfen danach die Butter darauf.

»Vermissen Sie den Kindergarten, Herr Deville?« Die Fragestellerin steht plötzlich neben mir. In der Hand eines jener ekelhaften, süßen Fruchtbiere, die wohl irgendwann einmal ein verliebter Mönch gebraut hat, nachdem ihm Mutter Oberin vom Nachbarskloster verschmitzt zugeblinzelt hatte. Nach Kloster sieht mir die junge Frau zwar nicht aus, scheint aber auch nicht gerade der verrückteste Paradiesvogel unter der Sonne zu sein. Wohl so um die zwanzig Jahre alt, hellblaue Bluse mit Blazer, Perlenohrstecker und zu einem Pferdeschwanz gebundene blonde Haare. Prüfend blickt sie mich an, während ihre Frage unbeantwortet zwischen uns schwebt. Obwohl ich um Frauen mit Perlenohrsteckern für gewöhnlich einen Bogen mache, kommt sie mir bekannt vor. Ihre aufrechte Körperhaltung, der kritische Blick. Aber ich komme nicht drauf. Noch nicht.

»Du kannst mich ruhig duzen. Ich bin kein Beamter mehr«, erwidere ich ausweichend, mich krampfhaft daran zu erinnern versuchend, woher ich meine Gesprächspartnerin kenne.

»Ach nein«, sagt die Ohrsteckerträgerin. »Ich bin es gewohnt, dich zu siezen, Herr Deville.« Schmunzelnd nippt sie an ihrem scheußlichen Getränk.

Mir fällt es wie Schuppen von den Augen. Mein Zeigefinger droht sie an dieser Bar, in diesem Theater geradewegs aufzuspießen, als er nach vorne schießt, um den Weg für ihren Namen zu ebnen, der in diesem Augenblick aus meinem Unbewussten aufgetaucht ist und jetzt meine Lippen verlässt: »Liselotte?«

»Lotte genügt, Herr Deville.«

Schnell nehme ich einen Schluck aus meiner Flasche, um einen alten, wohlbekannten Ärger hinunterzuspülen. »Richtig. Lotte. Wie konnte ich das nur vergessen.«

Lotte lächelt ihr altbekanntes Siegerlächeln. Nur jetzt ohne Zahnlücken.

»Hat dir das Programm gefallen?«

»Ja, hat es. Man merkt, dass du dich auf der Bühne wohlfühlst. Wohler als im Kindergarten damals?« Sie lässt nicht locker.

»Nun ja, weißt du, ich bin ja der Meinung, dass sich der gemeine Theaterzuschauer nicht so wahnsinnig vom Kindergartenkind unterscheidet. Beide schalten ab, wenn mal fünf Minuten nichts passiert. Im Gegensatz zum Theaterzuschauer hat das Kindergartenkind jedoch keine Hemmungen, dies lauthals kundzutun.«

Die Antwort befriedigt Lotte anscheinend nicht. Sie stellt die leere Bierflasche auf den Bartresen und verschränkt die Arme vor der Brust.

Ich zucke mit den Achseln. »Ich habe darüber noch nie so richtig nachgedacht. Habe ich ja eh nie in meinem Leben. Ich mache einfach immer irgendwie weiter. Unterrichten vermisse ich eigentlich nicht. Aber eine ›déformation professionelle‹ habe ich sicherlich erlitten. Ich schaue und höre auf Spielplätzen, auf der Straße oder im Freundeskreis schon genauer hin, wenn es um Kinder geht. Da kann ich nicht anders.«

Lotte zieht eine gespielt angeekelte Grimasse. »Klingt … creepy. Gerade auf dem Spielplatz.«

Ich lache. »Na, immerhin habe ich eigene Kinder. Also eine gute Ausrede, um auf Spielplätzen herumzulungern.«

Jetzt grinsen wir beide. Wer hätte das gedacht, Liselotte und ich an einer Bar?

»Also um deine Frage zu beantworten«, fahre ich fort, »hin und wieder übernehme ich Tagesvertretungen, wenn ich Zeit und Lust habe. Oder spiele den Nikolaus.«

Jetzt ist es Lottes Zeigefinger, der mich zu erstechen droht. »Also vermisst du es doch!« »Hin und wieder«, gebe ich zu. »Nach einer Vorstellung ist der Zauber verflogen. Das Publikum geht und ich bleibe zurück. Im Kindergarten kann man dagegen jeden Tag Fortschritte beobachten. Man baut etwas ganz Eigenes mit der Gruppe auf. Das ist schon toll.«

Lotte nickt zustimmend.

»Aber es ist jetzt nicht so, dass ich mir einen Klumpen Knete am letzten Unterrichtstag aus dem Kindergarten geklaut habe, nur um hin und wieder heimlich daran vor lauter Sehnsucht zu schnüffeln.«

»Aber du würdest trotzdem wieder Kindergärtner werden, wenn du dich nochmals entscheiden könntest?«

»Sofort«, antworte ich wie aus der Pistole geschossen. »Für mich ist es der schönste und vielseitigste Beruf, den es gibt.«

Lotte blickt mich kritisch an. Dann merkt sie, dass es mir ernst ist. Zufrieden nickt sie. »Ich muss los. Hat mich gefreut, meinen Kindergärtner wieder einmal zu treffen.« Sie streckt mir ihre Hand hin.

Jetzt bin ich es, der noch eine Frage hat. »Was ist eigentlich aus dir geworden?«

Lotte grinst. »Kindergärtnerin.« Dann dreht sie sich um und läuft Richtung Garderobe davon. Ich bleibe zurück und blicke verdutzt dem wippenden Pferdeschwanz nach.

Stunden später kämpfe ich mit dem Bettzeug. Das Adrenalin und Fragen, die ich mir so noch nie gestellt habe, bringen mich um meinen verdienten Schlaf. Vermisse ich den Kindergarten? Wenn ja: Was genau? Wenn nein: Warum? War ich gern Kindergärtner? War ich ein guter Kindergärtner? War ich überhaupt je Kindergärtner? Oder habe ich diese Rolle nur angenommen und jahrelang gespielt wie die des bösen Punkers oder, wie jetzt, die des Entertainers?

Ich schwinge die Beine aus dem Bett und schleiche mich aus dem Schlafzimmer. Auf Zehenspitzen durchquere ich die Wohnung, immer auf der Hut, nicht auf einen der schmerzbringenden Legosteine zu treten, die mein Sohn Fallen gleich für seinen schlaflosen Papa ausgestreut zu haben scheint. Leise öffne ich die Türe zu meinem Büro und schlüpfe in den mit Requisiten, zerbrochenen Gitarren und Krimskrams vollgestellten Raum. Knackend gehe ich in die Knie und ziehe die unterste Schublade meines Schreibtisches auf. Unter einem Stapel kopierter Mandalas finde ich das Päckchen. Behutsam wickle ich den wertvollen Inhalt aus und vergrabe meine Nase darin. Die bunte Knete ist bereits hart und brüchig, aber der Geruch beruhigt mich augenblicklich. Ich sinke auf den Boden, decke mich mit dem verschwitzten Monsterkostüm und meiner alten, bemalten Lederjacke zu und falle in einen traumlosen Schlaf.

GLOSSAR FÜR PUNKS

Adam Riese: Vater des modernen Rechnens, daher mitverantwortlich für die eher musische Veranlagung des Autors.

Crictor, die gute Schlange: Kann stricken und nimmt es mit Einbrechern auf, Held aller Kinder, dank *Tomi Ungerer*.

Didaktik: Die hohe Kunst und Wissenschaft des Lehrens und Lernens.

DJ Bobo: Schweizer Popstar mit schreienden Schülerinnen als Fans, der damit droht, seinen Chihuahua auf uns zu hetzen.

Eagles: Größenwahnsinnige Hippieband, einer der Gründe für die Entstehung von *Punkrock*.

Edgar Allan Poe: Urvater der Schauerliteratur, nach dessen dentaler Horrorererzählung der Autor sein Plattenlabel benannte. Berenice Recordings.

Enya: Irische Heulboje, wird gern von Bankangestellten gehört. Und angehenden Kindergärtnern.

Eurythmie: Wilde Tanzform an Kindergartenseminaren, Gegenstück zu *Pogo*.

Herbert Grönemeyer: Mit Hymnen wie »Alkohol«, »Männer« und »Bochum« so etwas wie der *Joe Strummer* des deutschen Pop.

Jean Piaget: Schweizer Biologe, dem es gelang, das Denken des Kindes maßgeblich zu erforschen, ohne dabei selbst wahnsinnig zu werden.

Johann Heinrich Pestalozzi: Umtriebiger Pädagoge, Erfinder des eigentlichen Kindergartens.

Krautrock: Ausufernde, experimentelle und verkopfte Variante der Rockmusik, Gegenteil von *Punkrock.*

Logopädie: Sprachheilkunde, um zum Beispiel *Mutismus* zu erkennen und zu therapieren.

Lord of the flies: Lieblingsbuch aller Pädagogen, 1995 legendär vertont von Iron Maiden, 1998 legendär verfilmt bei den Simpsons.

Magisches Kindsalter: Nach *Jean Piaget* eine Phase zwischen 2 und 5 Jahren, in welcher das Kind an Magie, Geister u. ä. glaubt. Kennt der Erwachsene nach Genuss einer *Hokuspokuszigarette.*

Mandala: Ausmalvorlage from Hell.

Maria Montessori: Reformerin der *Pädagogik*, die mit ihrem Leitsatz »Hilf mir, es selbst zu tun« viele Tugenden des Punk vorwegnahm.

Mutismus: Kommunikationsstörung, die sich durch Schweigen äußert. Wünscht man hin und wieder diversen Politikern und Pädagogen an den Hals.

Pädagogik: Die hohe Kunst und Wissenschaft der Erziehung.

Pandora: Mythologische Gestalt, die eine Büchse besitzt, in der alles Übel der Welt enthalten ist, also den Vorläufer des Smartphones.

Papst: *Iggy Pop* der katholischen Kirche.

Ritalin: Medikament, welches bei Hyperaktivität eingesetzt wird und nach Rita, der ersten Probandin, benannt wurde. Findet anscheinend auch als Partydroge Verwendung.

Roxy Music: Englische Popband mit gewagten Texten und noch gewagteren Frisuren.

Rudolf Steiner: Erster Popstar, Hippie und Anarchist der *Pädagogik*. Begründer der *Eurythmie.*

Scooter: Deutsche Popstars ohne wirkliches Können, dafür mit stupiden Nonsens-Texten, irgendwie auch *Punkrock.*

Tomi Ungerer: Provokateur und Enfant terrible unter den Bilderbuchautoren.

Triangel: Schlagzeug der *Pädagogik.*

Warten auf Godot: Absurdes Theaterstück von Samuel Beckett, in welchem sich der Autor im Kindergarten schon öfter wähnte.

GLOSSAR FÜR PÄDAGOGEN

2-Tone-Ska: Flott gespielte Mischung aus schnellem Reggae und *Punkrock.*

Bérurier Noir: Französische Punks mit Drumcomputer und Lieblingsband des Autors.

Clockwork Orange: Lieblingsbuch aller Punks, 1971 legendär verfilmt von Stanley Kubrick, 1988 legendär vertont von den Toten Hosen.

Crass: Englische Anarchopunks. So provokativ, dass sich sogar die Arbeiter der Presswerke weigerten, ihre Platten herzustellen.

Dead Boys: New Yorker Punkband der ersten Stunde, taten alles, um ihrem Namen gerecht zu werden.

Dead Kennedys: Kalifornische Punkband, bis 1986 über jeden Zweifel erhaben.

Einstürzende Neubauten: Mauern einreißende Krachcombo aus Berlin mit dem Soundtrack zum Untergang.

Exploited: Schottische Punkband mit gewagten Texten und noch gewagteren Frisuren.

Hank von Helvete: Sänger der norwegischen Deathpunkband Turbonegro, Erfinder der »Ass-Rocket«.

Hokuspokuszigarette: Sportzigarette, Lungenpeitsche, Kräuterstängel, Spliff, Joint, Tüte, Ofen, Holländische Minze, Excalibuff, Guugää.

Iggy Pop: Sänger, Rampensau, Kevin des *Punkrocks.*

Jello Biafra: Bis 1986 Sänger der *Dead Kennedys.* Aurelia des *Punkrocks.*

Joe Strummer: Sänger der englischen Politpunkband The Clash. Liselotte des *Punkrocks.*

Johnny Rotten: War früher Sänger der *Sex Pistols,* macht heute Werbung für Butter.

Malcom McLaren: Umtriebiger Manager der *Sex Pistols,* Erfinder des eigentlichen *Punkrocks.*

Misfits: Punkband aus New Jersey mit Hang zum Morbiden und Marilyn Monroe.

New Order: Nachfolgeband der Post-Punker Joy Division, nachdem sich deren Frontmann zu einer *Iggy Pop*-Platte erhängt hatte, Miterfinder von Techno.

Pogo: Wilde Tanzform bei *Punkrock*-Konzerten, Gegenstück zur *Eurythmie*.

Punkrock: Primitive, laute und schnellere Variante der Rockmusik. Gegenteil von *Krautrock*.

Robert Smith: Sänger von The Cure und Ikone aller Düsterpunks und sonstiger männlicher Lippenstiftträger.

Sex Pistols: Gecastete Boyband des *Punkrocks,* aber durchaus stilprägend.

Sid Vicious: Erster Modepunk und zweiter Bassist der *Sex Pistols.*

Sisters of Mercy: Englische Post-Punker, früher erhaben, heute erbärmlich.

Slime: Punkband aus Hamburg mit den Hymnen zur nächsten Straßenschlacht.

Slits: Englische Mädchenband, die mit ihrem animalischen Auftreten und vertrackten Rhythmen die härtesten Straßenpunks erzittern ließen.

T. N. T: Schweizer Punkband mit schreiender Schülerin als Sängerin, die damit drohte, Zürich abzufackeln.

Toy Dolls: Englische Funpunkband, bekannt für ihre rasend schnellen, mit Heliumstimme vorgetragenen Kinderlieder.

Violent Femmes: US-amerikanische Punkband mit Country- und Folkeinflüssen und deshalb nicht allen Punks geheuer.